国家教师科研基金“十二五”规划项目资助

警察执法与公民民事权利保护

吴道霞 著

中国人民公安大学出版社
·北 京·

图书在版编目（CIP）数据

警察执法与公民民事权利保护/吴道霞著. —北京：中国人民公安大学出版社，2011.5

ISBN 978-7-5653-0181-0

Ⅰ.①警… Ⅱ.①吴… Ⅲ.①公安机关—行政执法—研究—中国②民法—研究—中国 Ⅳ.①D922.144②D923.04

中国版本图书馆 CIP 数据核字（2010）第 172418 号

警察执法与公民民事权利保护

吴道霞 著

出版发行：中国人民公安大学出版社
地　　址：北京市西城区木樨地南里
邮政编码：100038
经　　销：新华书店
印　　刷：北京蓝空印刷厂

版　　次：2011 年 5 月第 1 版
印　　次：2011 年 5 月第 1 次
印　　张：9.75
开　　本：880 毫米×1230 毫米　1/32
字　　数：262 千字

书　　号：ISBN 978-7-5653-0181-0/D·0132
定　　价：32.00 元

网　　址：www.cppsup.com.cn　www.porclub.com.cn
电子邮箱：zbs@cppsup.com　zbs@cppsu.edu.cn

营销中心电话：010-83903254
读者服务部电话（门市）：010-83903257
警官读者俱乐部电话（网购、邮购）：010-83903253
法律图书分社电话：010-83905745

作者简介

吴道霞，女，1967 年 6 月出生，吉林人。1997 年获吉林大学法学硕士学位，2004 年获中国人民大学法学博士学位。中国人民公安大学法律系副教授，民商法硕士研究生导师。多年从事民商法的教学和研究工作，主讲民法学、知识产权法学等。其主要发表：《民法视野下警察权力的行使》、《加强我国网络警察建设的思考》、《关于成立税务警察的法律思考》、《浅谈公安院校的民法教学》、《论公安院校的知识产权法学教学》、《货币市场基金进行法律规范的理论分析》、《一站式装修管理模式的法律探析》、《心理健康赔偿和精神损害赔偿的司法协调》、《女性专业技术人员退休问题的法律与政策解读》、《中小企业知识产权保护中的博弈论》、《民法视野下的刑事和解制度》、《商标法中的在先权范围研究》、《论利益均衡原则的立法理念与专利制度设计》、《商业银行成为货币市场基金管理人的法律思考》、《美国货币市场基金相关法律问题研究》等近 30 篇学术论文。独立撰写专著《物权法比较研究》，参编的著作有《知识产权原理》、《合同法通论》、《民事法律制度比较研究》等。

目 录

前　言

民法作为保护公民权利的私法，总是给人以终极的关怀，我们再也不能找到有哪一个部门法能像民法那样体现对人的关怀。民法的体系是由一系列的权利构建而成的，因此，民法学界通常称民法为权利法。民法上的公民权利，主要包括财产权利和人身权利。公民的财产权利主要包括物权、债权、知识产权、继承权等。公民的人身权包括人格权和身份权，人格权包括具体人格权和一般人格权。具体人格权包括生命权、健康权、身体权、姓名权、名誉权、隐私权、肖像权、荣誉权等；一般人格权指人格尊严权、人身自由权等。身份权包括配偶权、亲权、亲属权。由此看出，民法的整个体系是以权利为线索而展开的权利体系。

警察执法说到底也是保护公民财产和人身安全的行为。警察在执行职务中，具有国家和人民赋予的权力，没有国家和公民的授权，警察的权力无从谈起。《中华人民共和国警察法》（以下简称《警察法》）第 2 条规定人民警察的任务之一是保护公民的人身安全、人身自由和合法财产。离开公民财产和人身权利的保护，警察权力将失去存在的价值。警察权力来源于公民权利的让渡，警察执法在于保护公民权利，二者之间具有内在的辩证统一性。警察法和民法之间、行政法和民法之间都具有内在的逻辑关系。警察执法一方面依据警察法，另一方面依据行政法等相关公法规定。同时，警察执法也不能违反民法规定。

但是，不可忽视的是警察执法时侵犯公民权利的情况时有发生。在一定程度上，警察执法的同时很可能会违反民法的规定，侵犯公民权利。震惊全国的“夫妻黄碟”案，就是警察在执法中，超越自己的权力范畴，滥用权力的表现。该案中的警察不仅侵犯了民法上规定的公民的隐私权而且侵犯了民法上规定的公民的人身自由权，同时，还侵犯了民法上规定的公民的财产权。导致这一案件发生的原因是警察没有厘清警察公权力和公民私权利的划分界限，没有极强的公民权利保护意识。近年来发生的一些著名案件，如孙志刚案件、赵作海案件等都暴露出一部分警察无视公民权利，肆意践踏公民权利，在社会上引起很大的反响和关注。深入学习相关民事权利规定，对于避免类似案件的发生具有重要的意义。

本书以民事权利为线索，重点阐述民法规定的公民的人身权利和财产权利，阐述警察执法要切实保护好公民的人身权和财产权，加强警察对公民权利的保护意识。通过警察执法侵犯公民权利的典型案例进行分析，使警察在执法中清晰自己的公权力范围，避免上述侵权案件的进一步发生，更好地树立警察在人们心目中的形象。培养高民法文化素养的警察是本书的宗旨所在。

由于笔者水平所限，加上时间仓促，难免有许多缺点和错误之处，敬请广大读者批评指正！笔者由衷感谢中国人民公安大学出版社给予本书的支持。

著者

2011 年 3 月于北京

第一章 警察执法与民法

民法作为保护公民人身权利和财产权利的法律，在公安执法中具有重要的意义。现实中，警察执法无视民法存在、侵犯公民权利的情形时有发生，警察行使权力稍有疏忽，就会冲破民法边界，侵犯公民的权利。警察在执行职务时，权力无限膨胀，就会触及公民合法的财产权和人身权。震惊全国的“夫妻黄碟”案，就是警察在执法中，超越自己的权力范畴，滥用权力，无限扩大权力侵犯公民人身权和财产权的表现。因此，警察执法要厘清公权力和公民私权利的界限，一些警察民法知识匮乏是警察执法侵犯公民权利的首要原因。警察执法违反民法的重要原因是警察对公民权利知之甚少。何谓公民权利？公民权利包括哪些？公民权利是私权利还是公权力？搞清楚这些问题，不学民法，不对民法有一个系统扎实的理论学习，难以把握公民权利的精髓实质，难以在执法行使权力时贯彻民法理念，因此，公安民警非学民法不可。警察执法离开民法必将导致一个又一个“夫妻黄碟”荒唐案件的发生。近年来连续出现警察执法中的典型案件都暴露出警察在执法中无视民法的存在，无限膨胀公权力，跨入不该涉足的公民私权利的范畴。而且随着市场经济的发展，对警察素养的要求会越来越高。一个国家经济越发达，市场经济越发展，民事案件越上升，刑事案件越下降。市场经济越发展对民法的要求越高，因为民法是调整市场经济的基本法律。市场经济越发展，对警察的要求越高，高素质的警察是未来高速发展的市场经济的必然要求。而高素质的警察在一定程度上就是高民法素养的表现，一个警察素质的高低取决于这个警察民法素养的高低。可见，警察执法离不开民法，警察执法以民法为基础，警察执法要严格遵守民法规定。

第一节　警察法与民法

警察要在执行公法中严格遵守民法，不侵犯公民的权利和利益，切实保护公民人身和财产安全，做到全心全意为人民服务，必须了解民法的含义和精神实质。

《中华人民共和国民法通则》（以下简称《民法通则》）第2条为民法下了定义，我国民法是调整平等主体的公民之间、法人之间，公民和法人之间财产关系和人身关系的法律规范的总称。

首先，这一概念揭示了我国民法调整的社会关系范围，这就是平等主体之间的财产关系以及与财产关系相联系的人身关系。

其次，这一概念规定了我国民法的任务。我国民法不仅调整公民之间的关系，而且也调整法人之间，公民与法人之间的关系，从而对公民和法人实行平等的保护。

最后，这一概念采用了广义民法的概念。民法不仅包括《民法通则》而且包括新中国成立以来制定和颁布的各项民事法律法规等。目前我国相关的民事法律法规主要有：《民法通则》、《中华人民共和国合同法》（以下简称《合同法》）、《中华人民共和国婚姻法》（以下简称《婚姻法》）、《中华人民共和国物权法》（以下简称《物权法》）、《中华人民共和国侵权责任法》（以下简称《侵权责任法》）以及最高人民法院颁布的《关于确定民事侵权精神损害赔偿责任若干问题的解释》、最高人民法院《关于审理人身损害赔偿案件适用法律若干问题的解释》等，它们都是我国民法的组成部分。警察在执行公务中要严格遵守民法的规定，因为民法属于私法，是保护公民权利的私法。

民法作为保护公民权利的私法，总是给人以终极的关怀，我们再也不能找到有哪一个部门法能像民法那样体现对人的关怀。民法的体系是由一系列的权利构建而成的，因此，民法学界通常称民法为权利法。而警察权力说到底是保护公民财产和人身安全的。我国《警察法》第2条规定，人民警察的任务之一是保护公民的人身安全、人身自由和合法财产。由此看出，警察权力的行使和公民权利的保护具有内在的辩证统一性。然而，在现实生活中，经常发生警察执法违反民法规定的情形。警察在执行公务时，自觉或不自觉地侵犯公民财产权和人身权的情况时有发生，发生这种情况，有其重要的原因。警察首先要了解民法的概念才能使警察严格在民法框架下行使公权力有基本的保障。

警察法在于调整警察和公民之间的纵向关系，双方属于不平等关系。因此，警察法属于公法，而民法属于私法，两者完全相反。民法贯彻意思自治，而警察法贯彻强制性。所以警察执法一方面要遵守警察法，另一方面要遵守民法。警察法赋予警察执法公权力。警察权一般是指一个主权国家用来维护国家的安全和社会治安秩序，预防、制止和惩治违法犯罪活动而依照法律实行的强制力量。警察权力属于国家政治权力的范畴，警察权力是实现警察职能、完成警察任务的根本保证。警察权力对于维护社会的稳定、国家的安宁发挥着不可替代的作用。在一定程度上，警察权力的合法运作，可以使得这个社会文明、规范、有序化发展。而民法规定的公民权利，是法律规定的公民的私人权利，这种权利神圣不可侵犯，包括人身权和财产权两大权利。它是人得以生存并且使人的尊严得到保障的前提。警察法赋予警察权力与民法赋予公民权利密不可分，警察权的行使离不开公民权利，没有公民权利作为基础，警察权无从谈起，而公民权利的实现又离不开警察权的保障，没有警察权力的保护，公民权利的实现则无法得到保障，因此，警察法赋予警察公权力和民法赋予公民私权利两者既对立又统一。只有严格区分民法与警察法的区别，才能从根本上依法行使警察权，公民权的保障才能得到实现。

第二节　警察法的调整对象和民法的调整对象

警察要想做到彻底为人民服务，必须了解民法的概念和调整对象。恰恰是民法的调整对象将民法和警察法等公法区别开来。警察法赋予警察保护公民财产权和人身权的职责，而人身权和财产权恰恰是民法的调整对象，警察权的来源基于民法赋予公民的财产权和人身权。应当说，民法是警察法的基础，民法是一切法的基础。民法主要调整两大关系：一是财产关系，二是人身关系。警察法调整纵向的关系，民法调整横向的平等主体的关系，这是作为民法的私法和公法最显著的区别。

一、平等主体之间的财产关系

民法调整平等主体之间的财产关系，主要是指横向的财产关系。财产关系就其本身而言，可以分为两类：

第一，纵向的财产关系。领导与被领导、管理与被管理、监督与被监督而发生的相互隶属关系。例如，财政关系（如给某高校拨款建校园）、税收关系（如税收机关征税）、劳动关系（如发工资）等。

第二，横向的财产关系。其主要是指发生在各自独立而平等的主体之间，基于财产所有、财产流转以及由此产生的其他社会等量劳动相交换的财产关系。这种横向的社会关系恰恰是民法调整的，这种关系可以发生在公民之间、公民和法人之间以及法人之间。即便是领导与被领导的关系，一旦进入商品关系的民事领域，则都可以发生横向财产关系。

民法所调整的财产关系只能发生在平等主体之间的横向关系之中，主要包括财产所有关系和财产流转关系，不包括利用关系和管理关系。前者是静的物权关系，后者是动的债权关系。

民法所调整的横向的财产关系就是平等主体之间的横向财产关系，平等是指在财产关系中当事人地位平等，并不涉及政治关系中当事人地位平等问题。

平等主体之间的财产关系事实上就是商品交换关系，具有如下的特点：

1. 平等性

主体之间即便是领导与被领导关系，一旦进入民法领域，双方地位则完全平等，没有尊卑贵贱之分。

2. 意思自治性

民法一个非常重要的原则在于意思自治，只要双方达成一致的意见，就完全遵照双方的合意。意思自治在合同法中表现得尤为突出。

3. 等价有偿性

民法在调整市场经济发展中，始终贯彻等价有偿原则，没有等价有偿，就没有交易的可能性和必要性。当然这种等价有偿允许在平等自愿基础上的无偿交易，如合同中的赠与合同。

二、平等主体之间的人身关系

民法和警察法的重要区别在于民法调整平等主体之间的财产关系和人身关系。何为人身关系？

人身关系，是指没有财产内容但有人身属性的社会关系。人身关系是基于一定的人格和身份而产生的，体现的是人们精神上和道德上的利益。

人身关系包括人格关系和身份关系两类。人格关系，是指因民事主体的人格利益而发生的社会关系，人格利益指人的生命、健康、姓名、肖像、名誉等方面的利益。人格关系在法律上表现为人格权关系。基于人格关系而产生的权利叫人格权。人格权包括一般人格权和具体人格权，一般人格权包括人格尊严、人身自由等；具体人格权包括生命权、身体权、健康权、姓名权、肖像权、名誉权、荣誉权、隐私权等。身份关系，是指基于一定的身份而产生的社会关系。包括亲属、监护等关系。

三、平等性是民法和其他法律部门的重要区别

警察法调整警察和公民之间的不平等关系。一旦是警察执法，则双方地位不平等。而民法则相反，民法调整的主体之间的关系具有平等性，只要双方进入民事领域，即便双方曾经属于上下隶属、领导与被领导关系，双方在民事领域的地位则完全平等，既然双方完全平等，则任何一方不得强迫另一方进行民事行为，任何一方不得命令另一方从事民事活动，双方完全意思自治。因此，民法双方主体之间地位的完全平等性将民法和其他法律部门区别开来，民法作为私法，和警察法这一公法具有严格的界限。因此，警察在执行公务时，不得越过民法的底线，不得将平等主体之间的民事关系视为公法上的不平等关系。警察要将民法和警察法严格区分，只有做到严格区分，才能在现实执法中不侵犯公民权利。

基于民法产生的关系属于民事法律关系。民事法律关系中双方当事人地位完全平等，一方不得凌驾于另一方之上，一方不得强迫另一方。而依照警察法产生的关系属于人民警察法律关系。人民警察法律关系是以人民警察法律、法规及规章等为依据，旨在调整警察机关行使职权过程中与相对人之间的关系，这种关系体现不平等关系，体现强制性、非自愿性。人民警察法律关系的产生以人民警察法律规范存在为前提，双方的地位完全不平等，这种关系有别于民法调整的平等主体之间的关系。平等性恰恰是民事法律关系和警察法律关系最重要的区别。人民警察法律关系与其他行政法律关系一样，发生人民警察法律关系的双方主体的权利与义务不对等。只要进入警察法律关系的领域，属于警察合法执行公务，警察无须和对方协商，无须取得对方的同意，就可以依照自己的合法职权依法径直执行公务。在这一法律关系中，警察居于绝对支配、指挥的地位。无论对方同意与否都不影响警察权力的行使，警察的相对方处

于绝对服从的地位。由此看出，人民警察法律关系是由国家强制力来保证实现的法律关系。

警察在执行公务时和相对方的关系属于不平等关系，但不能否定警察在执行公务之外可以进行平等主体之间的民事法律关系。一旦进入民事领域，警察和相对方之间的法律关系就完全平等。因此，警察只有深刻理解民法调整对象的平等性和警察法调整对象的不平等性的区别，才能真正使得警察依法行使职权。因为，目前警察执法中暴露的很多问题不在于公法领域，而恰恰在于私法领域，警察无端踏入私权领域，涉足不该涉足的私权，必定要侵犯公民的权利。

第三节 警察执法和民法的关系

警察执法需要遵守民法的规定。但是，警察执法中公权力的膨胀往往无视民法的存在，公权力无端介入不该介入的私权领域，导致侵犯公民人身权和财产权现象的发生。

什么是权力？对权力的概念有不同的学说：公共权力说、效力说、特殊社会权力说、资格说、可能说、管理关系说、工具说、构成说、力量说、国家意志说等。在这些学说中，笔者较为赞同公共权力说和力量说。这两种学说认为，权力是一种公共强制力，当每个个人在自然状态中生存所遇到的障碍力超过自身所能运用的力量时，人类为了自身的生存，为了获得自由与利益，共同让渡权利而构成公共强制力，当这种公共强制力被某人或某一组织掌握，就说明他或这一组织具有对他人的支配力、强制力，这种力量恰恰是公民权利的集合。从这一点可以看出，权力与权利息息相关，权力来源于保障公民权利的需要，离开保护公民权利的权力失去存在的意义。

什么是警察权力？警察权力是公安机关和人民警察依照国家法

律规定的内容和程序行使的强制性的行为。警察权力是实现警察职能、完成警察任务的保证。

公民权利作为法律术语，在我国宪法中得以确认。《中华人民共和国宪法》（以下简称《宪法》）第二章为“公民的基本权利和义务”。我国《宪法》第33条第3～4款规定：“国家尊重和保障人权。任何公民享有宪法和法律规定的权利，同时必须履行宪法和法律规定的义务。”第37条第1款规定：“中华人民共和国公民的人身自由不受侵犯”。第38条规定：“中华人民共和国公民的人格尊严不受侵犯。禁止用任何方式对公民进行侮辱、诽谤和诬告陷害。”第13条第1款规定：“公民的合法的私有财产不受侵犯。”

虽然公民权利在我国宪法中得以确认，但是我国宪法作为根本大法，是制定其他部门法的依据，因此，宪法规定的公民权利具体体现在我国民事法律法规的规定上。公民权利作为一种私权利在民法中作了十分详尽的规定，我们再也找不到有哪一个部门法能像民法那样体现对人的关怀。

民法上的公民权利，主要包括财产权利和人身权利。

公民的财产权利主要包括：物权、债权、知识产权、继承权等。而在这些财产权利中，警察最容易侵犯的是公民的物权中的所有权。我国《物权法》第64条规定：“私人对其合法的收入、房屋、生活用品、生产工具、原材料等不动产和动产享有所有权。”第66条规定：“私人的合法财产受法律保护，禁止任何单位和个人侵占、哄抢、破坏。”

在财产权体系中，所有权是基础性权利，警察在执行公务中出现的侵权案件大量表现为侵犯民法上规定的公民的财产所有权。所有权在许多国家中占有非常重要的地位。例如，在《法国民法典》的第二卷“财产及对于所有权的各种变更”全部以所有权以及所有权的派生权利为内容。第三卷为“取得所有权的各种方法”。这样，就突出了所有权的核心作用，由此看出了所有权在《法国民法典》中的显赫地位。笔者认为，对所有权给予重要的地位是应该的，其他的限定物权在一定程度上都是由所有权派生的。

所有权（dominium）是所有人对于物可以直接行使的最完全的权利。古代罗马法把所有权和所有权的客体混合不分。其后，罗马法学家认为，所有权分为积极方面的权能和消极方面的权能。从积极方面而言，所有人对其所有物有为各种行为的权利，包括对所有物进行使用、收益和处分三项权能。这与我们的所有权的四项权能：占有、使用、收益、处分不同。罗马法认为，占有是一种事实状态，不是一项权能。从消极权能说，所有人有权禁止他人对其所有物为任何行为的权利。罗马法学家曾经总结出所有权具有绝对性、排他性和永续性三个法律特征：

1. 绝对性

绝对性，是指所有人对于所有物在法律许可范围内有完全的支配权。这是相对他物权（如役权、地上权等）而言的，所有权的绝对性不是“绝对无限制”，罗马法的所有权仍然是有限制的，由统治者的意志加以限制。

2. 排他性

排他性，是指所有人有权排除他人在其所有物上所为的任何行为。但共有权除外，因为各所有人在共有关系中不得排除其他人所为的行为，即所有权的排他性特征在共有关系中是不存在的。

3. 永续性

永续性，是指所有人对于物的所有权的命运与所有物本身的命运相始终，而不像他物权因终期的到来或解除条件的完成便丧失其权利。但是，如果所有人全部处分（如灭失、赠与等）所有权时，或者发生丧失所有权的意外事故（如所有人死亡等）时，所有权当然消灭，故所有权的永续性亦具有相对的性质。

所有权人有权决定物的命运，或者抛弃或者转让或者选择其他的使用方式使用物。首先，这种处分权既包括法律上的也包括物理上的，法律上的如转让，物理上的如毁损。他物权则不然，他物权人必须保持物的存续状态，而所有权人却可以任意决定物的命运，享有对物的随意处分权利。当然这种处分权也是要受到限制的。例如，对于某些不动产的处分，必须事先获得行政授权，这是对处分权限制的表现。其次，某些不动产的有偿转让要受到某些人享有的优先权的限制，这也是对所有权的处分权限制的表现。再次，所有人对于不动产的物理上的处分权也可以受到限制。例如，当事人在无行政授权的情况下，不得拆毁有关城市建筑。最后，所有权人的处分权也可以受到法定或者约定的地役权的限制。

警察行使权力要维护公民的财产权，不得违法侵犯。

公民的人身权利在我国《民法通则》第五章第四节中作了专门的规定。我国《民法通则》第五章第四节的标题为“人身权”。《民法通则》第98条规定：“公民享有生命健康权。”第99条规定：“公民享有姓名权，有权决定、使用和依照规定改变自己的姓名，禁止他人干涉、盗用、假冒。”第100条规定：“公民享有肖像权，未经本人同意，不得以营利为目的使用公民的肖像。”第101条规定：“公民、法人享有名誉权，公民的人格尊严受法律保护，禁止用侮辱、诽谤等方式损害公民、法人的名誉。”第105条规定：“妇女享有同男子平等的民事权利。”第120条规定：“公民的姓名权、肖像权、名誉权、荣誉权受到侵害的，有权要求停止侵害，恢复名誉，消除影响，赔礼道歉，并可以要求赔偿损失。法人的名称权、名誉权、荣誉权受到侵害的，适用前款规定。”

2001年《最高人民法院关于确定民事侵权精神损害赔偿责任若干问题的解释》第1条规定：“自然人因下列人格权利遭受非法侵害，向人民法院起诉请求赔偿精神损害的，人民法院应依法予以受理：（一）生命权、健康权、身体权；（二）姓名权、肖像权、名誉权、荣誉权；（三）人格尊严权、人身自由权。违反社会公共利益、社会公德侵害他人隐私或其他人格利益，受害人以侵权为由向人民法院起诉请求赔偿精神损害的，人民法院应当依法予以受理。”从以上的我国民事法律法规可以看出，目前我国人身权包括人格权和身份权，人格权包括具体人格权和一般人格权。具体人格权包括生命权、健康权、身体权、姓名权、名誉权、隐私权、肖像权、荣誉权等。一般人格权指人格尊严权、人身自由权等。身份权包括配偶权、亲权、亲属权。既然民法具体规定了以上诸多的公民人身权，警察在执行公务中就不能侵犯民法规定的公民的以上各项人身权。

警察在执行职务中，具有国家或人民赋予的权力，没有国家和公民的授权，警察的权力无从谈起；警察的职责在于保护公民财产和人身安全，离开公民财产和人身利益的保护，警察权力将失去存在的价值，由此看出，警察权力来源于公民权利的让渡，警察行使公权力在于保护公民权利，二者之间具有内在的统一性。

但是，不可忽视的是警察执法时侵犯公民权利的情况时有发生。由于警察权力本身具有伸缩性和弹性，当公民守法时，警察权力处于收缩状态，不会触及公民的财产和人身安全，而当公民有了违法行为时，警察权力很快由收缩状态变为膨胀状态，迅速对公民财产和人身发起进攻，不得不触及违法人的财产权和人身权，但是，当这种触及还在民法的边界线内时是合法地对违法行为人的制裁，这时违法犯罪行为人受到的警察权力的制约是依法应当受到的制约，这时警察权力的行使是完全合法的。而当警察对公民人身和财产的进攻冲破民法的底线时，警察权力的行使就违反了民法的规定，这时警察对公民的违法行为进行的制裁行为有符合公法的合法性行为也有违反民法的违法性行为。这也就是说，在一定程度上，警察行使公权力的同时很可能会违反民法的规定，这是警察行使公权力时需要注意的问题。例如，某犯罪嫌疑人因平时和邻居有仇，为了报复，杀害邻居。警察对该杀人犯罪嫌疑人进行追捕以及依照相关法律对该犯罪嫌疑人限制人身自由都是合法的，但如果警察在限制该犯罪嫌疑人的人身自由的同时，对犯罪嫌疑人拳打脚踢，那么警察就侵犯了犯罪嫌疑人的身体权和健康权。因为公民享有民法上规定的身体权和健康权，犯罪嫌疑人也不例外。同时，如果警察又将该犯罪嫌疑人口袋内的所有金钱没收归国家所有，则是对该犯罪嫌疑人的财产权的侵犯，因为该犯罪嫌疑人的财产仍然属于个人财产，除非发生法律上规定的没收罚款情形，否则公民的个人财产任何人不得侵犯，该案中犯罪嫌疑人只是单纯地因报复而杀害邻居，显然不存在没收和罚款问题，因此国家无权获得该犯罪嫌疑人的财产，作为民法上的不当得利国家应当将这些金钱返还给该犯罪嫌疑人。

警察行使公权力，一方面，依据相关法律规定应当或本身就是对公民财产和人身的限制，而这时的限制是必需的也是合法的，是警察及时、适度、合法地行使公权力的体现；另一方面，警察在合法行使对他人财产和人身限制的同时如果超出了权力的底线，就会侵犯公民的财产权和人身权，这时警察权力的行使就超过了边界，行使了不该行使的权力，这不只是警察滥用权力的表现，更是警察违法行使权力的体现，因为这时的警察严重地违反了民法关于公民合法的财产权和人身权受法律保护的规定。我们追求的警察权力的行使是纯粹的不掺杂有侵犯公民合法财产权和人身权的警察权力的行使，而这种纯粹的警察权力的行使就是在民法框架内的警察权力的行使，超越民法的警察权力的行使不仅违法，而且还会引发国家赔偿的后果，给国家造成不必要的财产损失，也有损警察的形象。因此，对警察权力的这种膨胀性要加以制约、限制，而这种制约或限制恰恰要靠民法，民法在其中扮演的角色不可忽视。警察违反民法规定行使公权力，不仅违背了警察公权力设定的宗旨，而且与法治社会不相符合。因此，警察权力的行使离不开民法，警察要严格在民法框架内行使权力。

由上述可以看出，警察权力和公民权利具有内在的矛盾统一关系。一方面，警察行使权力必然要限制人身自由、限制他人财产，这是依照相关法律规定而采取的对公民人身自由和财产的必要限制，这种限制是合法的，就此而言，警察权力和公民权利是一对不可调和的天然的矛盾关系，当警察权力和公民权利处于天然的矛盾对立关系时，警察权力的行使应当是合法的，这是法治社会的必然要求；另一方面，当警察权力和公民权利不该存在对立状态时，则双方应当处于各自的静态，彼此不发生任何关系，这种状态下的社会秩序是有序的、稳定的。但如果这时警察权力由收缩变为膨胀状态，警察的权力就会伸入不该伸入的领域，触犯公民的财产权和人身权，此时，警察就会凭借行使公权力的平台侵犯公民私权利。这种侵权通常包括两种情况：一种情况是警察权力本该处于收缩状态，但警察权力却膨胀起来，行使了本不该行使的权力，进行了与职务毫不相干的行为。例如，“夫妻黄碟案”中警察本不该涉入，此案与警察的权力毫不相干，此案中的警察管了不该管的事情，他不知道此时的警察权力应该处于静的状态，而不是动的状态，此案的警察没有划清权力的动静界限，导致警察越权侵犯公民财产权和人身权，实属纯粹的侵权，这时的警察行为与执行职务无关。另一种情况就是警察行使公权力的同时侵犯了公民的私权利。例如，警察依据相关法律规定关押犯罪嫌疑人，这时警察权力由收缩变为膨胀，权力由静态变为动态，但关押的同时进行刑讯逼供，对犯罪嫌疑人进行身体伤害，这种情况下警察权力的膨胀就超越了边界，警察权力的动的状态超过了限度，此时警察权力的行使一方面符合公法，另一方面违反民法，合法行为和违法行为缠绕在一起，这就需要警察排除违法行为，保留合法行为。此案中警察依据相关法律规定对犯罪嫌疑人进行关押是符合法律规定的纯粹的警察权力的行使，警察同时又对犯罪嫌疑人进行刑讯逼供，则是违反民法的公民身体健康权不受侵犯的规定。由此看出，警察权力有一定的边界，警察权力何时处于收缩状态，何时处于膨胀状态，膨胀的程度如何，警察必须明确厘清这些关系，也可以说，警察的权力何时处于静的状态，何时处于动的状态，动的状态要受何约束，警察必须明确。如果警察的公权力需要处于静态却处于动态时，就会侵犯公民的人身权和财产权；如果警察权力虽然应当处于动态，但动态无约束时，警察权力的行使会一半合法一半违法。因此，警察执行职务划清这些界限十分必要，而要划清这些界限，学好民法十分重要。

在论及关于警察权与公民权的关系时，张星水律师认为：“近期，我国警察在执行公务过程中发生的某些异常行为引发了社会的广泛争议，而其中关注最多的莫过于警察权与公民权的问题。……在我国的历史长河中，警察作为国家与民众进行权力交流的最直接途径始终发挥着其他群体所无法替代的作用。他们一方面充当着民众生命与安全的守护者，一方面也成为国家进行政治统治的有力工具。在当代中国，法治建设已日趋成为国家上层建筑的主流，依法治国，以“法治”代替“人治”，以法、以德安天下，这已经成为社会政治的主流意识。而警察权在现代国家权力体系中、现代国家法治建设体系中始终扮演着十分重要的角色。但当我们对警察权予以高度重视的同时，我们也绝对不能忽视的一点便是对公民权的保护。根据社会契约论，国家的一切权力来自于公民的授予，国家的权力是公民权利的集合，如果不重视公民权利的保护，国家权力就丧失了其存在的基础。在公民与国家这个二元关系中，国家对公民不是限制关系，而是双方的互动关系。一个法治国家，通过对国家权力的限制才能达到对公民权利的保障，其中，对于警察权的制衡，避免其权力滥用是极其必要的。这也就是说，警察权力的底线在于对公民的最基本权利不构成侵犯，即对于公民的生存权没有威胁。”

警察法和民法之间、行政法和民法之间都具有内在的逻辑关系。警察权力在公法中作了明确的规定，人民警察执行公权力一方面依据警察法，另一方面依据行政法等相关公法规定。同时警察行使权力也不能违反民法规定，民法作为和公法对应的私法，对公民权利作了十分详尽的规定。警察法和民法、行政法和民法之间具有内在的关系。首先，警察法和民法关系十分密切。“民法最基本的职能在于对民事权利的确认和保护，民法始终以保护权利为已任，民法以权利为核心，在社会经济生活中，重视民法则权利观念勃兴，贬低民法则权利观念淡薄。几千年来法律的发展史已充分证明了这一点。”① 人民警察法在调整范围中也涉及一定范围内的民事权利和义务问题，例如，人民警察法对人民警察的职权与职责就规定了人民警察在行政管理活动中，对一些特定的民事纠纷以及民事行为，警察具有相应的权力，而这些权力在行使中，必然与民法相互关联，因此，在处理特定的民事权利和义务的法律关系中，人民警察法和民法相互配合、协同作用，互相联系，缺一不可。其次，行政法和民法也具有内在的联系。迈耶将行政法分为总论和分论，并从实证和规范的角度对行政法进行了体系上的构造，这种构造和民法学理论的框架构造相似，这主要是因为德国民法高度发展，德国民事审判也得到了高度的发展，这种高度发展的民法和民事审判制度对行政法的影响很大，使得民事法律和审判制度也适用调整国家和公民之间的关系，用来补充法律意识可以感知到的公法缺失的漏洞。行政法的发展确实离不开民法的借鉴，毕竟民法理论博大精深，历经几千年的发展，有许多可为行政法借鉴的民法理念和民法文化，因此，在行政法领域中引入发达的私法文化具有重要的意义，行政法决不能和民法割裂开来。“民法是从市民社会中自然形成的，其理念是自由主义，其文化基础是自由文化。行政法的理念是国家主义，其文化基础是国家统治的理论。自由与统治永远是一对矛盾。民法的价值理念之一是对抗国家力量的侵犯；行政法的价值目标之一是防止国家权力的膨胀并维护私权的合理存在。应该说，这两者都是从自由主义文化出发的……民法的功能是保护私权并对抗公权。行政法的功能是规范与限制行政权的扩张。民法以人本主义为出发点张扬私权，但它又容易导致私权的泛滥。行政法是以国家本位主义为基础，它可以保护私权行使，但是它的某些行政偏好又可能助长不适当的行政扩权。个人本位与国家本位都是社会利益两种极端的表现，在许多情况下，很难达到对立的统一。当然，二者也存在相互制约的关系，假如没有个人本位主义与私权，

① 王利明．民法学．北京：法律出版社，2005. 8.

就不可能有自由与平等的追求，从而也就不可能有人的解放与人类文明的不断发展；假如没有国家本位主义与统治权，就不可能形成统治与秩序……行政法通过行政权的行使可以在一定程度上限制私权的泛滥；民法通过意思自治、契约自由和责任制度可以阻止行政权对私权的无端侵扰……”① 由此看出，行政法与民法之间有区别，但也有内在的联系。

总而言之，我们要看到民法与行政法、民法与警察法之间具有天然的对抗性与矛盾性，但同时也要看到他们之间内在的关联性。作为公权力的警察权力和作为私权利的公民权利有差异，但二者之间也有内在的一致性，我们要辩证地看待它们之间的关系，使得警察权力的行使不仅符合公法的规定，同时也不能违反民法的规定。

第四节　警察执法违反民法的表现及其侵权责任的承担

从警察执法和民法的关系可以看出，如果警察行使权力稍有疏忽，就会冲破民法边界，侵犯公民的权利。警察在执行职务中，当权力无限膨胀时，就会触及公民合法的财产权和人身权。现实生活中，警察执法违反民法主要体现在警察行政执法、刑事执法以及紧急避险中侵犯公民人身权和财产权的情形。

一、警察行政执法中侵犯公民权利的表现

警察权有着巨大的裁量余地，被学术界喻为行政法上的“特洛伊木马”。同时，警察权作为一种强制力量，在有些案件中，常常处于上级和公众视野之外，得不到相关检察机关等的及时监督，

① 李昌麒，岳彩申，叶明．论民法、行政法、经济法的互动机制．法学，2001（5）．52－53.

使得警察在行政执法中暴露出很多问题，以权压法，以言代法的情况时常出现。有些警察滥用法律赋予的权力，超越法定职权范围，乱收费、乱处罚、乱罚款，给公民财产造成不应有的损失，侵犯公民的合法财产权利；有些警察不执行罚款决定与罚款收缴相分离的制度，不按照规定将依法收取的费用、收缴的罚款上缴国库；有些警察甚至将扣押的财产私分、侵占、挪用，侵犯公民的合法财产权利；有些警察违反规定使用或不及时返还被侵害人的财物；有些警察行政执法中不认真履行职责，敷衍草率，对公民大打出手，出口脏话，严重侮辱公民，侵犯公民名誉权；有些警察利用职务之便收受他人贿赂，如一些交警对违规驾驶者该罚款而不罚款，从中收受贿赂，形成民法上的不当得利；有些警察当场收取罚款不开具罚款收据或根本不如实写罚款数额，没有透明度，给自己谋取利益大开方便之门，使得公民交了不该交的罚款数额，侵害公民财产权利；也有警察接到违反治安管理行为的报警不及时出警，行政的不作为或消极懈怠给公民造成不应有的财产损害和人身损害。总之警察在行政执法中超越权力、滥用权力侵害公民人身权和财产权的案件不在少数。

广州“禁摩”之举就是警察执行行政权力的同时侵犯了公民的财产权利。为了减少“双抢”犯罪，广州在2006年加大“禁摩”的力度，到2007年，广州市区将全面禁止摩托车。广州警方发言人曾对前一阶段“禁摩”所带来的种种好处进行罗列，包括交通事故减少若干、“两抢”犯罪减少等。笔者认为这一“禁摩”之举严重侵犯了公民的财产权。广州警方的这一管理思路来源于对“双抢犯罪”的遏制，笔者暂不论证出于减少犯罪的考虑就要禁止摩托车的理由充分与否，只想说，这一“禁摩”行为严重侵犯了公民的财产权。因为表面上看，警察这一“禁摩”行为并没有没收公民的财产，可是，公民对自己花钱买来的摩托车理应享有占有、使用、收益、处分的权利，这是我国《民法通则》的规定，而广州“禁摩”之举使公民花钱买来的摩托车不能使用、不能收益，只能放在家中，这不是对公民财产所有权的限制和侵害吗？我国《民法通则》规定公民对自己所有的财产都享有占有、使用、收益、处分的权利，任何人负有不得侵犯的义务。假设警方这一管理思路是正确的，出于对犯罪减少的考虑，“禁摩”是社会公共利益的需要，而民法有一个“诚实信用原则”，诚实信用原则，指当国家利益和个人利益发生冲突的时候，个人利益要服从国家利益，那么出于对广州犯罪减少这一公共利益的考虑，退一万步讲假设“禁摩”是符合社会公共利益需要的，但是也不能因此而侵犯公民的财产权。政府制定政策时要考虑因此而带来的对公民财产损失的补偿问题。因为公民买来摩托车时，国家并没有禁止性规定，只是后来社会公共利益需要“禁摩”，同时公民买来的摩托车并未达到国家规定的报废期限，因此，公民家中的摩托车无法行使民法规定的使用、收益、处分权而带来的损失要由相关部门补偿。当公权力的行使严重侵犯公民财产权时，民法的填平原则告诉我们，警察要补偿公民因此而带来的财产损失。广州警方为了减少犯罪禁止摩托车运行，车主买来摩托车因不能使用而带来的损失要给予适当补偿以避免警察行使公权力时侵犯公民私权利。

在治安案件中，由于警察的不作为侵犯公民财产权的情况也时有发生。谢小姐在去上班途中遭到抢劫，向迎面而来的警务人员求助追捕劫匪，该警察虽然提供手机供其报警，却以下班为由拒绝提供进一步的帮助。笔者不难想象，对于一名警察来说，固然有自己的休息权，但是工作之外的警察仍然是一名警察，身份的不可改变性决定了当遇有紧急情况，警察仍负有保护公民财产安全的责任和义务。如果该名警察进一步帮助谢小姐追捕劫匪，谢小姐被抢走的财产就有可能被追回。因此，当遇有紧急情况，警察虽然在工作之外的休息时间内也要担负起保护公民财产权的义务，因为此时的情况很危急，容不得耽搁，错过时间将失去追捕劫匪的最好时机，而警察可以通过奖励、事后休息等方式获得补偿。因此，警察即便在行使权力时间之外，当遇有紧急情况仍有义务救助公民的财产。本案中虽然劫匪的抢劫是导致谢小姐财产损失的直接原因，但是如果该警察追捕劫匪，则谢小姐的财产就有可能被追回，因此，该警察对谢小姐的财产损失负有不可推卸的责任。

另外，湘乡铁合金厂的文小蓉一纸诉状，以行政不作为将湘乡车站派出所、湘乡望春门派出所、可心亭派出所告上法庭。文小蓉描述湘乡某派出所副所长宁某在出事现场目睹了歹徒殴打她丈夫的全过程，而作为一名警察，在老百姓财产、人身安全遭到侵犯时，理应积极履行法定职责，采取果断措施救助，然而，身为派出所副所长的宁某却根本没有履行自己的法定职责，导致受害人死亡。最后，法院判决被告湘乡某派出所给予原告文小蓉 16 万元的行政赔偿。本案警察因为行政不作为导致公民生命权受到侵害。这一行政赔偿案件说明，警察在执行公务时，一定要牢记公民享有的人身权利，切不可因为自己行使了公权力就可以置公民人身权于不顾，两者之间要有一个平衡，稍有疏忽，就会打破这种平衡，侵犯公民权利。因此，警察要认真履行自己的职责，在执行公权力时切记不能侵害公民权利。

“大学毕业生孙志刚无暂住证之死”案件也是警察滥用权力侵害公民生命权的表现。“因无暂住证被抓三日后死亡，尸检结果表明死前曾遭毒打。”按照收容管理规定，大学生不应属于收容对象，而此案件中警察违法执行公务，造成严重的侵犯公民生命权的后果，如果该案中的警察稍有公民生命权不可侵犯的理念，这场悲剧也不可能发生。

警察执行公务行使权力切不可违反相关法律规定，警察要精通各部门的法律法规，才能合法执法。大部分警察只重视公法的学习，而忽视私法的学习，导致一连串侵犯公民财产权和人身权案件的发生。在目前市场经济条件下，在力倡私法文化的背景下，警察对民法的学习至关重要。

二、警察刑事执法中侵犯公民权利的表现

公安机关作为国家机器的一部分，担负着维护社会秩序、打击犯罪的职责。公安机关行使职责必须依照法律规定，严格依法办事。如前所述，在治安行政领域，公安机关拥有很强的行政处罚权。对于在城市流浪乞讨人员，警察可以行使收容、遣送的权力；对一些游手好闲、违反法纪、不务正业的有劳动力的人，警察可以行使劳动教养的权力；对于吸食、注射毒品成瘾的人，警察可以行使强制药物治疗、心理治疗和法制教育、道德教育的权力；对于卖淫、嫖娼人员，警察可以行使收容教育的权力；对违反治安管理的人，警察有权行使治安管理处罚权。然而警察往往将以上所谓“劳动教养”、“收容遣送”、“收容教育”、“强制医疗”等一系列的行政处罚手段，用在刑事执法中来对付犯罪嫌疑人，这不仅可能侵犯公民的人身权，而且可能侵犯公民的财产权。公安机关在刑事侦查活动中采取搜查、扣押、通缉等涉及个人财产、隐私、自由等权益的强制性侦查行为以及采取拘传、取保候审、监视居住、刑事拘留等强制措施时，也经常会发生侵犯公民人身权和财产权的情形。

陕西蒲城县15岁的女中学生张凡（化名），当白水县公安局某派出所4名警察将其父亲带走时，她站出来要求警察出示证件并说明传唤理由，而4名警察非但不出示证件，还对张凡拳打脚踢，并给她戴上了手铐。警察拳打脚踢的行为严重地侵犯了张凡的身体权、健康权。我国民法赋予公民生命权、健康权、身体权，严禁任何人非法侵害，即便是执行公务的警察，也只能依照法律规定合法执行公务。对张凡的拳打脚踢与执行公务没有任何关系，执行公务绝不意味着就可以对公民拳打脚踢。民法侵权责任的构成要件包括四个：一是损害后果；二是违法性；三是损害后果和违法行为有因果关系；四是主观上有故意或过失。该案中警察对张凡拳打脚踢，不仅违反民法规定，给张凡身体健康造成损害后果，而且主观上有

故意，且违法行为和后果之间有因果关系，因此，按照民法的侵权责任理论，警察侵犯张凡的身体健康权，要依法承担相应的责任。实践中，警察侵犯公民人身权的案件还有许多。一名22岁的大学生在回住所途中，被巡逻民警以“核实身份”为由带回派出所，随后，这名大学生遭到五六名警察的拳打脚踢，以致头部、颈部受伤。这是发生在沈阳皇姑区崇山派出所的惊人一幕（2006年5月26日《华商晨报》）。对于这一幕，相信很多人都会有“似曾相识”的感觉——两年前，大学生孙志刚不就是这样被警察带到收容所、然后被群殴致死的吗？值得庆幸的是，崇山派出所的警察只将大学生暴打一顿就放他走了，而且事后，该派出所的所长也郑重向挨打的大学生道了歉。非常庆幸，广州孙志刚的悲剧没有在沈阳重演。[①] 从这一起事件可以看出，警察在执行公务时，自己的权力不得侵犯公民的权利。公民享有生命权、身体权、健康权等，这是我国民法赋予的公民的人身权，警察何以对一名大学生说打就打？即使警察对待犯罪嫌疑人，我国法律也不允许侦查人员进行刑讯逼供，那么此案中警察对一名大学生的拳打脚踢说明一些警察在执法中漠视公民权利，忽视民法的存在。

另外，公安机关在刑事执法中刑讯逼供、超期羁押等现象也较为严重。例如，有些公安机关将某一“涉嫌犯罪”的公民拘留或者逮捕后，没能在法定期间内收集到足够的有罪证据，就自行或者变相将羁押期间延长了几个月甚至几年。在羁押期间，“涉嫌犯罪”的公民遭受了包括“车轮式讯问”、体罚、肉刑在内的各种虐待，也受到了办案干警以及牢头狱霸的持续折磨，因而屈打成招。最后，当案件被移送起诉后，由于真正的罪犯被查获或者被害人翻供，法院作出无罪判决。案件中警察严重侵犯了公民的身体权、健康权，因为在押期间的公民仍享有身体健康权，他人不得侵犯，包括刑讯逼供都是法律所禁止的，警察施以刑讯逼供就是对公民健康

① 吴钩．如何以公民权利平衡警察权力．中国经济时报，2005. 05. 26.

权和身体权的侵犯。也有些案件，因证据不足而未能移送法院审判时，公安机关就擅自对犯罪嫌疑人采取取保候审，收取保证金，而且常常不退还保证金，或者进行经济处罚，严重地侵害了受害者的财产权。崔敏教授在谈到保证金制度时认为，“保证金制度在执行中容易走样，办案机关收取的保证金，绝大部分没有返还，成为警察创收的‘黑洞’”。因此，笔者认为，本应退还的保证金不予退还，就是对公民财产权的侵犯，办案机关不予退还保证金，构成民法上的不当得利，受害者完全可以基于民法上的不当得利制度请求办案机关予以退还保证金。

受害人在押期间病死看守所的案例也存在。2005 年 2 月 6 日，某县农民高某被当地派出所从家中带走。3 月 2 日，高某的妻子王某接到了县公安局关于高某在押期间病死看守所的通知。该看守所向高某亲属提供的病历表明，2 月 27 日，该看守所曾送他到医院急诊科就诊，诊断结果是风湿性心脏病、重度二尖瓣狭窄等症，医嘱写明“住心内科治疗”。可看守所没有按照医嘱做，两天后，高某病死于看守所。按照国家相关法律规定，刑事拘留最多只能关押 3 天，可是高某却在看守所里被关了近 1 个月。高某病死于看守所根本原因就是该所警察滥用公权力，置我国民法于不顾，结果造成侵犯公民生命权的惨剧。

三、警察介入民事纠纷中侵犯公民权利的表现

民事主体双方即便是行政隶属关系，一旦进入民事法律关系中，双方就处于平等地位。民事法律关系中双方之间的地位平等决定一般情况下的民事纠纷警察最好不介入，如果警察干预民事纠纷，也只能充当调解员的角色，双方是否达成自愿协议完全取决于双方当事人，警察只是一个见证人或中间人。警察介入民事纠纷如果超脱调解员和中间人的角色，就会导致警察滥用权力，会损害另一方当事人的利益，因为警察长期以来在人们心目中的威慑力决定警察涉入民事纠纷会导致另一方主体基于害怕的心理而作出不利于

自己的决定。民事案件不告不理原则告诉我们，警察一般情况下最好不要介入民事纠纷，国家对民事纠纷管得越少越好，给市场经济中双方主体最大限度的意思自治是民法的核心所在，但这并不否定警察可以调解民事纠纷，只是警察尽量少介入民事纠纷而已。无论警察是否介入民事纠纷都应重视民法的学习，因为前面我们探讨过警察法与民法、行政法与民法之间具有内在的联系，因此警察不仅要学好警察法、行政法、刑法等公法还要学好民法。有些案件中既涉及民法问题也涉及刑法问题，就需要警察分辨清楚哪些属于职责范畴哪些属于可以介入也可以不介入的范畴，如果介入，介入的程度多大，警察必须搞清楚，而要搞清楚这些问题，光学公法不行，私法的学习绝不可忽视。

前几年，公安实践中就有一些企业或个体私营企业出资要求公安机关插手经济纠纷、代为讨债的现象。事实上，双方的债务纠纷在不触及刑法的前提下，本是民事纠纷，警察最好少涉入民事纠纷领域，因为如果警察代理一方讨债，必然给另一方无形的压力，因为长期以来警察在人们心目中的威慑力足以使另一方迫于压力等而作出本不该作出的决定，也许会使另一方的财产利益受到损害。因此，警察要明确哪些是警察的权力，哪些是公民之间的民事纠纷。警察尽量不要过多涉入民事纠纷领域，按照民法的理论，国家对民事案件的干涉越少越好，民法主张给民事主体双方充分的意思自治。警察超越权力伸向平等主体的公民之间的民事纠纷领域，不仅破坏了市场经济的交易规则，还有可能给当事人造成财产损失。

四、警察在紧急避险和善意取得制度中侵犯公民权利的表现

警察在行政执法、刑事执法以及介入民事纠纷中都有可能发生紧急避险的情形，因此，我们将紧急避险作为一种情况单独加以探讨。

紧急避险，是指为了使社会公共利益、自己或他人的合法权益免受更大的损害，在不得已的危急情况下采取的造成局部较小的他

人损害的行为。我国《民法通则》第 129 条规定，紧急避险人对造成的损害不应承担民事责任，应由造成险情的人承担民事责任。如果险情是由自然原因引起的，紧急避险人不承担民事责任或承担适当的民事责任。因紧急避险采取措施不当或超过必要的限度，造成不应有的损害的，紧急避险人应当承担适当的民事责任。《最高人民法院关于贯彻执行〈中华人民共和国民法通则〉若干问题的意见（试行）》（以下简称《民通意见》）第 156 条规定："因紧急避险造成他人损失的，如果险情是由自然原因引起，行为人采取的措施又无不当，则行为人不承担民事责任。受害人要求补偿的，可以责令受益人适当补偿。"我国《刑法》第 21 条第 1～2 款规定："为了使国家、公共利益、本人或者他人的人身、财产和其他权利免受正在发生的危险，不得已采取的紧急避险行为，造成损害的，不负刑事责任。紧急避险超过必要限度造成不应有的损害的，应当负刑事责任，但是应当减轻或者免除处罚。"

2005 年 7 月 12 日下午，广州市海珠区龙潭村龙潭中约二巷，一名 2 岁的男孩追一条小狗玩，不料被夹进一个不到一尺的小巷里。危急之中要想救出该小男孩，必须砸墙，而房东却向该男孩的父母提出如果不交出 5 万元押金休想动墙的一块砖的要求。经过长达 3 个多小时的交涉，毫无结果。警方只有强行拉开房东，孩子的父亲强行砸开墙壁的一角，最终救出孩子。本案就涉及紧急避险问题。庆幸的是本案没有很大的生命危险。试想如果情况紧急，假设拖延 3 个小时就有生命危险，那警察将作出怎样的决定？本案中如果在场的人们有一个知道"紧急避险"的法律规定，而出来向房东解释说明，则房东还会那么固执己见致使小男孩承受 3 个多小时的痛苦吗？此案中的警察，从作房东的思想工作，到强行拉开房东，可谓费尽心思，可是本案中我们看不到警察对紧急避险的法律的适用。笔者认为，如果警察需适用紧急避险而不适用，那警察就是失职。在此案中，如果警察把"紧急避险"的相关法律规定和责任问题等都向房东讲清楚，问题不会拖 3 小时才解决。由本案可知，警察对紧急避险的知识必须清楚。而紧急避险的理论以及紧急避险运用之后的损害赔偿等都见于民法的规定，警察不学民法怎能胜任警察的工作？

警察在执行职务中难免会遇到赃物、遗失物鉴定等问题，也会遇到赃物、遗失物的转手问题，第三方能否取得赃物、遗失物的所有权，民法中善意取得制度对此作了全面细致的规定，警察不学民法就不会适用善意取得制度，难免给当事人造成财产损失，侵犯当事人的财产权。

警察行使权力有时会侵犯民法上规定的公民的生命权、健康权、身体权、隐私权、财产权等，事实上这些权利在民法上可归为财产权和人身权两大类。公民享有民法上的财产权和人身权属于对世权、绝对权，绝对权和对世权意味着世界上的任何人负有不得侵犯公民人身权和财产权的义务，当然包括警察在内，因此，警察执行公务要牢记公民享有的合法的财产权和人身权，否则警察行使权力就会侵犯公民权利。

五、警察侵权的责任承担

警察在执法中如果侵犯公民的财产权和人身权，要承担相应的责任，包括人身权责任和财产权责任。如果侵犯人身权，造成受害人精神上的痛苦还要承担精神损害赔偿的责任。我国《侵权责任法》第6条规定："行为人因过错侵害他人民事权益，应当承担侵权责任。根据法律规定推定行为人有过错，行为人不能证明自己没有过错的，应当承担侵权责任。"第7条规定："行为人损害他人民事权益，不论行为人有无过错，法律规定应当承担侵权责任的，依照其规定。"第15条规定："承担侵权责任的方式主要有：（一）停止侵害；（二）排除妨碍；（三）消除危险；（四）返还财产；（五）恢复原状；（六）赔偿损失；（七）赔礼道歉；（八）消除影响、恢复名誉。以上承担侵权责任的方式，可以单独适用，也可以合并适用。"第16条规定："侵害他人造成人身损害的，应当赔偿医疗费、护理费、交通费等为治疗和康复支出的合理费用，以及因误工减少的收入。造成残疾的，还应当赔偿残疾生活辅助具费和残疾赔偿金。造成死亡的，还应当赔偿丧葬费和死亡赔偿金。”第19条规定：“侵害他人财产的，财产损失按照损失发生时的市场价格或者其他方式计算。”第21条规定：“侵权行为危及他人人身、财产安全的，被侵权人可以请求侵权人承担停止侵害、排除妨碍、消除危险等侵权责任。”第22条规定：“侵害他人人身权益，造成他人严重精神损害的，被侵权人可以请求精神损害赔偿。”

第五节 警察执法侵犯公民权利的原因分析和解决对策

警察执法侵犯公民权利，有其深刻的原因，只有深刻剖析原因，才能找到解决对策，才能避免警察在执法中侵犯公民权利的案件一个又一个的发生。

一、警察执法侵犯公民权利的原因分析

虽然公民的权利神圣不可侵犯，但警察执法侵犯公民权利的案件仍时有发生，这有其深刻的原因，具体原因如下：

1. 一些警察民法知识匮乏是警察执法侵犯公民权利的首要原因

警察执法违反民法的首要原因是警察对公民权利知之甚少。何谓公民权利？公民权利包括哪些？公民权利是私权利还是公权力？搞清楚这些问题，不学民法，不对民法有一个系统扎实的理论学习，难以把握公民权利的精髓实质，难以在执法时贯彻民法理念，因此，公安民警非学民法不可。导致“夫妻黄碟”案发生的关键问题在于警察认为夫妻两个人在家看黄碟属于违反法律规定的警察公权力范畴，如果警察事先能认识到夫妻两个人在家看黄碟属于个

人隐私，不属于警察执法范畴，就不会闯入私宅，更不会发生后来的要求夫妻交出影碟以及将影碟、影碟机、电视机作为证据带回派出所的后果。因此，导致黄碟案件发生的原因就在于警察没有划清警察权力和公民权利的界限，没有搞清楚公民的隐私权要受到合法保护。公安高等院校肩负着培养警察的任务，公安高等院校是培养警察的摇篮，而目前，很多公安院校的学生并不重视民法，认为公安民警学习刑法就够了，“重刑轻民”现象在公安院校十分严重。可想而知，这些学生走向工作岗位后对于什么是私权利，公民享有哪些人身权和财产权无从知道，则警察执法侵犯公民权利便是自然，也许这时，警察丝毫觉察不到他侵犯公民权利了。总之，笔者认为，缺乏民法知识，导致警察侵犯公民权利案件的发生是十分重要的原因。

具体来讲，警察缺乏民法知识的危害性表现在：

（1）警察缺乏民法知识导致警察不知道公民享有哪些权利。公民享有的权利是法律赋予的，民法以私法的形式全面规定了公民的权利，包括财产权和人身权，没有哪一个部门法能像民法那样关心每一个人的利益，民法是权利法，它通过赋予民事主体权利的形式对民事主体给予全面的保护。

（2）警察缺乏民法知识导致警察将自己的公权力和公民的私权利混为一谈。警察不懂民法就无法划清警察权力和公民权利的界限，甚至警察越权进入公民的权利范围，管了不该管的事情，引起一些荒唐可笑的事件的发生。

（3）警察缺乏民法知识导致警察执法中侵犯公民权利却毫不觉察。警察不懂民法，不知道公民享有哪些权利，实践中侵犯公民权利也全然不知道，这不仅是可悲的，也是不应该的。

2. 警察权力和公民权利的区别也是导致警察执法时侵犯公民权利的原因。两者的区别在于：

（1）两者的主体不同。警察权力的主体是警察，警察依法执行公务，行使权力，维护国家和社会公共利益。而公民权利体现为公民个人利益，维护的是私人的利益。

（2）两者的地位不同。警察行使权力是以对方的绝对服从为条件，双方的法律关系是不平等的。而公民权利的实现往往要参加民事法律关系，和对方进行的民事法律关系是平等的、自愿的，不涉及命令与服从的关系。公民想获得民事权利，必然平等地和对方进行民事法律关系。

（3）两者的强制力不同。警察权力的行使具有强制性、无条件性、非自愿性，而公民权利的行使是自愿的，不具有强制性，《民法通则》中的意思自治原则就是体现。

（4）警察权力和警察的职责紧密相连，而公民的权利与义务紧密相连。警察权力和公民权利的区别极有可能导致警察执法侵犯公民权利。

3. 一些警察执法时的素质低下也是警察执法侵犯公民权利的重要原因

一些警察执法时，素质极为低下，不把全心全意为人民服务的宗旨放在心上，动辄对百姓大打出手，出口脏话，这不仅严重玷污了警察的尊严，也给社会带来很坏的影响。警察素质低下，是由于很长一段时期内，认为警察就是侦查破案抓捕作案人的，素质高低无所谓。事实上，随着社会主义市场经济的不断发展，对警察素养的要求会越来越高，这种高素质的警察的需要与高度发展的市场经济紧密相连。早在100多年前，著名的英国法律史学家亨利·梅因（Henry Maine）就曾有这样一句名言：一个国家是否文明，文明程度如何，看这个国家刑法和民法各占多少比例。一般说来，半文明、半开化的国家，刑法多民法少；文明的国家，刑法少民法多。事实上，这句名言虽然有失偏颇，太绝对，带有一定的片面色彩，但是确有其道理所在。它告诉我们：社会经济、国家的文明发展和民法息息相关，一个国家民法发展了，这个国家的经济也一定是发展的，民法是否发达是整个社会进步和文明程度包括制度文明程度高低的重要标志。①

4. 极端的权力膨胀意识也是警察执法侵犯公民权利的重要原因

长期以来，警察拥有的权力很大。一些警察在人民心目中的形象并不好，主要因为警察肆意执法依然存在。警察常常滥用权力，给人们以“很强”的威慑力。甚至很多情况下，面对警察的侵权行为人们敢怒不敢言，久而久之，警察的权力意识急剧膨胀，使得警察侵犯公民的合法权利成为自然。

5. 权力本位思想严重也是警察执法侵犯公民权利的重要原因

长期以来，警察权力很大，无视公民权利，是权力本位思想在作怪。警察的这种权力本位思想会严重践踏公民的权利。警察要懂得警察权力是人民赋予的，警察权力的行使最终仍是保障公民权利，因此，警察要树立权利本位的思想，全心全意服务于人民。

6. 公安民警中普遍存在重刑轻民现象

公安民警在实践中普遍不重视民法。公安院校学生当他们还没有接触民法时，凭着直觉也普遍认为民法与自己未来从事的公安专业联系不多，因此不重视民法的学习。从而导致这些学生到工作岗位之后民法知识很薄弱或者民法知识匮乏。这种错误认识的原因在于他们不知道什么是民法，不知道民法是保护公民的权利的法律。更由于过去我国很长一段时期内实行计划经济，商品经济和市场经济相对不发达，我国封建传统观念又根深蒂固，以刑法为核心的极端国家主义的公法占据上风，严重地压制了民法的发展，家庭和国家本位的封建观念束缚了权利强调了权力，重刑轻民的观念便在这样的背景下产生了。随着改革开放，市场经济体制的确立与发展，各种民事法律关系不断出现，民事案件不断上升，这就促使民事立法突飞猛进地发展，不断推进和发展的市场经济，对民法的要求越来越高，警察面临的民事法律关系会越来越复杂，不学民法，警察

---

① 徐武生，靳宝兰．民法学．北京：中国人民公安大学出版社，2005.9.

就无法胜任未来的工作。

7. 警察不重视深层次民法理念的培养

目前，警察大多毕业于公安院校，但是，公安院校的学生很多不但重刑轻民，而且认为学习民法只学法律条文或只学一些典型案例不必对理论加以深入学习就足以应付将来的工作要求了。造成他们认识上偏差的原因有：

(1) 他们大多认为民事案件无关痛痒，没有刑事处罚严重，因此，民事案件草率处理甚至处理错误也无所谓。

(2) 他们对于内容庞杂的民法感到学起来困难，有畏惧心理。

(3) 他们认为自己将来不从事科研工作，又不考研究生，只是从事警察实务工作，用不着深层次钻研枯燥而乏味的理论知识，所以大部分公安院校的学生认为民法的学习简单应付应付就可以了。

(4) 学生直接的拿来主义思想比较严重，认为未来公安工作能直接用到的知识就努力学，而对于一些法律理念的培养却不加重视。涉及民法理论的内容学生不但不感兴趣，而且认为学了没用。事实远非如此，公安院校的学生将来走向工作岗位虽然都是具体执法，但是民法与其他部门法的区别在于民法有自身的特点。现实生活中经常会出现民事法律规范没有规定的案件，法律的滞后性以及千变万化的现实生活决定许多民事案件不可能按照法条的规定而发生，案件的解决常常找不到合适的法律条文，这就需要使用类推原理、运用民法的基本原则、运用民法的解释学进行扩张解释、限缩解释等，而这些民法知识的灵活运用在于民法理念长时期的熏陶，因此，只注重表面的民法条文和案例的学习远远不够，需要深层次理解民法的立法目的、民法的理论和民法的理念，这才能使民法运用自如，真正公平、公正地解决现实中的民事纠纷。因此，造成警察执法侵害公民权利的一些原因在于警察在公安院校时就不能认识到民法的作用，不学甚至草率学习民法。

二、警察执法侵犯公民权利的原因分析和解决对策

面对警察执法侵犯公民权利的情况，笔者认为从以下几个方面做起，就会避免警察执法侵权，使警察更好地合法行使权力。

1. 公安民警要培养民法意识，始终贯彻公民权利不可侵犯的理念

公民权利的内容在民法中得以全面的规定，公民权利是警察权力的基础，警察权力是公民权利的保障，警察要想更好地行使权力必须首先学习公民的权利，不懂公民权利的警察绝不是好警察。警察光靠学习公法远远不够，公民的所有民事权利包括财产权和人身权在民法中作了详尽的规定，因此，警察要接受系统的民法学习。只有对民法进行系统的学习，才能掌握公民权利的内涵，才能真正了解公民权利的内容，保护公民权利的意识才能得以培养。由于我国民法起步比较晚，《民法通则》也仅从1987年1月1日起才开始施行。长期以来计划经济下的“重刑轻民”现象严重，使得警察不重视民法的学习，对于这部分警察来说，行使权力难免会侵害公民权利，这些警察侵害公民权利时全然不知，这正因为他们对民法知识匮乏。对于这些警察来说就需要学习民法知识，培养民法理念，只有真正搞清楚公民享有哪些权利才能在执行公权力时得心应手，全面合法地执行公务。

2. 公安民警要转变警察观念、全面提高自身素质

长期以来，公安民警认为自身搞实战，不需要高素养，认为警察与高素养并无关系。随着我国对外开放，很多方面必须和世界接轨，最迫切的无疑是法制和观念，高素质的警察是未来市场经济发展的必然要求，那种止步于过去的低素质警察迟早要被社会淘汰。警察要改掉过去管理者的理念，防止自己权力的无限扩张和膨胀，全心全意为人民服务，努力提高自身的素养，做一个服务于社会，让人民满意的公安民警。

3. 公安民警要始终树立以人为本的理念

警察执法，要以人为本。以人为本就是以公民的权利为本，切实保障公民的人权。权利的实现需要法制，需要强制力，需要借助公权力，人民警察在保障和促进人的发展方面起着重要的作用。公民的自由和公民的人权是法制的核心目标，警察担负着保障人权的职责和使命，只有警察以人为本公正执法，公民权的保障才会落到实处。

4. 公安民警要树立权利本位思想

在权力和权利面前，警察要充分认识到警察权力的出发点和警察权力的归宿。公民权利作为警察权力的基础，没有公民权利，警察权力就会成为无米之炊，警察权力的存在毫无价值。警察权力的终极目标就是保障公民的权利，因此，警察要牢牢树立权利本位思想。国家授权警察对侵犯公民权利的犯罪分子等进行预防、制止和侦查，就是为了保障公民权利。因此，警察执法要以公民权利为起点，以公民权利为核心，以公民权利为主导。张文显教授认为："作为社会主义法治理念的理论基础的科学发展观是以人为本的发展观。以人为本，用法律语言表述，就是以人的权利为本，充分尊重和保障人权。我们要建设的法治社会，就是以人为本的社会。尊重和保障权利及人权是法治社会的基本特征，也是构建法治社会的前提。因此，尊重和保障人权构成社会主义法治理念最重要的内在要素。"由此看出，权利为本是市场经济发展的必然结果，是法治国家的内在要求，而民法作为权利法，大力弘扬个人权利，民法宣扬了最大的私权利范畴，我们找不到哪一个部门法能像民法那样最大限度地规定公民的财产权和人身权。因此，公安民警要努力学习民法，大力弘扬公民权利，树立权利本位思想。

5. 尽快完善警察侵犯公民权利的救济措施

警察要始终贯彻侵权则承担责任的理念。在美国，警察如果有侵犯嫌疑人、被告人合法权利的行为，受害人可依据法律提起民事侵权诉讼。我国警察在执法中侵害公民权利的，无论是财产权抑或是人身权，都要依据相应法律承担损害赔偿责任。警察要贯彻侵权承担责任的理念，警察侵权案件就会减少，这些理念的培养仍然在于警察对民法知识的学习，对其他相关法律法规的学习。有了侵权则承担责任的理念，实践中警察侵权案件就会减少。而一旦出现警察执行公务侵犯公民财产权和人身权的案件，就应依据民法的民事侵权原则承担责任。由于目前我国有《国家赔偿法》，作为特殊的赔偿主体——公安警察机关，依据国家赔偿法的规定承担责任，这与民法的承担责任的原则并无实质性的区别，国家赔偿和一般民事赔偿的区别主要在于主体不同。正是作为国家这一特殊主体，我国制定了《国家赔偿法》用以解决国家侵犯公民财产和人身权的救济方法。作为国家赔偿法，目前已经对精神损害赔偿进行了规定。有学者指出，既然在我国民事法律法规中有关于精神损害赔偿的规定，那么作为国家赔偿法也应当引入精神损害赔偿制度，因为二者之间仅是主体不同而已。笔者认为，为了加大国家执法机关的严格执法力度，增加国家赔偿中的精神损害赔偿制度十分必要。因此，目前我国的《国家赔偿法》已经增加了国家赔偿中的精神损害赔偿，则警察侵权不仅要承担财产损失和人身损害的赔偿责任，如果同时使受害者精神痛苦的，受害人还可以请求精神损害赔偿，这就加大了公安机关赔偿力度，可有效地制约警察权力的膨胀。

6. 加强警察权力监督体系的建立

孟德斯鸠曾说过："一切有权力的人都容易滥用权力，这是万古不易的一条经验。有权力的人们使用权力一直遇到有界限的地方才休止，从事物的性质来说，要防止滥用权力就必须以权力制约权力。"面对警察执法侵犯公民权利，一方面要加强国家对警察权力的监督，另一方面要加强人民的监督，在这两种监督中，以国家强制力的监督为主，人民监督为辅。国家对警察权力的监督可以通过制定法律由专门的监督机构进行监督。例如，我国香港就有专门的廉政公署负责对警察、法官等公务人员进行监督。

7. 加大公安院校重视民法的力度

警察侵犯公民权利的情况时有发生，我们要从源头抓起，要让进入公安队伍中的警察还在校园时就高度重视民法。全校从上到下只要高度重视民法，学生就会学好民法，那么充实到公安队伍的警察就会有扎实的民法理论功底。

对公安院校学生中轻视民法的现象，笔者探讨如下的解决对策：

（1）注重公安院校学生学习民法的目的性教育。在民法教学中，我们要始终贯彻警察学习民法的目的是更好地服务于人民，通过“夫妻黄碟”案等一些典型案例教育学生，使学生懂得民法对公安执法人员的作用，告诉学生，随着市场经济突飞猛进的发展，不学民法迟早要被淘汰，为了切实维护公民、法人的民事权利，必须学好民法。

（2）指出重视民法学习是民事主体权利实现的基础。在讲授民法时，针对学生重刑轻民的倾向，我们可以通过简要回顾民法的发展史来说明，在商品经济不发达的年代，大量属于民法调整的，如婚姻家庭、财产继承等民事关系，都被采用刑事手段或行政手段来加以调整和规范。历代的统治者为了巩固自己的统治地位，十分重视刑法的作用，正是由于历史的原因，在我国普遍存在重刑轻民、刑民不分的现象。针对这种情况，在教学中告诉学生，在大量的案件中，民刑掺杂在一起，针对发生的不同法律关系，由民法、刑法、行政法等分别调整。如果不学习民法，势必导致民事责任被忽视的情形，如果不对各种法律关系的特点掌握清楚，很难对一个案件的民事责任、刑事责任、行政责任等加以区分，很可能导致法律适用的错误，结果该追究责任的没能追究，不该追究的也许会出现冤案等情形，这种判错案件、伤害好人、罪犯逃避法律制裁的情形会导致国家赔偿案件的不断上升，因此警察要学会分清各种法律关系包括公法的和私法的区别十分重要，只重视刑法轻视民法是无法实现为人民服务的宗旨的。

警察执行公务，行使权力，是对公民利益保护的体现，因此，警察行使权力不应以损害人民利益为代价，警察行使权力决不能侵犯公民权利。如果警察一方面行使权力，另一方面又以侵犯公民权利为代价，那我们宁愿不赋予警察任何权力。赋予警察权力就其实质而言仍在于保护公民的权利，两者在一定程度上是一致的。当然，对于杀人犯等重大暴力刑事犯罪嫌疑人，警察行使权力限制他的人身自由等，在一定程度上也是在保护全体人民的利益，使他们不再进行行凶、杀人等活动。警察权力究其设立目的就是为了保护公民的权利，这就要求警察行使权力时不能违法损害公民的权利，警察要厘清楚哪些属于自己权力的范畴，哪些属于公民个人私权利的范畴，懂得警察权力是人民赋予的，树立全心全意为人民服务的思想。

第二章　警察执法与民法的性质

民法是与公法相对应的私法，民法是权利法，民法是一系列权利组成的权利体系，民法是人法，是调整自然人之间、法人之间以及自然人与法人之间关系的法律。民法最大限度体现对人的关怀，我们再也找不到有哪一个部门法能像民法那样体现对人的关怀。民法从私法的角度对自然人、对法人——私人的利益加以保护，民法完整构建了自然人人身权利和财产权利。警察执法只有深入了解民法的性质、本质，才能从根本上实现全心全意为人民服务的宗旨。警察执法说到底就是保护公民的财产权利和人身权利，离开公民财产权利和人身权利的保护，警察的职能便无从谈起；离开警察执法，公民的人身权利和财产权利也无从保障。警察的公权力既来源于公民权利的赋予，也以保护公民权利为宗旨。警察公权力与公民私权利有密切的联系。警察深入学习民法的性质，才能在执法中完成警察的任务，实现警察的职能。

第一节　民法是私法

民法是私法。私法就是保护私人利益的法律。私法和公法相对应，公法在于保护国家利益，私法在于保护个人利益。公法和私法的划分有三种学说：

1. 主体说

该学说认为，公法的主体法律地位不平等，私法的主体法律地位平等。

2. 意思说

该学说认为，规定权力者以及服从者的意思的法律为公法。规定对等者的意思的法律为私法。

3. 利益说

该学说认为，规定国家事务的法律为公法，规定私人利益的法律为私法。

不管哪种学说，都道出了民法的本质特征，民法在于保护私人利益的法律，民法在于规定平等主体之间关系的法律。

过去很长一段时间，我国不承认民法的私法性，认为市场经济下一切法律都是公法，随着人们认识的不断提高，我国市场经济的高度发展，越来越重视民法的私法性。过去很长一段时期内，我国实行一大二公，企业国有制，而后来随着邓小平改革开放理论的不断发展，市场经济体制的不断完善，法学界达成共识，认为应当划分公法和私法。

警察法属于公法，维护公共利益的法律。警察执法属于行使公权力，公权力的目的在于维护公民的私权利。公法和私法的划分有利于厘清警察公权力和公民私权利的界限，有利于保护公民个人财产和人身权利。重申公法与私法的区分及民法的私法属性，必然要求大力发展市场经济，摆脱政府的过分干预，更多依赖市场经济自身的发展。

正确认识民法的私法属性，有助于警察执法中对公民私权利的保护，公民私权利神圣不可侵犯，警察在执法中不可跨入不该跨入的私法领域侵犯公民的私权利。

第二节　民法是权利法

民法是权利法，民法是规定民事主体权利的法律，民法规定了公民享有人身权和财产权，民法规定的民事主体的权利就是人的权利，因为民法上的人包括自然人和法人，因此，民法也是人法，民法就在于维护人的权利，因此，民法就是保护人权的法。

一、民法是权利法

民法是权利法，这是因为民法的体系是由一系列权利构筑而成的。民法规定了人身权利，主要包括财产权利和人身权利。

公民的人身权利在我国法律中有明确的规定。我国《民法通则》第五章第四节的标题为“人身权”。人身权利分为人格权和身份权。人格权分为一般人格权和具体人格权。身份权包括配偶权、亲权、亲属权。具体人格权包括生命权、健康权、身体权、姓名权、名誉权、隐私权、肖像权、荣誉权等。

我国《民法通则》对具体人格权作了全面而具体的规定。第98条规定：“公民享有生命健康权。”第99条规定：“公民享有姓名权，有权决定、使用和依照规定改变自己的姓名，禁止他人干涉、盗用、假冒。”《民法通则》第100条规定：“公民享有肖像权，未经本人同意，不得以营利为目的使用公民的肖像。”《民法通则》第101条规定：“公民、法人享有名誉权，公民的人格尊严受法律保护，禁止用侮辱、诽谤等方式损害公民、法人的名誉。”《民法通则》第105条规定：“妇女享有同男子平等的民事权利。”以上这是民法通则对具体人格权的规定。

一般人格权包括：人格尊严、人身自由。例如，2001年《最高人民法院关于确定民事侵权精神损害赔偿责任若干问题的解释》第1条规定：“自然人因下列人格权利遭受非法侵害，向人民法院起诉请求赔偿精神损害的，人民法院应依法予以受理：（一）生命权、健康权、身体权；（二）姓名权、肖像权、名誉权、荣誉权；（三）人格尊严权、人身自由权。违反社会公共利益、社会公德侵害他人隐私或其他人格利益的，受害人以侵权为由向人民法院起诉请求赔偿精神损害的，人民法院应当依法予以受理。”其中的人格尊严、人身自由就是一般人格权的规定。

既然民法具体规定了以上诸多的公民人身权，警察在执行公务中就不能侵犯民法规定的公民的以上各项人身权。

我国刚刚颁布的《侵权责任法》也对具体人格权作了规定。第 1 条规定："为保护民事主体的合法权益，明确侵权责任，预防并制裁侵权行为，促进社会和谐稳定，制定本法。"第 2 条规定："侵害民事权益，应当依照本法承担侵权责任。本法所称民事权益，包括生命权、健康权、姓名权、名誉权、荣誉权、肖像权、隐私权、婚姻自主权、监护权、所有权、用益物权、担保物权、著作权、专利权、商标专用权、发现权、股权、继承权等人身、财产权益。"第 3 条规定："被侵权人有权请求侵权人承担侵权责任。"第 4 条规定："侵权人因同一行为应当承担行政责任或者刑事责任的，不影响依法承担侵权责任。因同一行为应当承担侵权责任和行政责任、刑事责任，侵权人的财产不足以支付的，先承担侵权责任。"由此看出，侵权责任法明文规定侵害公民权利的民事责任，而且民事责任和刑事责任、行政责任并行不悖，并不是承担了刑事责任就免除了民事责任，也不是承担了行政责任就免除了民事责任，行政责任、刑事责任的承担不影响民事责任的承担。因此，警察要意识到在警察行政执法中可能侵犯公民权利，而且因为对方当事人的诉讼警察要承担相应的民事责任。

公民的财产权利主要包括：物权、债权、知识产权、继承权等。而在这些财产权利中，警察最容易侵犯的是公民的物权中的所有权。我国刚刚颁布不久的《物权法》第 64 条规定："私人对其合法的收入、房屋、生活用品、生产工具、原材料等不动产和动产享有所有权。"第 66 条规定："私人的合法财产受法律保护，禁止任何单位和个人侵占、哄抢、破坏。"

我国《物权法》第九章对所有权的取得作了如下特别规定，这些规定都是警察在执法中需要掌握的最基本的规定，只有警察熟知这些规定，才能尊重和保护公民的财产所有权。

第 106 条规定："无处分权人将不动产或者动产转让给受让人的，所有权人有权追回；除法律另有规定外，符合下列情形的，受让人取得该不动产或者动产的所有权：（一）受让人受让该不动产或者动产时是善意的；（二）以合理的价格转让；（三）转让的不动产或者动产依照法律规定应当登记的已经登记，不需要登记的已经交付给受让人。受让人依照前款规定取得不动产或者动产的所有权的，原所有权人有权向无处分权人请求赔偿损失。当事人善意取得其他物权的，参照前两款规定。"

第 107 条规定："所有权人或者其他权利人有权追回遗失物。该遗失物通过转让被他人占有的，权利人有权向无处分权人请求损害赔偿，或者自知道或者应当知道受让人之日起二年内向受让人请求返还原物，但受让人通过拍卖或者向具有经营资格的经营者购得该遗失物的，权利人请求返还原物时应当支付受让人所付的费用。权利人向受让人支付所付费用后，有权向无处分权人追偿。"

第 108 条："善意受让人取得动产后，该动产上的原有权利消灭，但善意受让人在受让时知道或者应当知道该权利的除外。"

第 109 条规定："拾得遗失物，应当返还权利人。拾得人应当及时通知权利人领取，或者送交公安等有关部门。"

第 110 条规定："有关部门收到遗失物，知道权利人的，应当及时通知其领取；不知道的，应当及时发布招领公告。"

第 111 条规定："拾得人在遗失物送交有关部门前，有关部门在遗失物被领取前，应当妥善保管遗失物。因故意或者重大过失致使遗失物毁损、灭失的，应当承担民事责任。"

第 112 条规定："权利人领取遗失物时，应当向拾得人或者有关部门支付保管遗失物等支出的必要费用。权利人悬赏寻找遗失物的，领取遗失物时应当按照承诺履行义务。拾得人侵占遗失物的，无权请求保管遗失物等支出的费用，也无权请求权利人按照承诺履行义务。"

第 113 条规定："遗失物自发布招领公告之日起六个月内无人

认领的，归国家所有。”第 114 条规定：“拾得漂流物、发现埋藏物或者隐藏物的，参照拾得遗失物的有关规定。文物保护法等法律另有规定的，依照其规定。”

第 115 条规定：“主物转让的，从物随主物转让，但当事人另有约定的除外。”

第 116 条规定：“天然孳息，由所有权人取得；既有所有权人又有用益物权人的，由用益物权人取得。当事人另有约定的，按照约定。法定孳息，当事人有约定的，按照约定取得；没有约定或者约定不明确的，按照交易习惯取得。”

《物权法》通过如此多的条文对所有权加以规定，可以看出我国法律对所有权的保护力度，公民私有财产神圣不可侵犯，警察在执法中固然不可侵犯公民的财产所有权。财产所有权没有期限限制，具有永久性。因此，警察执法如果忽视公民的合法财产所有权，必将要承担相应的侵权责任。从我国刚刚颁布的《侵权责任法》可以看出，行政责任、刑事责任、民事责任并行不悖，不因为承担了行政责任和刑事责任而免于承担民事责任。

在财产权体系中，所有权是基础性权利，警察在执行公务中出现的大量侵权案件表现为侵犯民法上规定的公民的财产所有权。我国财产所有权的权能包括占有、使用、收益、处分四项权能。因此，警察执行职务只有正确认识公民的财产权利才能有力地保护公民的财产权。

无论是财产权还是人身权，都具有绝对性，也就是任何人负有不得侵犯公民财产权和人身权的义务，当然包括警察在内。当警察执行公务不得不在法律规定下对公民财产和人身进行限制时，这种限制是符合法律规定的限制，是合法的限制。而当警察在违法的情形下，尤其违反民法的规定对公民财产和人身进行限制时，则是违法的限制，而且这种违法的执法有时却不被警察发觉。也有一些警察认为民法可有可无，可以随便冒犯，重刑轻民思想严重。由此可以看出，一部分警察侵犯公民财产权和人身权要么不懂民法，要么轻视民法。不管哪种情况，警察只有深刻认识民法的权利属性，认识到公民权利神圣不可侵犯才能规范警察的执法，切实保护公民的财产权和人身权。

二、民法是人法

民法上的人分为自然人和法人，民法在于保护自然人和法人的利益，所以民法学者常常将民法称为人法。民法最终目的在于体现对人的关怀，包括自然人和法人。民法上所说的人是有独立人格的人，具有从事民事法律行为的独立地位。无论自然人还是法人一旦进入民事领域，双方的地位完全平等，具有平等的主体资格，双方意思自治，一方意志不得强加给另一方。任何一个自然人或者法人有权自由决定自己的意志，高度意思自治，当然这种意思自治是在法律限度内的意思自治。民法上的人具有完全的经济头脑，因为民事活动在于交易，没有商品化的交易，民法不可能产生。市场经济越是高度发展，越是需要民法的规范调整。

民法上的人是理性的人，具有决定自己意志的自由，因此，在进行交易时要确保交易双方的人具有完全的民事行为能力，因此，民法规定限制民事行为能力人或者无民事行为能力人从事民事活动受到一定的限制。

第三节　警察执法的宗旨是维护公民神圣的私权利

警察权力是人民赋予的，如果没有公民财产权和人身权的保护，警察的存在就会失去意义，警察的功能就不能完全发挥。警察担负着保卫国家领土安全、维护社会治安的职能。警察执法最终的落脚点仍然离不开对公民私权利的保护。警察执法表面上看是维护国家利益，保护社会公共利益，但究其实质仍然是保护公民神圣的私权利。

很多人认为警察执法与民法没有关系，警察执法就是在执行公权力。事实上，民法是宪法之下的最基本的法律，其他一切部门法的理论基础都来源于民法，没有民法的公民权利的保护意识，其他法律就成了无源之水。所有公法一定是在私法的基础上产生的，没有公民权利的民法规定，谈不上刑法、刑事诉讼法、行政法、警察法等公法。一切公法的法理基础来源于私法。

警察执法一方面维护国家利益，维护社会治安的稳定，但是从另一方面来说，是对公民私权利的保护。例如，我们常常看到公安机关追捕杀人犯，一方面为了维护社会治安的稳定，另一方面杀人犯侵犯了相对方的生命权这一神圣的私权利，说到底，公权力的行使就是在维护公民的私权利，只要公民的私权利全方位得到保护，则必将换来社会的稳定与和谐。再如，我们常常看到警察抓捕盗窃犯，一方面盗窃犯扰乱社会秩序，另一方面盗窃犯侵犯了相对方的财产权，如果整个社会的个人财产得到充分的保护，个人的人身权得到充分的保护，则社会是安宁与祥和的。因此，说到底，公权力行使的最终目的在于维护公民神圣的财产权和人身权。

警察执法必须树立公民权利保护意识。我国《警察法》第2条规定，人民警察的任务之一是保护公民的人身安全、人身自由和合法财产。由此看出，警察权力的行使和公民权利的保护具有内在的辩证统一性。由此看出，公权力的落脚点就是公民权利的保护。

长期以来，人们在认识上有一个误区，认为公法和私法绝对分开，毫不相干，两者绝对是一对矛盾。事实上，两者的立法宗旨完全一致。私法自然在于维护公民个人的财产权利和人身权利，但是公法的最终目的也是保护公民的财产权和人身权。因此，警察执行公法离不开民法理念的培养，警察执行公法的立法基础也来源于民法的公民私有权利神圣不可侵犯的理念。公安立法是以权利特别是民事权利保障为基本出发点的，这就必然要求警察在执行公务时避免滥用权力、超越权力侵犯公民权利。很多警察素质低下，没有足够的民法基础知识，导致侵犯公民财产权和人身权，而且很多情形下的侵权，警察是毫不知觉的。长期的重刑轻民意识也是导致警察侵犯公民权利的原因。

既然警察执法的宗旨在于维护公民神圣的私权利，公安机关执法中就必然要大量基础性地适用民法。很多公安民警认为民法可有可无，认为民事案件不告不理，无关痛痒，认为只有法院才会适用民法，这是完全错误的观念。事实上，公安执法需要行政执法规范是必然的，但是并不因此而否定民事规范的运用。如前所述，行政规范的法理基础来源于民法上民事权利神圣不可侵犯的理念，因此，公安民警一定要学好民法，而且要全面加强高素养的民法理念的培养。只有用民法理念武装头脑，警察执法才能把形形色色的纷繁复杂的刑事、行政、民事掺杂在一起的案件厘清头绪。因为现实中很多案件集犯罪、纠纷、民事于一体，没有足够的民法知识则无法界定复杂的案件，结果必将导致错案发生，不利于公安执法的规范化发展。

民法是以权利为本位的法律，权利本位的法制原理在于：国家权力以保障、维护公民权利为绝对的义务，权力来源于权利，权力保障权利，权力服务权利。警察只有权利意识增强才会彻底克服官本位、权力本位、权力至上的思想，也只有增强权利意识才能做好国家公仆，才能自觉虚心接受群众的监督。这不仅能改善警民关系，而且在法治社会下更能创造和谐的社会法制氛围，和谐社会需要警察不断提高权利意识，不断提高民法文化素养，彻底改变过去权力本位思想，树立权利本位思想，服务大众，更好地接受大众的监督。

《警察法》第2条规定人民警察的任务之一是保护公民的人身安全、人身自由和合法财产。《警察法》第3条规定："人民警察必须依靠人民的支持，保持同人民的密切联系，倾听人民的意见和建议，接受人民的监督，维护人民的利益，全心全意为人民服务。"警察权力的行使就是为了保护公民的权利，可以说警察权力的行使和公民权利的保护是一致的。离开警察权力的保护，面对社会力和自然力而带来的对公民权利的侵害就无法受到保护，权力是获得权利的前提和条件，没有权力作保障，权利难以实现。权利是权力之源，没有权利，不可能有权力，丧失对公民权利保障功能的警察权力，将不再有存在的价值。在一定程度上，我们可以说，警察权力和公民权利具有内在统一的辩证关系。因此，警察执行公权力只有不违反民法的各项规定才能切实保护公民的各项财产权和人身权，不断促进社会的和谐发展。

第四节　高素养的警察就是高素养的民法文化底蕴的警察

民法是全面规定人的权利的基础法律，民法是私法，民法是权利法，警察法的宗旨就是维护公民神圣的私权利。那么，现代社会迫切要求人民警察用民法知识武装头脑，没有扎实的民法理论武装自己，必然在实践中跌倒。市场经济必然要求高素养的警察，而高素养的警察恰恰是高民法素养的警察。

随着市场经济的发展，人们的自我维权意识不断提高，就必然对警察提出高素养的要求。而警察在执行职务中暴露出的素质低下就是警察民法素养低下的表现，为了适应繁荣发展的市场经济，警察非学民法不可。早在100多年前，著名的英国法律史学家亨利·梅因（Henry Maine）就曾有这样一句名言：一个国家文明的高低，看它的民法和刑法的比例就知道。大凡半开化的国家，民法少而刑法多；进化的国家，民法多而刑法少。这句名言尽管并非绝对真理，带有一定的片面性，但却揭示了一个简单而明白的道理：民法是否发达是整个社会进步和文明程度包括制度文明程度高低的重要标志。警察通过民法学习，可以培养他们如下的民法理念：

1. 平等、自愿、公平的理念

如果警察对执行职务中遇到的民事问题，不能用平等、自愿、公平的理念去处理，会导致警察滥用权力而侵犯公民、法人的民事权利，这不仅是蔑视民事法律的表现，更是与全心全意为人民服务的宗旨相矛盾。

2. 民事主体权利神圣不可侵犯的理念

民法学的体系是权利体系，民法是由一系列权利构筑而成的，如民法规定了物权、债权、知识产权、继承权等，民法全方位、具体细致地规定了公民享有的各项权利，是典型的以权利为本位的法律。任何其他法律部门都没有像民法那样注重人的权利，以权利为核心，注重私人的权利属性，以权利为线索构建民法结构体系。民法是私法，是基础法，其他公法如刑法、诉讼法、国家赔偿法、监狱法等，是以民法为基础的，没有民法，就没有其他公法，正因为民法规定了公民的私权利，其他公法才有了保护私权利的公权力的保障的出现。因此，民法是基础，其他一切法律都是在民法基础上产生的。其他公法是从不同角度、不同层次上对公民各项基本财产权利、人身权利、诉讼权利等加以保护。由此看来，没有民法作基础，其他部门法律便失去了存在的意义。任何其他法律规定都是在公民基本的人身权和财产权保护的基础上产生的。因此，民法就是弘扬公民权利的法律，无时无刻不体现对人的关怀，有人将民法称为人民权利的圣经是很有道理的。随着社会的前进，随着公民权利意识的普遍增强，随着人权保护思想的加强，我们要大力提倡私权神圣不可侵犯的理念，要大力弘扬公民神圣的私权利，保护公民私权利深入各个公民人心。我们要清楚人民警察手中的权力是国家和人民授予的，其职责在于保护公民神圣的私权利，因此，警察执法就是为人民谋利益，全心全意为人民服务。警察公权力的行使必须将公民财产权和人身权的保护放在首位，离开这种观念，警察的执法就可能侵权。警察的执法就是要促进广大人民群众的各项具体权利获得真正的实现。人民警察手中的权力是人民授予的，其性质决定了它只能为人民谋利益。权力的行使及其运用必须以促进广大人民群众的广泛权利的真正实现为前提，否则不但不能起到保护权利的作用，还会侵犯公民的各项权利，甚至有可能因滥用权力而产生违法犯罪行为。人民警察无论是全心全意为人民服务，还是执法为民、服务为民，其核心都是保护公民权利。民法对于权利观念的强调，有利于培养人民警察在执法中尊重个人权利的观念。① 因此，公民权利神圣不可侵犯是警察始终要贯彻到头脑中的理念。

3. 诚实信用的理念

警察用诚实信用原则武装头脑就会将千变万化的民事案件和其他行政、刑事案件区分开来，就会正确地解决国家、集体、个人之间的利益冲突。只有这样，市场经济的发展才是有序的，警察维护社会秩序稳定的职责才得以圆满完成。

民法是众法之基。民法作为一个独立的部门法而存在，是所有部门法的基础。在历史上，没有宪法之前，民法就是宪法；有了宪法之后，民法的基本观念、基本精神和基本制度成了宪法的基础和原理，并通过宪法这种根本大法的形式得到了升华而被贯彻到其他一切部门法中。我国有刑法学者在深入研究了罗马法之后无不感叹地说："民法是一切部门法的基础，其他部门法可以说都是从不同侧面对民事法律关系和基本原则的保护、充实和发展，或者为它们的完满实现创造必要的法制条件和环境。"既然民法在所有的部门法中如此重要，警察就应十分重视民法的学习。

一、警察民法素养的高要求是高度发展的市场经济的必然要求

我们不难看到，随着市场经济的不断深入发展，随着人民生活水平的不断提高，人们的权利意识也在不断提高。过去我们很少有人谈及权利，主要与经济的落后有关。而随着经济的不断发展，民

① 李梅．试论民法在公安院校课程结构中的地位．北京人民警察学院学报，2003（4）．62.

法的不断完善，人们的权利意识不断加强。过去，很多错案中的当事人的权利无法得到救济，而今，一些错案发生后，当事人受侵害的权利一定程度上得到了补救，这是我国法制进程不断向前推进的结果。民法是全面规定人的权利的基础法律，民法是权利法，民法是私法，警察法的宗旨就是维护公民神圣的财产权利和人身权利，随着社会的不断发展，警察的权利意识必将不断加强。

人民警察执行公权力，依法行使国家和人民赋予的权力，维护社会的治安，任何公民、社会组织都应当遵从。但是，警察的执法是有边界的，尤其不能越过民法的边界。警察执行公权力侵害公民权利的情况时有发生，而且很多案件在全国很有典型性。因此，人民服从公权力并不意味着执法者与被执法者的法律地位不平等，而是双方法律地位平等的体现，是双方遵守法律的体现。随着市场经济的发展，对警察的民法要求必将越来越高。警察民法素养的高要求是高度发展的市场经济的必然结果。如果哪个警察不能与时俱进，不断加强民法的学习，则必将被社会淘汰。只有与时俱进不断加强民法素养的培养，不断增强公民的权利意识，才能在蓬勃发展的市场激流中站住脚。

过去长时期以来我国不重视民法，根源于社会经济发展落后，反之，社会发展越是落后，则民法的发展过程越缓慢，两者相互促进。随着改革开放的不断推进，我们清楚地看到人们民法意识的提高。民法是众法之基，只有熟练掌握民法知识，才能运用好其他法律。社会向前不断发展，必然会推动民法的向前发展。一个国家经济发展水平决定了这个国家的民法发展程度，落后国家通常是刑法多而民法少，越是发达国家越是民法多而刑法少。因此，笔者认为，一个国家的文明程度和民法文化息息相关，越是文明发达的国家，民法的发展越是迅速，否则则相反。历史证明，随着我国改革开放进程的不断推进，社会主义市场经济必将得到蓬勃迅速的发展，而伴随其中的规范——民法规范必将发挥无与伦比的最重要作用。因此，在改革大潮中，警察要想激流勇进不被淘汰，只有学好民法。市场经济必然催生高民法素养的警察，这是不可抗拒的客观规律。

二、高素养的警察就是高民法素养的警察

市场经济的高速发展需要民事法律去规范，当市场经济迅速发展时，民事案件多，刑事案件会少一些。市场经济越是发展，越是需要民法不断完善。因为民法是调整平等主体之间的财产关系和人身关系的法律，平等主体之间的市场交易关系唯有由民法规范调整才是最具体和最基本的。因此，市场经济越发展，民法也越不断日趋完善。随着民法与高度发展的市场经济的相适应，警察就要不断加强民法学习。过去很长时间内，一些警察的素质低下影响了整个警察的形象，突出表现为公安民警执法时粗鲁、口骂脏话、随意侵犯公民权利，给公安部门造成很坏的影响。事实上，长期以来一部分公安民警素质低下恰恰是民法素养低下的表现，所谓执法时随意骂人、打人、刑讯逼供等，都是侵犯公民人身权的表现，都是民法素养差的表现。如果说警察素养高低的标准是什么，笔者认为除了民法素养外没有其他标准。只要警察的民法素养提高上去，这个警察的执法一定是文明的。相反，一个警察民法知识空白，必将侵犯公民权利，则这个警察的执法一定是不文明的。因此，只有警察深入学习民法，培养民法意识，注重民法文化素养的提高，才能公正执法，才能被群众称赞，才能扭转一部分警察在人们心目中素质低下的不良影响。

因此，我们要在全国范围内普及民法知识，民法知识的学习是全社会的责任和义务。全社会民法文化素质普遍提高则警察的素质也必然提高。可喜的是，我们在改革开放以来，看到人们的民法素养越来越高。但是，警察民法素养的提高并不是很快，因此，警察要有超前意识，超前于群众提早用民法理念武装头脑。

人民警察无时无刻不处于群众之中，随时随地都要与群众打交道，如果没有良好的民法素养，仍然不能取信于民。在全民重视自

己权利的前提下，警察要超前加强民法理念的培养，否则警察就会滥用权力侵犯权利。只要警察民法素养提高，意识到民法规定了公民的两大权利——人身权利和财产权利，就能在执法中始终将人民利益放在第一位，始终维护公民的财产权和人身权。只要没有侵犯公民私法规定的权利，则警察的执法一定是文明的，因为民法规定的公民的生命权、健康权、身体权、名誉权、肖像权、隐私权等很全面，民法对公民的利益进行了全方位的保护。因此，只要警察严格遵守民法规定执行公务，警察的执法一定是受到群众欢迎的，警察一定会在群众中产生良好的影响。因此，高素质的警察就是高民法素质的警察，市场经济要求高素质的警察就是要求加强警察的民法学习，警察学好民法，执法素质必然提高，除了民法别无其他途径可以提高警察的素质。也可以说，只要不学民法，警察的素质一定不会高，无论这个警察的文学修养多么高，公法学得多么好，如果对民法理论一无所知，则这个警察一定不能成为高素质的警察。因此，高素质的警察一定需要具备民法素养。

因此，笔者建议各级公安部门大力普及民法知识，切实将民法知识向每一名公安民警普及。随着市场经济的不断发展，全国各公安部门必将认识到民法在公安执法中的作用。各地公安部门可以通过开办讲座、进公安院校培训民法等方式使得每一位人民警察都熟知民法，做到民法的普及在公安部门中不留死角，等到全国公安部门每位警察都熟知民法之时，警察的整体素质必将全面提升，所有警察在人民心目中的形象将无比伟大和崇高，高素养的警察必将得到全民的赞同。高民法素养的警察时代也必将到来。

第三章　警察执法与民法的基本原则

民法的基本原则就是指其效力贯穿整个民法始终的民法的根本准则。民法的基本原则高度抽象、高度概括民法的各项内容，是贯穿整个民法始终的最基本的、最普遍的、最通行的准则。它是民法及经济基础的本质和特征的最集中的体现，是高度抽象的、最一般的民事行为规范和价值判断准则。民法基本原则不仅贯彻整个民法具体内容的始终，而且作为统领具有指导作用，规范指导所有民事案件。当某一案件出现，民法没有明确规定时，基本原则又具有补充法律漏洞的作用。

民法的基本原则是民事立法的准则，民事立法首先确定民法基本原则，然后在基本原则之下具体规定各个条文。民事主体进行的各项民事活动也要遵守民法的基本原则。

总之，民法的基本原则是民事主体进行民事活动的基本准则。是法院解释法律、补充漏洞的基本依据。一些学者研究民法，也可以从基本原则入手，因此，民法的基本原则又是解释、研究民法的出发点。

公安民警在执法时也可能遇到很多案件，尤其民事案件，很多公安机关愿意插手民事纠纷案件。笔者认为，当公安民警遇到民事案件时，首先要分析自己是否该插手，但笔者完全不赞同公安机关插手民事案件，因为公安机关作为执行公权力的机关，本身具有特殊性，一旦插手民事案件，很容易让百姓误认为在执行公权力，于是迫于公权力的压力使得一方当事人作出对自己不利的选择违背了自己真实的意思表示，这种结果必然完全违反民法基本原则的规定，是违反民法的表现。所以，警察必须熟知民法的基本原则才能在工作中更加充分发挥自己的职能，不超越权力边界侵犯公民权利。

第一节　意思自治原则

意思自治原则也叫做自愿原则，是指民事主体依照自己的意愿安排私法关系，在不违反法律法规的前提下自由进行民事行为，不受其他人的干涉。意思自治原则强调，任何一方不得将自己的意愿强加给另一方。

民法很重要的一项基本原则就是意思自治原则，意思自治原则在合同法中体现得最为突出。例如，签订房地产买卖合同，双方当事人完全自主自愿，可以选择签订也可以选择不签订，在不违反法律规定的前提下，双方完全自由决定自己的意愿，双方可以就合同的所有条款进行协商，协商不妥不签订合同，这才真正体现民法的精神实质。也就是说，只要是民事活动，只要是双方进行的民事行为，双方就可以自由决定是否参加这项民事活动，是否进行这项民事行为，任何一方对此无权加以干涉和强制，即便是一方的上级主管领导也无权干涉下属的民事行为。

由此看出，如果警察介入双方的民事案件，则警察的强制公权力的影响会使得一方违背自己真实意思作出错误的意思表示，这样的民事活动完全背离了民法的基本原则，所以，笔者不建议警察介入任何民事纠纷尤其双方签订的民事合同的纠纷之中，一旦介入就会影响双方当事人的自由决定，违背民法的基本原则。

自愿原则的核心就是合同的自由原则。合同自由原则包括：

1. 缔约自由

例如，合同的签订与否，当事人自己有权选择。

2. 选择相对人的自由

和谁签订合同，当事人自己有选择的自由。

3. 内容自由

具体哪项条款不合自己的心意，可以和对方协商变更，如果达不成合意，则自己可以自由选择放弃合同的签订。

4. 变更或解除的自由

合同因发生法定或者约定事由可以产生变更或者解除的效力，这在法律上有明确的规定。

5. 方式自由

选择口头形式的合同还是书面形式的合同双方自由协商，当然法律规定有些合同是一定要书面的，则当事人不得口头签订合同。再如付款方式等双方可以约定现金付款，也可以约定转账结算。

6. 争议解决方式的自由

争议的解决双方可以在合同中明确加以约定，或者选择仲裁机构，或者选择人民法院，或者选择双方协商自行解决。

但是，意思自治不是没有边界的，不是双方完全可以忽视法律存在的自由，而是双方在法律规定之下的自由，只要在法律规定的范围内，双方当事人可以意思自治，因此，双方的意思自治是法律框架内的意思自治。

意思自治原则要求双方当事人意思表示真实，如果不真实，可能会导致民事行为无效、变更或者撤销。一旦民事行为无效则民事行为自始无效。如果民事行为变更或撤销，当事人可以选择有利于自己的决定或者变更或者撤销，一旦选择变更，双方可以变更某些条款，一旦选择撤销，则双方民事行为无效。

意思自治原则只能在私法领域发挥作用，在公法领域，不存在意思自治原则，而且私法领域的意思自治原则作为民法的一项很重要的原则贯彻民法的始终，任何民事双方主体以及任何第三方都不得强加意愿给任何一方当事人。

自愿原则和平等原则有密切的关系，正是因为平等原则的存在才使得自愿原则得以发挥，也就是说，自愿原则的存在和实现以平等原则的存在和实现为前提，没有平等原则就无法实现意思自治，正是因为平等原则才产生意思自治原则。

第二节　平等原则

平等原则是民法通则的又一项重要原则。民法通则第2条明文规定了民法的调整对象的平等性。《民法通则》第3条规定："当事人在民事活动中地位平等。"民事法律关系区别于其他法律关系的重要标志就是当事人地位平等。

平等原则，是指民事主体具有独立、平等的法律人格，任何一方意愿不得强加给另一方。平等以独立为前提，独立以平等为归宿。在具体的民事法律关系中，双方能独立地表达自己的意志，双方是完全独立的人，具有完全平等的法律地位。由于平等性在前面的民法的调整对象中有相关的论述，在此不予赘述。

第三节　诚实信用原则

诚实信用的本来含义是指双方讲诚实，守信用。它是在市场经济活动中形成的道德规则，它要求人们在市场活动中讲究信用，恪守诺言，诚实不欺，在不损害他人利益和社会利益的前提下追求自己的利益，是法律吸收道德观念的反应。

诚实信用原则起源于古罗马法。古罗马的立法者发现，无论法律条款和合同条款如何严密，当事人双方都有规避法律的愿望。也就是说，如果当事人心存恶意，总有规避法律的办法，因为法律总会有漏洞，于是罗马法规定了诚信合同，后来为许多国家的立法者所借鉴和吸收，尤其是《瑞士民法典》将诚实信用原则的运用扩张，遍及于整个民法领域，我国的民法也将诚实信用原则适用到全部民法领域，统率和指导整个民法。

诚实信用原则除本身含义之外，还有其自己的引申含义，其引申含义就是指当个人利益和国家利益发生冲突时，个人利益要服从国家利益。因为，民事活动千差万别，法律永远不可能穷尽一切规定，这是民法纷繁复杂的社会活动决定的，这正是民法的特色所在。那么，面对法无规定的状况下，法官又要判案，因此，只能引用原则，对原则的本意进行扩张性的解释，这样才能达到补充漏洞的目的。诚信原则被奉为“帝王条款”，有“君临法域”的效力。诚实信用原则之所以叫“帝王条款”，是因为其具有延伸的含义，任何时候君主援引这一条判案都有效，因为君主总是追求国家利益的首要性，总可以以国家利益为理由找到判案的依据。诚信原则意味着承认司法活动的创造性与能动性。也就是说，承认诚实信用原则的含义的扩张，意味着法官在司法活动中可以基于国家利益的考虑在无法律规定的前提下可以依据诚实信用原则加以判案。因此，本条款成为“帝王条款”不无道理，但是这种扩张性的解释并不是无边界的。

诚信原则与禁止权利滥用原则不同，作为诚实信用原则的延伸，各个国家和地区的民法都普遍承认禁止权利滥用原则。权利滥用原则要求一切民事权利的行使，要在法律规定的限度内，不能随意超过其正当界限，一旦超过正当界限，就构成滥用，所以诚实信用原则以禁止权利滥用原则作为限制，这样可以使诚实信用原则发挥应当发挥的作用。

例如，姜某有一处房屋，当他得知有一座工厂将要在附近建设，且工厂的噪音量将会很大，于是将房屋卖给想得到一处环境安静的房屋的张某，姜某的行为就违背了民法的诚实信用原则。但是，这一层面的诚实信用原则的应用仅仅是本来含义的运用。再如艾滋病患者的患病信息是需要加以保护的个人隐私，但是为了向全民宣布艾滋病常识，媒体将甲领导和艾滋病患者乙的握手镜头在电视上播出，则媒体并不侵权，因为乙尽管有个人艾滋病信息不被宣扬的个人隐私，但是在电视上播出是为了对全社会进行艾滋病教育，告诉全社会艾滋病并不可怕，握手并不传染。因此，基于播出的社会公共利益的考虑，尽管对个人隐私加以公布，也不构成侵犯乙的隐私权，这就是隐私权的可克减性，这就是对隐私权的限制。因为国家利益和个人利益相互冲突时，个人利益绝对服从于国家利益，这正是民法的诚实信用原则的引申含义。由此看来，诚实信用原则确实不愧为“帝王条款”。

第四节　公平原则

我国《民法通则》第 4 条规定，当事人双方应当遵守公平原则。公平原则的含义，是指民事主体在进行民事活动中应当遵守社会公认的公平观念，以最大限度维持当事人之间的利益均衡。公平原则旨在平衡双方的利益。该原则对于民事主体从事民事活动和国家处理民事纠纷起着指导作用。

公平原则和诚实信用原则以及显失公平原则相互联系，公平原则在市场交易中为诚实信用原则和显失公平原则树立了判断标准，为市场活动中双方的利益均衡提供了标准。

公平原则和自愿原则以及等价有偿原则的关系：公平原则不能简单地等同于等价有偿原则。公平原则的具体运用必须以自愿原则的具体运用为基础和前提。

公平原则也可以作为法官判案的依据。由于民事案件千差万别，民法规定永远不能穷尽一切可能出现的案件类型，因此，当出现法无规定的案件时，当事人双方又都无过错，但案件又给一方当事人造成了损害，法官可以依据公平原则判案，令双方都承担责任。

第五节　公序良俗原则

公序良俗原则是公共秩序和善良风俗的合称。许多国家的民事立法都规定了这一原则。

公序，起初是政治的公序，后来经济领域也认可了公序原则。经济的公序分为指导的公序和保护的公序，保护的公序占据重要地位。

良俗，是指社会和国家存在和发展所必要的一般道德，主要指善良风俗。

公序良俗原则与诚信原则的相同之处。与诚信原则一样，公序良俗原则也具有填补法律漏洞的功效。因为公序良俗包含了法官自由裁量的因素，具有极大的灵活性。公序良俗作为一种基本原则，能处理社会发生的各种新问题、新案件，确保国家一般利益、社会公共道德秩序的维护。当法官遇到立法时未能遇见到的扰乱社会秩序、违背社会公德的行为又缺乏相应的禁止性的规定时，可直接引用公序良俗原则认定该行为无效。可见，公序良俗原则对漏洞的补充作用。

公序良俗原则与诚信原则的区别。公序良俗原则主要限定在非交易道德的范围内，而诚信原则为市场交易的道德准则，因此，两者主要适用的领域有区别。

第六节　守法原则

我国《民法通则》第 6 条规定：“民事活动必须遵守法律、法律没有规定的，应当遵守国家政策。”守法原则主要是指民事主体在进行民事活动时，应当遵守法律和行政法规中的强行性规范，不得有所违反。守法原则是民事主体从事民事活动要遵守的原则，它确保民事主体的各项活动能够有法必依。

警察在执行公务时，当然要遵守国家的法律、法规，不仅要遵守公法领域的法律、法规，私法领域的法律、法规同样要遵守。长期以来，一些警察认为民法可有可无，重刑轻民，是完全错误的，忽视民法可能导致警察侵权责任的承担。

第七节　警察执法要始终贯彻民法的各项基本原则

民法基本原则作为高浓缩的基本规则，具有高度抽象性和概括性，是各类民事主体进行民事活动要遵守的准则。自然，当警察参与民事活动时，同样要遵守民法的各项原则。但是，当警察执行公务时，也会遇到超越权力边界，涉足不该涉足的私权领域的问题。笔者认为，警察必须清楚的了解民法的各项基本原则，熟知其精神实质，才能融会贯通，灵活运用。

警察必须熟知各项基本原则，才能分清哪些是刑事案件，哪些是民事案件，哪些是刑事和民事案件混杂在一起，哪些属于自己该管的，哪些属于自己不该管的。因此，民法基本原则在警察执法中的作用是很明显的，但要深刻认识其精神实质并不容易。

例如，曾经在交管所买车后允许大众自由选择车号，自由拼字母、数字组合等。起初，车主拼出了很多号码，千奇百怪，无所不有，如带有 IBM 的车号，带有 911 的车号，带有 FBI 的车号，等等。如果说带有 IBM 的车号，带有 911 的车号，带有 FBI 的车号不足以有问题的话，则含有 SEX 的车号恐怕就有很大的问题了，它严重违反了善良风俗和公共道德。后来，车管所越来越发现，一些消费者选择自己拼凑的字母、数字等组成的车号严重违背公序良俗，违反社会公德，如上述的 SEX 的车号。于是，市交管所不得不对此进行限制。虽然老百姓选择车号是自己的权利，但是权利的行使不是没有边界的，要遵守国家法律法规，要尊重社会的善良风俗，当某一行为违背善良风俗时，可以宣布该行为无效。因此，交管所可以认定选择带有 SEX 的车号无效。而今，交管部门已经认识到，选择车号是消费者的一项权利，但这项权利的行使需要在法律框架内，需要尊重社会公德、善良风俗。因此，对于消费者的自由选择加以限制：消费者可以从交管所预先拼凑出的 10 个号中选择自己喜欢的，这既尊重了消费者自由选择车号的权利，又尊重了社会公序良俗。这是民法基本原则在警察执法中遇到的现实问题，警察只有对民法基本原则，尤其是善良风俗等原则认真把握，才能真正做到对此问题的合法解决。

又如，地铁行乞者如果扰乱地铁秩序，给乘坐地铁者造成很大的拥堵，给地铁的卫生带来困扰，或者给地铁的管理带来不便，则依据民法的诚实信用原则，当个人利益和社会利益发生冲突时，个人利益要让位于国家利益。虽然行乞者有自己获得生活来源的权利选择，虽然行乞者有自己的人身自由，但是，为了公共利益的需要，为了地铁乘客的秩序和卫生等公共利益的需要，警察可以要求行乞者离开地铁，到其他地方行乞。也就是说，行乞者有权利行乞，这是他选择生活来源的自由，但是这种自由要在法律规定的限度内，这种自由要以与社会公共利益的不冲突为前提。因此，警察就可以依据民法的诚实信用原则来处理此类问题。

事实上，民法的基本原则高度浓缩、高度概括，一项原则用一个条文加以规定，如此简单的条文读起来容易，可是掌握起来并不简单。这就需要警察努力学习民法相关原则的理论，民法理论博大精深，光靠掌握几个条文远不能灵活应对千变万化的民事法律关系，警察一定要学好民法基本原则的相关理论才能依法正确地处理好执法中遇到的所有问题。

第四章 警察执法与人身权

在现实生活中，最大量的警察执法侵权案件发生在人身权领域，因此，警察要对人身权有一个全面的认识和理解才能保证现实执法中不侵犯公民的人身权利。

第一节 人身权相关理论

公民享有两大项权利，人身权和财产权。警察只有清楚公民享有哪些人身权，才能全面保护公民的人身权，才能在执法中不侵犯公民的各项人身权。

一、人身权的概念

人身权，是指民事主体依法享有的与人身不可分离的，以人格利益和身份利益为内容的民事权利，是人格权和身份权的总称。人身权与财产权一起构成民事权利中的两大权利，因此，民事权利是一个类的概念。一个人就财产而言，他可能一无所有，可能一生当中很少有财富，但是这个人却不可能没有人身权。所以，人身权与财产权相比有很大的区别。

二、人身权的特征

只有对人身权的特征进行全面了解，才能在一定程度上对人身权有个认识。人身权的特征如下：

1. 人身权的非直接财产性

过去传统的民法理论一般认为人身权具有非财产性，认为人身权是一种没有财产内容，不直接体现财产权益的民事权利。现在，我们要重新认识人身权的非财产属性。应当说，人身权具有非直接的财产属性。

传统的人格权的非财产属性值得怀疑。因为，我们能够看到人身权有财产属性。例如，名誉权的含金量很大，名人的名字作商标，带来很大的利益，如李宁牌。过去，我们说人格权具有非财产属性，目前看来具有财产属性。

外国有拿破仑酒、林肯轿车、丘吉尔香烟，国内也有用伟人姓名做消费品商标的，足以说明人身权含有大量的经济利益，死者的姓名依然含有很大的经济利益。例如，鲁迅的名字就含有很大的经济利益。

照片也含有很大的经济利益，照片本身可以拿来卖钱，有人认为肖像是财产权，有人论证肖像里完全都是财产权，由此看出，肖像里含有人身权是不可否认的。隐私权也含有经济利益，卖隐私赚钱，如卖个人日记。电影演员将某一个镜头剪下，做广告、商业用途，这也是肖像含有经济利益的表现。冒用某女的名义向接收学校发拒绝信，导致某女去不了美国，这里实际是以侵犯姓名权为手段，给另一个人造成经济利益的损失。

企业的名称权完全含有经济利益，转让企业的名称可以获得经济利益。

由上看出，姓名权、名称权以及肖像权、隐私权等都有经济利益，具有财产属性，所以，我们应当用新的眼光打量人格权的属性，重新认识人身权，转变传统的民法理论认为人身权不具有财产属性的特点，要充分认识到人身权具有财产属性。

2. 人身权的不可转让性

人身权与权利主体的人身紧密相连，不可分离，不可转让，企业的名称权除外。

例如，肖像权的财产利益可以允许别人使用，但无论如何不能把一个人的肖像权全部转让了，肖像权无法转让，也不能转让，它与人身紧密相连。即使转让了，肖像权也还是自己的，肖像有经济利益不意味着可以转让，因为人身权本身就无法转让，转让给别人了自己仍然还有，无法完成转让行为，至于卖照片赚钱属于行使人身权的使用权能，属于使用权能的让与，不属于转让人身权，只能说人身权具有无限次的使用属性，可以让渡一部分的使用权能。

3. 人身权是私法上的人身权

我们一定要坚持人身权属于私法上的人身权，要贯彻人身权在民法上的权利性，认识到人身权是法律赋予的、与人身密不可分的权利。

有人认为人身权是公法上的人身权，事实上，人身权是私法上的人身权，人身权由民法加以规定。曾经发生的宪法司法化的案例也说明我们一定要坚持人身权的私法性。

宪法司法化案例：

1990 年夏天，山东省枣庄市滕州鲍沟镇圈里村 17 岁的姑娘齐玉苓参加中考，经过预考，按照要求她进行了体检。1990 年 7 月份她按照规定参加了全省的统一考试。到 8 月初，学校张榜公布了录取学生的名单，不料，齐玉苓却没有看到自己的名字而委培生的名单是不公布的。无奈，齐玉苓去找班主任打听情况，班主任说如果被录取的话，一定会有通知书的，并安慰齐玉苓第二年再考。齐玉苓心想，可以再等等，也许会等来通知书，于是回家继续等待。可是，一直到了 9 月初，她还是没有等到通知书，而此时，大家都各奔东西去上学了。

没有上成中专，齐玉苓最后借钱上了邹城一所技工学校。技工学校毕业后，她被分到一个工厂上班，还没工作两年，厂里减员分流，她成了下岗职工。为了生存，齐玉苓每天早上卖早点、下午卖快餐，生活十分艰难。

到了 1999 年，这时的齐玉苓已经准备结婚了，就这样过着平平淡淡的生活。但是，一件奇怪的事情发生了。齐玉苓在银行工作的一个朋友对她说："真是巧，我们银行里也有一个叫齐玉苓的，姓和名跟你都一样。"齐玉苓听后十分奇怪，如果姓名同音倒不奇怪，但"苓"字也一样就有点让她感到好奇了，而更让齐玉苓震惊的是这位"银行齐玉苓"正是在1990年考取当年齐玉苓自己所报考的济宁商校。

几经调查得知，已经是银行储蓄所主任、已为人母的"齐玉苓"就是原圈里村党支部书记陈克政的女儿陈恒燕。原来，陈恒燕早在预考时就落选，之后便开始了冒名齐玉苓读书的行为。本来已经预考落选的陈恒燕用齐玉苓的名义取得了鲍沟镇政府的委培合同，上演了一场冒名顶替上学案。齐玉苓得知详情后，将陈恒燕、山东省济宁商业学校、滕州第八中学、滕州市教委等送上枣庄中级法院被告席。

在调查中得知，在假齐玉苓的体检表上盖有滕州市教委招生委员会的钢印，经法院鉴定钢印不是假印。这位假齐玉苓的档案中仅有当年的体检表以及学期评语表，很不全，并且都是伪造的。但就是这样一张连滕州八中也认为是假的学期评语表，在校长签字处却盖有当时八中校长的私章，在学校盖章处也清晰地盖有"滕州市第八中学"的公章。

1999年5月，枣庄市中级人民法院对齐玉苓诉陈恒燕等四被告一案作出了一审判决。判决：齐玉苓的受教育权没有受到侵犯。齐玉苓不服，上诉到山东省高级人民法院。

在二审过程中，法官感到很难处理和判决，虽然陈恒燕等人侵犯了齐玉苓的受教育权利，应该承担民事责任，但却苦于找不到具体的法律规定。于是决定向最高法院请示。2001年6月28日，最高人民法院作出了法释［2001］25号批复，明确指出以侵犯姓名权的手段侵犯他人依据宪法规定享有的受教育权，应承担相应的民事责任。

根据最高人民法院的批复，山东省高级人民法院对这场冒名顶替上学案作出了终审判决：判令陈恒燕停止对齐玉苓姓名权的侵犯，济宁商校、滕州教委、滕州八中承担连带赔偿责任与陈恒燕父女共同赔偿齐玉苓精神损失费5万元、赔偿齐玉苓因受教育权被侵犯所造成的经济损失5万余元，总计10万余元。至此，这场全国著名的冒名顶替案件画上了句号，然而，这个案件的学理探讨却越发激烈。

法律界一些人士认为，此案开创了我国“宪法司法化”的先河，对今后的司法实践具有重要的指导意义。然而，也有不同的声音。大致说来，法学界对此问题的看法分为两派：

第一派观点认为，此案件属于违宪审查制的开端，打破了以往没有宪法诉讼的先例。宪法司法化有着重要的现实意义，已成为世界各国普遍的做法，是一个重大进步。宪法司法化，就是在司法审判活动中，人民法院用宪法来作为判决案件的法律依据。通俗地说，其他法律，如民法、刑法可以用来判案，而法院可以运用宪法来解决纠纷。通过齐玉苓案，尤其是最高人民法院对这个案件所作出的批复，我们认识到，公民不仅享有民法所规定的人身权利、财产权利，还有宪法规定的权利，如果受到侵犯都可以得到法律的保护。

第二派观点认为，宪法司法化，这是倒退，是宪法庸俗化的表现，宪法规范的是人民和政府的关系，是人民制约政府的，但现在变成人民制约人民。本案不是政府和人民的上下隶属关系，不能用宪法判案。本案是人民和人民之间的平等主体之间的关系，平等主体之间的关系只能由民法来判案。依照宪法承担民事责任说不过去，中间的跳跃太大。

笔者认同第二种观点。因为，民法是调整平等主体之间的关系的法律，而此案件本身是平等主体之间的关系的案件，不是政府与人民之间的关系的案件。如果是宪法解决的案件那应当是不平等主体之间发生的案件，而此案件发生在平等主体之间，因此，宪法司法化的进程太快了。实际上本案只是民事侵权案件，完全可以用民法解决，理由如下：

第一，凡是承认人格权为宪法权利的国家，法律都赋予法院违宪审查的权利，依照法律规定公民可以提起宪法诉讼，但我国《宪法》第 67 条明确规定，解释宪法的权力属于全国人大常委会，由此看出，我国普通法院没有解释和适用宪法的权力，既然法院没有解释和适用宪法的权力，当然不能基于宪法的规定判案。因此，在我国，宪法规范不能在民事诉讼中直接适用。如果要将宪法规定的权利用以判案只有通过民法将其转化为民事权利，别无他路，只有通过获得民事救济的方式才符合目前我国已有法律法规的规定。因此，宪法规范不能直接构成裁判规范，不能直接适用于法官的审判活动之中。

第二，宪法作为国家的根本大法，所规定的权利都是基本权利，基本权利是概括性的、宣誓性的，宪法不可能规定具体人格权的全部内容。宪法关于人格权的所有宣誓性以及概括性的规定都有待于民法的具体化，因此，用宪法规定判案显然不合法。

第三，只要规定权利，一定要规定权利受到侵害如何救济，也就是说，有权利必有救济，宪法不可能对人格权遭受侵害的情况设定各种具体的救济手段，更不可能做到对侵害各种人格权的具体行为详加列举。因此，在我国，更不存在用宪法判案的土壤和空间。即使未来设有宪法法院，我们也不可能期盼宪法法院对各种侵害人格权的行为予以救济和解决，还是需要靠民法解决，因为民事案例千差万别，光靠宣誓性的、概括性的宪法去解决根本不可能，尤其所有民事权利属于私权利，与政府无关，属于公民之间的平等主体之间的关系，不是国家政府和人民之间的关系，因此，由民法解决才符合民法的调整对象的特点。

第四，宪法主要调整国家与公民以及国家机关之间的关系，不调整平等主体的公民之间的关系。我国宪法有关基本权利的规定，都是关于国家权力行使方面的规定，旨在约束政府和人民之间的关系，对平等主体的私人之间的关系，宪法无从解决，无任何效力可言。所以，宪法上规定的基本权利，其义务主体主要是国家。宪法属于公法，是大陆法学对宪法性质的一般认识，宪法的公法性质将宪法公法与民法私法作了明确的划分。

第五，人格权是一个开放的体系，不断发展完善的体系。随着社会经济、文化的迅速发展，人格利益的范围也极为广泛，由宪法对各类人格权进行详细列举决不可能，宪法作为根本大法作出的总的纲要性的规定，不可能直接作为法官判案的依据，一定要将宣誓性的条文具体化为各项具体权利，这正是民法的职能。

笔者认为，以下两条思路能够运用民法知识对著名的冒名顶替案件加以判决：

第一，依照宪法补充民法漏洞。受教育权在民法上没有规定，而受教育权本身应当是民法上的权利，但是民法没有规定，宪法却有规定。民法有漏洞，可以依照基本法补充。受教育权本身就是民法上的权利，不能认定为宪法上的权利。因此，本案完全可以用宪法规定来补充民法的漏洞，通过认定侵犯民法上的受教育权来解决。

第二，依照民法规定认定侵犯姓名权。用现在的民法通则的规定也可以解决本案，而且用民法规定就可以很好地判决此案件。本案是民事侵权行为，侵害了什么？客体是什么？冒名顶替，造成人格损害，侵犯姓名权。因此，本案可以依照民法的规定判定对方侵犯了原告的姓名权。

由此看出，我们一定要坚持人格权是私法上的人格权，齐玉苓案件就是一个民事案件，完全可以用民法来判决。

4. 人格权的法定性

我国实践中人格权不能无限扩张，国外对人格权很吝啬。现在很多百姓认为只要想得到什么权利就贴上权利标签，这样，显然会造成权利泛滥，造成诉讼泛滥。例如，亲吻权、悼念权等都出现过，但笔者认为法律并没有规定亲吻权、悼念权、哺乳权，因此，此类案件需要更换诉讼请求，亲吻权可以划归为身体权、健康权，悼念权可以归为一般人格权，哺乳权可以划归为健康权。实际上人格权不能任意创设，人格权是绝对权、支配权，意味着一个人的权利是世界上所有人的义务，要谨慎。实践中不可创设人格权，犹如物权法定一样，人格权也需要法定。例如，亲吻权，放在身体权里就可以了，嘴唇破了，属于身体权，法律已经有的就不要再造出来一个人格权。另外，可以规定一个一般人格权，当事人的权利如果确实受到损害可以通过一般的条款解决，用一般人格权来补充漏洞。由于成文法永远是落后的，因此可以立法规定一般人格权，所以一般人格权最好不要具体化，否则一般人格权就成为具体人格权了。一般人格权和具体人格权有何区别？只有具体人格权没有的，才用一般人格权来处理，一般人格权是兜底条款。

2001 年《最高人民法院关于确定民事侵权精神损害赔偿责任若干问题的解释》第 1 条规定的人格尊严权、人身自由权就是一般人格权，一般人格权不宜具体化。人格尊严客体是什么，无法界定。不要把一般人格权具体化，而是要抽象化，只有抽象化才符合一般人格权的属性，只有抽象化才真正属于泛化和模糊化的一般人格权。

由此看出，人格权中有哪些具体人格权一定要加以明确规定。除此之外，规定一般人格权作为具体人格权的补充和兜底条款，我国司法解释也是这么规定的。

人格权的法定性我们可以通过隐私权的发展过程来加以说明。就隐私权而言，我国法律的规定有一个发展过程：

第一阶段，民法通则没有规定隐私权，《民通意见》将隐私放到名誉权之下，这里也仅仅规定“隐私”而不是隐私权。《民通意见》第 140 条第 1 款规定：“以书面、口头等形式宣扬他人的隐私，或者捏造事实公然丑化他人人格，以及用侮辱、诽谤等方式损害他人名誉，造成一定影响的，应当认定为侵害公民名誉权的行为。”由此看出，意见中没有出现权利一词，仅仅说隐私利益，因为民法通则没有对隐私作出权利性的规定。最早的《民通意见》

将隐私放到名誉权之下。

第二阶段，《民通意见》将隐私放到名誉权之后的一段时间里，法学家和实践工作者发现这样规定也不合理，因为名誉权和隐私的差距很大，于是将隐私从名誉权中独立出来，为法律规定奠定了理论基础。例如，一个人坐牢后，在狱中表现很好，因此提前释放，本来新闻媒体是想大力正面宣传，说他的表现很好，得到提前释放，而且释放后在单位表现也很好，经常被评上先进，媒体的出发点是想表扬他，但是他看后很难受，感觉到自己的权利受到了侵犯，什么权利受到侵犯？是隐私权还是名誉权？其实是隐私权受到了侵犯，名誉权受到侵害通常是采取侮辱、诽谤方式，而本案中没有采取这种方式，是采取了自己的不想让人知道的隐私被公布的方式，因此，本案媒体侵犯的不是名誉权而是隐私权。

第三阶段，2001 年最高人民法院的司法解释将隐私和名誉权区别规定。至此，隐私利益和名誉权有了明确的法律规定的区分，使得现实出现的案例能分别加以定性，加害者要么侵犯隐私利益，要么侵犯名誉权。2001 年的《最高人民法院关于确定民事侵权精神损害赔偿责任若干问题的解释》第 3 条规定：“自然人死亡后，其近亲属因下列侵权行为遭受精神痛苦，向人民法院起诉请求赔偿精神损害的，人民法院应当依法予以受理：（一）以侮辱、诽谤、贬损、丑化或者违反社会公共利益、社会公德的其他方式，侵害死者姓名、肖像、名誉、荣誉；（二）非法披露、利用死者隐私，或者以违反社会公共利益、社会公德的其他方式侵害死者隐私；（三）非法利用、损害遗体、遗骨，或者以违反社会公共利益、社会公德的其他方式侵害遗体、遗骨。”这里规定的就是隐私而不是隐私权，因为民法通则没有规定隐私权，由于权利法定，最高人民法院也无法规定隐私权，只能规定隐私。

第四阶段，我国目前正在不断加紧制定民法典，刚刚颁布的《中华人民共和国侵权责任法》明确规定了隐私权，至此，隐私利益上升为独立的隐私权，隐私权和其他所有具体人格权并列存在。

《中华人民共和国侵权责任法》第2条规定："侵害民事权益，应当依照本法承担侵权责任。本法所称民事权益，包括生命权、健康权、姓名权、名誉权、荣誉权、肖像权、隐私权、婚姻自主权、监护权、所有权、用益物权、担保物权、著作权、专利权、商标专用权、发现权、股权、继承权等人身、财产权益。"至此，隐私才真正上升为隐私权。

由以上隐私利益上升为隐私权的发展过程，我们不难看出，任意一个具体的人格权都不能由当事人创设，法院也无权创设，任何一个具体人格权的创设都是由立法者完成的，因此，人格权是法定的。

5. 人格权的支配性和绝对性

人格权具有支配性，排除任何人的干涉。人格权具有绝对性、对世性，一个人的人格权是世界上所有人的义务。支配性表明人格权的权利人可以直接支配其人格利益，凭借自己的意志就完全可以行使权利。人格权具有支配性，但并不是主体对客体可以自由处分，因为人格权绝大部分是不能处分的，如生命不可抛弃，不可转让，法律绝不支持鼓励自杀行为。再如人的自由也是不可转让的，都没有自由了还何谈其他民事权利。支配性反映的是权利主体对客体的关系，权利主体可以按照自己的意志依法对其权利客体管领和处理，不包含财产意义上的处分，无须他人协助或同意。

支配性体现在：

第一，权利人无须他人的介入，且在合法的范围内可以自由处分。

第二，与财产支配性不同，人格权所具有的处分权能受到限制，确认人格权并承认其为支配权，并不意味着要对支配权作等同于物权支配权的理解。

第三，正由于人格权是支配权，一些人格权内容包括专有使用权能，如肖像权人和姓名权人，可以有偿或无偿允许他人使用自己的肖像做广告，使用自己的姓名作商标等，这只能说明肖像权能或姓名权能的使用许可，其实质不是转让，是支配性的体现，并且笔者认为这种使用权能的许可使用是无限次的，因此，这也说明人格权的支配性和不可转让性。

三、人身权的种类

人身权分为人格权和身份权。人格权包括一般人格权和具体人格权。一般人格权包括人格尊严、人身自由。具体人格权包括生命权、健康权、身体权、姓名权、肖像权、名誉权、荣誉权、隐私权等。在这些人格权中，自然人享有的权利包括生命权、健康权、身体权、姓名权、肖像权、名誉权、荣誉权、隐私权。法人享有的人格权包括名称权、荣誉权。人格权也可以分为物质性人格权和精神性人格权。物质性人格权包括生命权、身体权、健康权。精神性人格权包括姓名权、肖像权、名誉权、荣誉权、隐私权等。

身份权，是指基于权利人一定身份而享有的民事权利，表现主体的社会属性。包括亲权、亲属权、配偶权。《民法通则》第 103 条规定："公民享有婚姻自主权，禁止买卖、包办婚姻和其他干涉婚姻自由的行为。"第 104 条规定："婚姻、家庭、老人、母亲和儿童受法律保护。残疾人的合法权益受法律保护。"第 105 条规定："妇女享有同男子平等的民事权利。"

第二节　警察执法要保护公民人身权

以上论述了公民享有的人身权，警察在执法时，一定要以公民的权利保护为核心目的，切实培养公民权利意识，只有时时将公民权利放在首位才能公正执法，成为一个称职的高素质的警察。公安执法中要切实加强对公民财产权和人身权的保护，公民的财产权和人身权神圣不可侵犯。这种公民人身权和财产权的保护，在宪法中有明确的规定。1982 年宪法第一次把"公民的基本权利和义务"

提到了“国家机构”的前面，并扩大了公民权利的种类，充分体现了人民权利至上和权利本位的宪法精神。宪法是人民意志的体现，我国宪法规定，“国家尊重和保障人权”，这是我国宪法保障人权精神的进一步提升。

在宪法的规定下，我国已经基本形成了以宪法为核心的人权法体系，人权的司法保障得到了进一步的加强与完善。列宁曾这样界定宪法的本质和意义：“宪法是写着人民权利的纸。”可见宪法对保障人权的作用的重要性。现代宪法一产生就承担着宣告和保障人权的职能。宪法一方面是为了一个强大的国家和政府设计的，但是从另一个方面看，它又是为人权设计和服务的。宪法的根本作用就在于要保障人权。宪法规定人权的根本目的在于明确国家权力的宗旨是保护公民权利，充分实现国家权力保护公民权利的精髓。宪法是国家的根本大法，我国宪法从根本上保障了人权的实现。

近年来，孙志刚事件等的发生都凸显出公民权利保护意识的低下。我国宪法明确规定，“公民的人身自由不受侵犯”。人身自由权是公开基本的人权，对公民人身自由的限制，必须经过正当的法律程序，否则公民权利无法得到切实的保护。我们已经废除了同宪法精神相违背的收容遣送制度，但我们还需要进一步按照宪法精神，改革劳动教养等制度，以加强对人身自由权的保护。

我国宪法明确规定了对公民的平等保护，“公民在法律面前一律平等”。但是，平等权的实现和保障却需要很长一段时间。我国城乡差异、地区差异严重，如民工的待遇问题、民工子女受教育权、对外来人口的歧视等问题都很严重。如何加强我们的户籍制度管理，缩小城乡差距，切实实现公民权利的平等具有重要的意义。宪法的基本原则和基本精神是限制权力和保障人权，人民的民主监督权是神圣的宪法权利。我国《宪法》第41条规定，公民有向有关国家机关提出申述、控告或者检举的权利。也就是说，人民群众有监督的权利。但在现实中，人民监督权的实现常常会遇到一些问题，使得公民权利不能得到及时的保护。长期以来，一些权力机关和执法人员认为自己的权力至高无上，守法是老百姓的事，不是权力机关的事。尤其在公安机关中，存在肆意践踏人民权利的情形，认为民法中规定的民事权利无关痛痒，可以不遵守，不遵守民法规定也无所谓，抱着这种无所谓的态度，人民警察侵权的案件就时有发生。民法通则对公民财产权和人身权也作了较为具体的明文规定，这样公民财产权和人身权作为一种私权利可以切实得到保护。

公安人员在执法中要注意对公民财产权和人身权的保护。例如，对犯罪嫌疑人的姓名、年龄、住址、职业等予以真实报道，确实能迎合大众对这些信息的兴趣，而且这一行为属于揭露社会不法行为，具有一定的正向作用。但犯罪嫌疑人只是嫌疑，一旦宣布无罪，则对这个人造成的损失已经无法挽回，其中一些人也许会经受不住议论而离婚、辞职或自杀，造成了不应有的巨大的损失。因此，在这种情况下，假设某人一旦宣布无罪，报刊就应当赔偿损失。同样的案例发生在警察身上，如果警察对犯罪嫌疑人个人信息以及犯罪嫌疑人的其他情节进行公开，也将侵犯该犯罪嫌疑人的隐私权。所以，无论报刊、杂志以及警察执法，都不可侵犯公民隐私权。

在现实中，要切实加强公安民警的权利保护意识，在行使自己的职务时，绝不允许侵犯公民的财产权和人身权。概括起来，公民享有的财产权利，如所有权、用益物权、担保物权；公民享有的人身权，如人格尊严、人身自由、姓名权、生命权、身体权、健康权、名誉权、肖像权、隐私权等都依法受法律保护。警察执法必须要有权利意识。

公安机关的根本宗旨是什么？公安机关作为国家的职能机关，与所有国家机关一样，其根本宗旨都是全心全意为人民服务，这是一项宪法原则。我国《宪法》第27条第2款规定：“一切国家机关和国家工作人员必须依靠人民的支持，经常保持同人民的密切联系，倾听人民的意见和建议，接受人民的监督，努力为人民服务。”根据这一宪法原则，《警察法》第3条也规定：“人民警察必须依靠人民的支持，保持同人民的密切联系，倾听人民的意见和建议，接受人民的监督，维护人民的利益，全心全意为人民服务。”全心全意为人民服务，就是全心全意为人民的利益服务。人民群众的利益范围很广，但是，主要概括为两大类：即人身利益和财产利益，两者构成了人民群众最基本的利益。因此，警察切实保护公民的财产利益和人身利益，才能更好地实现警察的根本宗旨。公民的生命、健康、人身与财产自由、安全等，是人民生存与发展之根本，离开这些基本的权利，公民就失去了生存的基础和条件，作为民事权利两大支柱的人身权与财产权，不仅是宪法确认的，民法也作了更为具体和详细的规定。全心全意为人民服务，就是为公民的民事利益服务，并为公民权利的顺利实现创造一切可能创造的条件。

公安机关在执法中保障人民的民事权利，全心全意为人民的利益，尤其是民事利益服务，大量是通过惩治违法犯罪活动来实现的。例如，实践中公安部门针对违法行为、犯罪行为，运用公法的力量打击、预防、制止违法犯罪行为，使得对方的人身利益和财产利益得到切实的保护。公安机关通过与各种违法犯罪行为作斗争，充分实现保护公民权利的目的，公安机关正是通过有效地预防、制止和惩治各种违法犯罪活动，最大限度地保障公民权利的实现。

公安机关坚持全心全意为人民服务的根本宗旨，其重要内容既然是保障人民的民事权利，为人民的民事利益服务，这就不能不要求在公安执法的各个环节中要注意保护公民的权利，无论是执法，还是刑事侦查，归根结底都是对公民权利的保护，因此，公安执法人员在执法中一定要有权利保护意识，做到切实实现保护公民人身权和财产权不受任何侵犯的服务宗旨。

公安机关在现实执法中遇到很多相关案例。例如，公安机关首例介入“家务事”案例：

马海（化名），广西人，2002 年 7 月 7 日一纸诉状将其母亲告上法庭。诉状称，“我母亲涉嫌重婚罪被捕，将受到法律制裁，那是她咎由自取。但是，她在触犯法律的同时，其行为也让儿子蒙羞受辱，给我造成了难以言状的精神痛苦”。

马海提起了民事诉讼，诉状称，“我母亲与情人私奔后，想不到我自己竟会陷入四面楚歌的境地。我无论走到哪里，都会发现有人在我背后指指点点，议论纷纷。有次我上街去买菜，卖猪肉的妇女在旁边毫无顾忌地嘲笑我：‘瞧，他就是跟野男人私奔的那个女人的儿子，说不定这个儿子也不是正宗的呢！’不仅如此，母亲的‘桃色新闻’竟影响到了我的就业，我到几家企业应聘求职，主考官都用怪异的目光审视着我。招聘结果出来时，比我条件差的求职者榜上有名，自己却连续数次‘名落孙山’。后来我才弄明白：母亲的绯闻沸沸扬扬传遍了钦州古城。更令我难堪的是，母亲‘改嫁’后，热恋中的女友果断地与我‘拜拜’”。马海请求：“母亲对我生育养育之恩我会尽儿子义务报答，但她的行为导致我的人格受到侮辱，精神受到痛苦，她应当对她的行为负责。”他的请求有两点：一、要求母亲赔礼道歉；二、赔偿儿子精神损失费2000元。

马海父母婚后一直很和睦，但自从父亲1998年下岗后，夫妻两人为家里琐事经常吵架。母亲江占丽（化名）因父亲找不到工作，家庭生活窘困，萌生了“改嫁”的想法。经过几个月的挑选，她选中了一个名叫连关成（化名）的人，56岁，一直在钦州市钦江桥头以修理自行车为生，没结过婚，有些小积蓄。江占丽与连关成经过一段时间来往后同居，同居长达半个月。马海的父亲马联运（化名）决定运用法律手段为自己讨回说法。于是，马联运一纸诉状将妻子江占丽和连关成告上法庭，马联运通过刑事自诉，要求追究其妻重婚罪的刑事责任。钦州市钦南区人民法院受理了此案。

钦南区人民法院受理案件后，经过开庭审理发现，马联运提供的钦州市水东派出所出具的证明只能证明江占丽与连关成有过来往，不能证明双方有重婚的事实，因此，法院认为此案件属于自诉案件，同时缺乏重婚罪的证据。2001年11月6日，法院以证据不足为由作出了驳回马联运的起诉的裁决。

随后，二审时钦州中院再一次驳回了马联运的上诉。马联运向当地公安机关报案要求查处重婚罪行为。公安部门对此案是否立案一直犹豫不定。因为，自 2001 年 4 月 28 日新《婚姻法》实施后，全国还没有公安机关介入重婚案的先例。此案中马海和父亲马联运“父子联控”提供的证据尚不充分，而且有点“自己为自己作证”之嫌。但最终公安机关还是对此案立案侦查。这是我国首次公安机关介入重婚案。公安部门派出警力进行侦查，公安部门 2002 年 5 月 28 日向钦南区检察院提请对犯罪嫌疑人批准逮捕。检察机关经审查认为，连关成、江占丽的行为已触犯了《中华人民共和国刑法》第 258 条规定，涉嫌重婚罪，于 2002 年 6 月 5 日批准对二人逮捕。这就是一场由公安机关介入重婚罪的案例。由此案看出，公安机关介入重婚案件的侦查，一定要熟知婚姻法的精神实质，另外，在侦查中注意保护公民个人隐私，一般这种案件属于自诉案件，法院审理案件时也是不公开审理的，而公安机关在侦查中也要注意保护涉案人员的隐私，一般情况下不可向第三人、社会大众宣布涉案人员的重婚事实，否则很可能构成侵犯隐私权。

第五章　警察执法与物质性人格权

人格权可以分为物质性人格权和精神性人格权。物质性人格权就是以人体的物质性表现出来的人格利益为客体的人格权，主要包括生命权、健康权、身体权。物质性人格权与精神性人格权相对应，精神性人格权，是指以精神利益为客体的人格权，主要包括姓名权、肖像权、名誉权、荣誉权、隐私权等。

物质性人格权是人类赖以生存的最基本的人格权，没有物质性的人格权，精神性的人格权就会失去其存在的基础。因此，警察在执法中尤其要加以重视，除非是执行公法，需要限制一方的自由外，决不能侵犯公民的物质性人格权。例如，刑讯逼供中打伤嫌疑人、打死嫌疑人就是对生命权、健康权和身体权的侵害。

第一节　警察执法与生命权、健康权、身体权

生命权、健康权、身体权构成人的三大物质性的人格权。没有了物质性的人格权，精神性的人格权便不存在，物质性人格权是基础。也就是说，如果一个人没有了生命权、健康权、身体权，则他的肖像权、隐私权、姓名权、名誉权便不能存在，因为公民权利能力始于出生、终于死亡。当一个人生命终止，则一切权利终止，因此，生命权、健康权、身体权很重要。

生命权就是维持生命，以生命安全利益为内容的独立的人格

权。健康权，是维持生理机能正常、没有缺陷和疾病的人格权利，指的是人的身体内生理机能的健全与完善。身体权，是人身体的外部、肉体能够保持完整的权利。

健康权和身体权是两个不同的权利。一个人健康权受到侵害身体权不一定受到侵害，相反，一个人身体权受到侵害，健康权不一定受到侵害，健康权和身体权是两个分别独立的权利。例如，食物中毒、煤气中毒、致人患病等可能身体完整性没有受到伤害，但是健康权受到伤害，健康权受到伤害身体权不一定受到伤害。非法剪毛发，可能使得一个人的身体权受到伤害，但是健康权却不一定受到伤害。

当然，有时候，一个人的健康权受到侵害也同时会引发身体权受到侵害，身体权和健康权两者有交叉，一般情况下两者可以同时存在，如致人残疾不仅身体权受到伤害，健康权也受到伤害。

我国《民法通则》第四节开篇的头一个条文就是有关生命健康权的规定。《民法通则》规定，公民享有生命健康权。《最高人民法院关于审理人身损害赔偿案件适用法律若干问题的解释》第1条就规定了："因生命、健康、身体遭受侵害，请求赔偿财产损失和精神损害的，人民法院应予受理。"这表明了法律对人身权中生命权、健康权、身体权的高度重视。

《中华人民共和国道路交通安全法》规定，机动车与行人发生交通事故，机动车一方负全责。《北京市实施〈中华人民共和国交通安全法〉办法》规定，机动车与非机动车、行人之间发生交通事故造成人身伤亡、财产损失的，由保险公司在机动车第三者责任强制保险的责任限额范围内先行赔偿。该办法于2005年1月1日施行。由此看出，相应的道路交通安全法也对公民生命权、健康权、身体权作了保护性的规定。

以下属于公安部门需要学习和掌握的有关人身权伤害的条文，人民警察需要认真学习，深刻领会，以便现实执法不侵权。

2003年《最高人民法院关于审理人身损害赔偿案件适用法律

若干问题的解释》第17条规定："受害人遭受人身损害，因就医治疗支出的各项费用以及因误工减少的收入，包括医疗费、误工费、护理费、交通费、住宿费、住院伙食补助费、必要的营养费，赔偿义务人应当予以赔偿。受害人因伤致残的，其因增加生活上需要所支出的必要费用以及因丧失劳动能力导致的收入损失，包括残疾赔偿金、残疾辅助器具费、被扶养人生活费，以及因康复护理、继续治疗实际发生的必要的康复费、护理费、后续治疗费，赔偿义务人也应当予以赔偿。受害人死亡的，赔偿义务人除应当根据抢救治疗情况赔偿本条第一款规定的相关费用外，还应当赔偿丧葬费、被扶养人生活费、死亡补偿费以及受害人亲属办理丧葬事宜支出的交通费、住宿费和误工损失等其他合理费用。"

第19条规定："医疗费根据医疗机构出具的医药费、住院费等收款凭证，结合病历和诊断证明等相关证据确定。赔偿义务人对治疗的必要性和合理性有异议的，应当承担相应的举证责任。医疗费的赔偿数额，按照一审法庭辩论终结前实际发生的数额确定。器官功能恢复训练所必要的康复费、适当的整容费以及其他后续治疗费，赔偿权利人可以待实际发生后另行起诉。但根据医疗证明或者鉴定结论确定必然发生的费用，可以与已经发生的医疗费一并予以赔偿。"

第20条规定："误工费根据受害人的误工时间和收入状况确定。误工时间根据受害人接受治疗的医疗机构出具的证明确定。受害人因伤致残持续误工的，误工时间可以计算至定残日前一天。受害人有固定收入的，误工费按照实际减少的收入计算。受害人无固定收入的，按照其最近三年的平均收入计算；受害人不能举证证明其最近三年的平均收入状况的，可以参照受诉法院所在地相同或者相近行业上一年度职工的平均工资计算。"

第21条规定："护理费根据护理人员的收入状况和护理人数、护理期限确定。护理人员有收入的，参照误工费的规定计算；护理人员没有收入或者雇用护工的，参照当地护工从事同等级别护理的劳务报酬标准计算。护理人员原则上为一人，但医疗机构或者鉴定机构有明确意见的，可以参照确定护理人员人数。护理期限应计算至受害人恢复生活自理能力时止。受害人因残疾不能恢复生活自理能力的，可以根据其年龄、健康状况等因素确定合理的护理期限，但最长不超过二十年。受害人定残后的护理，应当根据其护理依赖程度并结合配制残疾辅助器具的情况确定护理级别。”

第22条规定：“交通费根据受害人及其必要的陪护人员因就医或者转院治疗实际发生的费用计算。交通费应当以正式票据为凭；有关凭据应当与就医地点、时间、人数、次数相符合。”

第25条规定：“残疾赔偿金根据受害人丧失劳动能力程度或者伤残等级，按照受诉法院所在地上一年度城镇居民人均可支配收入或者农村居民人均纯收入标准，自定残之日起按二十年计算。但六十周岁以上的，年龄每增加一岁减少一年；七十五周岁以上的，按五年计算。受害人因伤致残但实际收入没有减少，或者伤残等级较轻但造成职业妨害严重影响其劳动就业的，可以对残疾赔偿金作相应调整。”

第26条规定：“残疾辅助器具费按照普通适用器具的合理费用标准计算。伤情有特殊需要的，可以参照辅助器具配制机构的意见确定相应的合理费用标准。辅助器具的更换周期和赔偿期限参照配制机构的意见确定。”

第27条规定：“丧葬费按照受诉法院所在地上一年度职工月平均工资标准，以六个月总额计算。”

第28条规定：“被扶养人生活费根据扶养人丧失劳动能力程度，按照受诉法院所在地上一年度城镇居民人均消费性支出和农村居民人均年生活消费支出标准计算。被扶养人为未成年人的，计算至十八周岁；被扶养人无劳动能力又无其他生活来源的，计算二十年。但六十周岁以上的，年龄每增加一岁减少一年；七十五周岁以上的，按五年计算。被扶养人是指受害人依法应当承担扶养义务的未成年人或者丧失劳动能力又无其他生活来源的成年近亲属。被扶养人还有其他扶养人的，赔偿义务人只赔偿受害人依法应当负担的部分。被扶养人有数人的，年赔偿总额累计不超过上一年度城镇居民人均消费性支出额或者农村居民人均年生活消费支出额。”

第29条规定：“死亡赔偿金按照受诉法院所在地上一年度城镇居民人均可支配收入或者农村居民人均纯收入标准，按二十年计算。但六十周岁以上的，年龄每增加一岁减少一年；七十五周岁以上的，按五年计算。”从2003年《最高人民法院关于审理人身损害赔偿案件适用法律若干问题的解释》的这些关于生命权、健康权、身体权的赔偿看出，法律对生命权、健康权、身体权的高度重视。

警察在执行公务时，一定要努力学习以上有关生命权、健康权、身体权的相关规定，只有深入领会以上法条的精神实质，才能在执法中避免侵害公民以上权利的事件发生，避免损害赔偿问题的出现，才能使得警察在人民心目中树立良好的形象。

第二节　心理健康与精神损害赔偿的司法协调

健康问题是一个与每个自然人息息相关的非常重要的问题，它直接关系广大人民群众最现实、最关心、最直接的利益。中国消费者协会在借鉴国际同类组织成功经验的基础上从1997年开始每年确定一个年主题，并把2005年的年主题确定为“健康·维权”；前一段时间，针对损害人类健康的高致病禽流感、猪链球菌、苏丹红1号以及PVC致癌保鲜膜，全世界范围内的许多国家都高度重视并采取措施加以防范。无论是发达国家和发展中国家的政府，还是贫穷国家的政府都十分重视保护公民的健康权，关注人类健康成为世人关注的头等大事。

然而，对于广大人民群众最关心、使用最频繁的词语——健康权常常遭受侵害，尤其是心理健康赔偿和精神损害赔偿常被混为一谈，司法实践如何处理它们之间的矛盾冲突，对更好地保护公民的生理健康和心理健康具有十分重要的意义。

一、心理健康赔偿和精神损害赔偿的司法冲突

在日常生活中，我们一般意义上所谈的健康，应当包括生理健康和心理健康，医学上的健康概念也是如此。然而，我国法律并未对健康权进行明确规定，这使得在司法实践中心理健康受到损害进行的赔偿和精神损害赔偿混为一谈的情况经常出现。精神损害赔偿，是指人身权受到侵害或特定意义的纪念物品永久灭失而精神上受到痛苦进行的赔偿。

精神损害赔偿需要具备两个条件：一是人身权受到侵害或者具有人格象征意义的特定纪念物品永久灭失或毁损；二是精神上遭受痛苦。只有在同时具备这两个条件的情况下才能请求得到精神损害赔偿。然而，在司法实践中，人们往往将精神损害赔偿和心理健康赔偿混为一谈。造成这种混淆有其重要的原因，因为精神损害赔偿中第二个条件"精神上遭受痛苦"和我们所说的心理健康很容易产生混淆。在司法实践中，人们常常认为精神上遭受痛苦，就是心理健康受到侵害，也就是说一切精神上遭受痛苦都是心理健康受到了侵害，据此得出的结论是一切精神损害赔偿都可以归结为健康权受到侵害，这样势必造成心理健康赔偿和精神损害赔偿两个概念混为一谈，导致概念之间混淆的结果会影响司法公正判案。因此，法律上如何界定健康权的概念，未来法律明文规定健康只包括生理健康和心理健康还是只包括生理健康不包括心理健康甚为重要。

笔者认为，为了有效解决两者的冲突，建议未来立法规定健康只包括生理健康而不包括心理健康。例如，一个人隐私权受到侵害，精神上遭受痛苦，可以请求精神损害赔偿，如果未来法律界定健康权包括心理健康的话，则这个人精神上遭受痛苦一定是心理健康受到影响，据此可以说这个人健康权受到侵害，而事实上这个人仅仅是隐私权受到侵害而精神上受到痛苦；反之，如果未来法律规

定健康权不包括心理健康，那么这个人隐私权受到侵害尽管精神上遭受痛苦也不能因精神痛苦就说健康权受到侵害，因为健康权不包括心理健康，而这样恰恰说明这个人仅仅是隐私权受到侵害，和事实相符合，正是我们追求的目标。因此，法律未明确将心理健康排除在健康权之外，使得司法实践中将心理健康损害和精神损害混为一谈，必然带来司法上的诸多矛盾和混乱，使得目前的人身权受侵害精神损害赔偿的案例判决一片混乱，也可以说，这样导致的结果是所有有关精神损害赔偿的案件必然同时也涉及健康权受到侵害的问题，这种混乱是完全可以避免的也是应当避免的。精神痛苦不能说健康权受到侵害，我们完全有必要也有可能将侵害健康权赔偿和精神损害赔偿区分开来，以便厘清这些概念，避免司法实践判案的混乱。

总而言之，我们不能说一切人身权受到侵害只要精神上有痛苦，就说这个人的健康（主要指心理健康）权受到侵害，这样导致的结果就是所有人身权受到侵害造成精神上痛苦，都构成对健康权的侵害，这显然混淆了精神损害赔偿和侵害健康（尤其是心理健康）权赔偿两者的界限，使精神损害赔偿和心理健康赔偿混为一谈，这种混乱给司法实践带来极大的困惑，因此如何协调心理健康赔偿和精神损害赔偿的关系，具有非常重要的意义。

二、冲突解决的法理基础和原则

如何解决两者的冲突和混乱，避免一切精神损害赔偿都是健康权或者心理健康权受到侵害？笔者认为，解决好这两个概念之间的重叠和司法实践的混乱，必须明确界定健康权的概念和精神损害赔偿的概念之间的界限，寻找解决冲突的深层次的法理基础和原则。

第一，要明确冲突解决的原则就是坚持对生理健康和心理健康全面保护的理念。解决两者的冲突，首要遵循的原则和法理基础就是要贯彻对健康权全面保护的理念，如果我们为了解决冲突而只保护生理健康不保护心理健康或只保护心理健康不保护生理健康，都是违背法理的，无论我们如何解决两者的冲突和重叠，我们都必须做到对公民的生理健康和心理健康全面保护，这样才符合全面保护公民人身权的原则和理念。

第二，要坚持效率原则。我们探讨解决冲突的原则和理念，要坚持效率至上原则，在对目前的精神损害赔偿制度不加以改动的前提下协调心理健康和精神损害赔偿制度之间的冲突，既能使得我们的司法实践既能全面保护生理健康和心理健康，又能使得目前的各项制度不冲突、不重叠，还能使得各种法律制度在各自的领域内很好地发挥调整功能，不至于因解决冲突而对目前的法律作不断的改动。

第三，我们应当坚持将日常生活中以至于医学上的健康权和民法上的健康权协调一致的理念。公民应有权利上升为民法上的权利要做到对公民健康权的全面保护，因此，就民法而言，要做到对生理健康和心理健康全面保护，不能顾此失彼。但是，这种全面保护的理念并不意味着法律一定要规定健康权包括心理健康权，如果将心理健康权纳入健康权之中，如上所述，会导致精神损害赔偿和健康权的混淆，会导致一切情形的精神损害赔偿都是心理健康权或者说健康权受到了侵害，容易引起概念之间的混乱，使得司法实践中对一切人身权遭受痛苦而请求的精神损害赔偿和心理健康混为一谈。因此，划清精神损害赔偿和心理健康的界限，清晰地解决有关健康权、精神损害赔偿的案例，达到真正保护公民的人身权尤其是健康权的目的是我们始终应当坚持的理念。

第四，解决冲突的办法集中在对心理健康的界定上，司法实践中究竟将心理健康权纳入健康权之中还是归入精神损害赔偿中，关系到我们协调冲突的目的能否实现，因此，对心理健康权归属的司法实践认定显得极为重要。

三、冲突解决的办法

为有效解决两者的冲突，笔者建议未来立法明确规定健康权只包括生理健康权而不包括心理健康权。健康权究竟是应当包括生理健康权和心理健康权两个方面，还是应当只包括生理健康权不包括心理健康权？学者的观点不一致。有的学者认为，就理论而言，健康权的保护范围应及于心理健康权（精神健康）权，但侵害事实达到何种程度才可谓损害精神健康，需从严掌握。只有当侵权行为导致受害人精神失常到患有精神疾病的程度，才能认定为侵害了以精神损害为内容的健康权。一般的精神上的痛苦，难谓健康权受到损害。[①] 有的学者认为，健康有两个要素：一是生理机能的正常运作；二是生理功能的完善发挥。通过这两个要素的协调一致发挥作用，达到维持人体生命活动的最终目的。健康权，是指公民以其机体生理机能正常运作和功能完善发挥，因而维持人体生命活动的利益为内容的具体人格权。[②] 有的学者认为，健康权，是指自然人以其身体外部组织的完整和身体内部生理机能的健全，使机体生理机能正常运作和功能完善发挥，从而维持人体生命活动为内容的人格权。[③] 有的学者认为，健康权，是指自然人对其身体的生理机能的完整性和保持持续、稳定、良好的心理状态为内容的人格权。[④]

由以上可以看出，对于健康权的范围主要包括两种不同的学说：一种学说认为健康权只包括生理健康权，不包括心理健康权，另一种观点认为健康权既包括生理健康权又包括心理健康权。

笔者认为，对健康权的范围问题不能简单而论，从卫生健康的角度和从民法的角度对健康权范围的界定是不同的。就每个公民而言，生而享有健康的权利，包括生理健康和心理健康，每个公民都有权利获得这方面的权益，但应有权利向民事权利的转变需要法律对健康权范围的内容的界定进行规范化和条文化，这种规范化要求

① 王利明．民法．北京：中国人民大学出版社，2000. 516.
② 王利明，杨立新、王轶、程啸．民法学．北京：法律出版社，2005. 236.
③ 魏振瀛主编．民法．北京：北京大学出版社、高等教育出版社，2000. 645.
④ 郭明瑞主编．民法学．北京：北京大学出版社，2001. 156.

背后的法律理念就是对健康的合法保护，做到既要对生理健康保护也要对心理健康保护，只有贯彻这种全面保护的理念才能真正使公民的应有权利受到保护。全面保护公民健康权的理念并不意味着司法实践中对健康权的法律范围一定要界定为生理健康和心理健康两个方面，笔者认为，结合目前我国已有的制度，在司法实践中将健康权界定为只包括生理健康权，而将心理健康权排除在健康权之外，其保护由目前的精神损害赔偿制度解决，则既符合全面保护公民健康权的理念，同时也能更清晰地界定健康权与精神损害赔偿的界限，避免健康权和精神损害赔偿两者之间的重叠、混乱，使司法实践更清楚、更明确地操作。

我国《宪法》第 21 条规定，国家要发展医疗卫生事业，保护人民健康。2004 年新修改的宪法第 33 条明确规定要保护人权。我国《民法通则》第 98 条规定："公民享有生命健康权。"《民法通则》第 119 条规定了侵犯他人生命健康权的民事责任："侵害公民身体造成伤害的，应当赔偿医疗费、因误工减少的收入、残疾者生活补助费等费用；造成死亡的，并应当支付丧葬费、死者生前扶养的人必要的生活费等费用。"《治安管理处罚条例》（已失效）第 22 条规定了殴打他人而造成轻微伤害的行政处罚。我国《刑法》第 132 条和第 133 条分别规定了人身伤害的刑事责任。另外，如《医疗事故处理办法》等其中的规定也体现了对健康权的保护。尤其 2003 年最高人民法院通过的《关于审理人身损害赔偿案件适用法律若干问题的解释》也有对公民健康遭受侵害的责任的相关规定。通过以上看出，目前法律并未对健康权是否包括生理健康权和心理健康权两个方面作出规定，但无论日常生活中对健康权的一般理解，还是卫生组织等部门的理解，抑或是法律的规定，都应当注重对健康全面保护的理念，但全面保护并不意味着法律要将健康权界定为生理健康权和心理健康权两个方面，这样界定反而不利于全面保护。因为，未来法律明确界定健康权是否包括生理健康权和心理健康权直接影响到司法实践中对健康权和精神损害赔偿之间的协调，涉及司法实践中的公正判案，因此，需要将心理健康和精神损害赔偿协调好才能做到对健康的全面保护。

笔者建议未来司法实践中将心理健康权排除在健康权之外。心理健康权不包括在健康权的概念中，丝毫不影响医学上以及日常生活中我们所说的健康的外延，只是我们在司法实践中如此处理更有利于协调心理健康和精神损害的概念重叠和混乱。我们要对健康权全面保护包括生理健康权和心理健康权，但是全面保护不意味着立法一定要将健康权界定为生理健康权和心理健康权，这会给法官判案带来困惑，因为这样很容易导致心理健康赔偿和精神损害赔偿的混淆和混乱，导致只要能请求到精神损害赔偿就是心理健康受到侵害的混乱结论。

探讨健康权的范围是否包括心理健康很有意义，笔者坚持未来民事立法明文规定健康权只包括生理健康不包括心理健康，有利于法官司法判案。对于健康权的理解要注意区分医学上对健康权的理解和司法实践中对健康权的界定。当医学上谈及健康和健康权，通常要包括生理健康权和心理健康权，否则我们所说的健康就是不完整的健康、残缺的健康。而当从民法层面上和司法实践中谈及健康，应当将心理健康权排除在健康权之外。“健康权是指维护人的生理机能的完善与健全的权利”。①

我们建议未来民事立法明文规定健康权只包括生理健康权，那么心理健康权如何在民法上得以保护？是否司法实践中排除在健康权之外的心理健康权不受法律保护？或者说是否心理上的健康受到侵犯一概不受法律保护呢？当然不是。我们的建议正是全面保护生理健康和心理健康的体现。我们建议法律明文规定健康权的外延只包括生理健康权不包括心理健康权绝不意味着对心理健康的法律漠视，恰恰相反，民法上已经有了相对完善的解决心理健康纠纷的法律制度，那就是精神损害赔偿制度。因此，笔者认为，将心理健康

① 徐武生，靳宝兰．民法学．北京：中国人民公安大学出版社，2005.169.

纳入到目前的精神损害赔偿范围能全面有效地保护公民的生理健康和心理健康。

具体说，将心理健康纳入精神损害赔偿的范围，有如下的原因：

1. 这是由精神损害赔偿本身的概念决定的

健康权受到侵害，可以和其他人格权一样请求精神损害赔偿，据此规定，既然健康权受到侵害可以请求精神损害赔偿，那么健康权的外延就不应当包括心理健康，如果包括心理健康，那就意味着我们无法界定心理健康和精神损害赔偿的界限，导致两者概念的混淆，而且如果健康权的外延包括心理健康，则身体权受到侵害导致精神上的痛苦很可能被界定为健康权受到侵害，导致概念之间的混乱，因此，无论从理论上还是从逻辑上，都可以看出健康权的外延不应当包含心理健康。

由此看出，现实生活中如果某人在人身权（包括一般人格权和具体人格权，如生命权、健康权、身体权、姓名权、肖像权、名誉权、荣誉权等）遭受侵害或者特定意义的纪念物品遭受损毁或永久灭失同时又有精神上的痛苦的情况下，可以请求得到精神损害赔偿，但精神损害赔偿中的精神上的痛苦绝不是健康权受到侵害尤其是心理健康权受到侵害，两者要有明确界限，否则会造成司法实践的混乱，由此看出，司法实践中健康权不包括心理健康权是由精神损害赔偿的概念本身决定的。

2. 单纯精神上有痛苦的同样可以请求精神损害赔偿

有人也许会提出疑问，人身权受到侵害包括生理健康受到侵害同时有精神上的痛苦时可以请求得到精神损害赔偿，那么只有精神上的痛苦而没有人身权受到侵害的事实或特定意义纪念物品灭失毁损的条件，这种情况不满足精神损害赔偿的第一个条件只符合第二个条件即精神上有痛苦是否无法请求得到精神损害赔偿？不是的。虽然只是心理上遭受痛苦而无对应的人身权受侵害的事实或特定意义纪念物品毁损灭失的情形，我们依然可以请求得到精神损害赔偿，因为最高人民法院2001年3月10日施行的《关于确定民事侵权精神损害赔偿责任若干问题的解释》有关一般人格权的规定，这一弹性规定将具体人格权不能包括进去的以至于未来新出现的情形全部包容进去，也可以说，一般人格权的规定是兜底条款，只要出现权利受侵害但是对应不上哪一个具体人格权时，我们就认定侵犯了一般人格权，而依据最高人民法院的司法解释侵犯一般人格权也是可以请求得到精神损害赔偿的。因此，只有精神上有痛苦，同样可以对应一般人格权受到侵害从而具备精神损害赔偿的两个条件可以请求得到精神损害赔偿，笔者的这种将心理健康权排除在健康权之外的司法认定方法能够处理各种纠纷。

也就是说，某些情形下的单纯的心理健康遭受侵害只要我们能够外化为生理健康遭受侵害的，则认定健康权受到侵害，同时精神上有痛苦，则可以请求精神损害赔偿。而某些情形下的单纯的心理健康遭受侵害我们无法外化为生理健康遭受侵害的，这种情况下，我们无法认定健康权受到侵害，也无法认定其他具体人格权受到侵害时，我们求助于一般人格权，认定一般人格权受侵害，精神上有痛苦，同样可以请求精神损害赔偿。

由此看出，笔者所建议的将心理健康排除在健康权之外的未来立法认定方法，符合精神损害赔偿等民法理论，而且具有严密的逻辑性，操作简便，几个概念外延之间互不混淆和重叠，互不存在真空地带，能有效地解决各种纠纷，使得长期以来学者争论的健康权究竟是否包含心理健康有了一个较好的答案。

保障生命健康，构建和谐社会，我们任重而道远，笔者建议未来民事立法将心理健康排除在健康权之外而纳入到精神损害赔偿的范畴，能更好地避免健康权和精神损害赔偿的概念重叠混淆，很好地界定健康权受到损害的赔偿和精神损害赔偿之间的界限，全面保护公民的生理健康和心理健康，为司法实践中对人身权的全面保护提供切实的保障。

第三节　警察执法侵犯公民生命权的案例及其分析

警察违法执行公务，可以导致对公民生命权的侵害，因此，警察在执法中一定要认识到公民生命权的重要性，如果一个人生命权都没有了，那这个人其他一切权利都不复存在了。警察执法侵犯公民生命权的案例确有存在，公安部门应高度重视，杜绝此类案件的发生。

一、孙志刚案

（一）案情

2003年3月17日晚，大学毕业生孙志刚正常行走在广州市街头，由于其着装比较奇特引起广州市公安局某分局某派出所执勤民警的怀疑和盘问，而其因没有暂住证被带回派出所。当天晚上，孙志刚的两位朋友来到派出所说明情况，证实孙志刚有身份证等证件，提出为其补办暂住证，但被派出所民警以没有必要核查为由拒绝。一天后，孙志刚称其有心脏病被送到收容人员救治站诊治。因在救治站时大声呼叫引起护工不满，招来8名被收容人员的殴打，最终因大面积软组织创伤经抢救无效而休克死亡。该事件直接推动了收容遣送制度的废止，而8名殴打孙志刚的被收容人员也被法院分别判处死缓、无期徒刑等刑罚，相关公安执法人员和收容站工作人员也受到了一定的处分。在孙志刚家属方面，相关政府部门则以罕见的高效在对相关人员的开庭审理之前将国家赔偿款给了受害人的家属。

（二）分析

该事件的发生引起了社会各界的高度关注，对收容遣送制度和公安执法的质疑声也一直没有停息，最终推动了我国收容遣送制度的废止。但笔者认为，该案件中折射出的公安执法人员对公民私权利尤其是生命权的侵犯更应当引起人们的注意和反思。

第一，本案中公安执法人员侵犯了孙志刚的生命权。公民的生命权不容侵犯。这是公安机关在执法中首先应当注意和保护的，但本案中我们看到执法人员对公民的生命权公然侵害，导致孙志刚死亡悲剧的发生。生命权作为公民最基本的权利之一，是公民作为自然人存在的基础，是自然人最高的人格利益。如果没有对生命权的享有和保护，则其他任何权利都将失去存在之本，变得毫无意义。也正是如此，对生命权的保护才显得更加重要。宪法作为我国的根本大法，确立了对公民生命权等人身权利的保护。《民法通则》则以民事基本法的形式在第 98 条明文规定公民享有生命健康权。而刑法作为惩治犯罪最为严厉的法律，更是设置单独的章节对侵害公民生命健康的犯罪作出规定，可见生命权于公民之重要性。但生命权与其他人身权的客体不同，它所保护的是公民的生命及其安全利益，只有在自然人的生命受到威胁的时候才可以行使。而实际上，一旦公民的生命权受到实际侵害，任何补救对于生命权本身都是毫无意义的，因为人的生命只有一次，当生命消失的时候，任何法律救济和补偿对于生命权受到损害的自然人本身来说都是无效的。广州市公安局等机关的赔偿、对相关公安执法人员的处罚对孙志刚来说都已没有意义，对他的家庭造成的伤害同样不可弥补。由此可见，对生命权的保护更应当引起人们的重视，尤其是代表国家执行公权力的公安执法人员的重视。在本案中，相关公安人员不仅没有执行收容管理办法相关的规定，更无视公民生命权、人身自由权等权利的存在和保护，在孙志刚的同学送来相关证件后仍坚持收容，拒绝进行审查。

第二，执勤民警的行为侵害公民的人身自由权。据报道，大学生孙志刚是学艺术的，因此行为着装都较为前卫，与普通人稍有不同，结果却引起值班民警的怀疑和盘问。我国民法规定，公民享有自由决定权，在法律规定的范围内，可以自行决定自己的行为，大学生孙志刚作为一名普通的公民，当然有权决定自己的行为，穿什么，如何穿以及怎样穿都是他自己的权利，警察无权干涉公民对服装的选择和爱好，只要公民的穿着不影响社会公德，不扰乱社会公共秩序，不损害社会公共利益，则任何人无权干涉。在依法治国的今天，任何自然人和组织的行为都应当依法而行，受到法律的约束。尤其是公安行政人员，更要有明确的“依法执政”的指导方针。警察不能违反国家的民法规定而对公民进行限制自由等。本案警察凭借孙志刚的穿着加以怀疑，甚至将孙志刚带到派出所，严重侵害了孙志刚的人身自由权。并且将孙志刚带到派出所之后没有对其生命加以保护，漠然置之，面对被收容人员对孙志刚的殴打，警察并没有及时制止，如果警察及时制止，这种悲剧决不会发生。正是因为警察的放任导致孙志刚死亡。当时存在收容制度，但不管怎样的制度存在，被收容人员的生命健康权都是需要加以保护的，任何人都不能侵犯被收容人员的生命健康权。进一步说，不论孙志刚是一个大学生，抑或真的是一个街头无业流浪人员，其生命权都是平等的，都应该受到法律和执法人员的依法平等的保护。但在本案中，执法民警显然法律意识淡薄，滥用手中的公权力，而对公民私权利的保护则被完全忽视，这是导致孙志刚死亡的重要原因。如果警察有极强的公民生命健康权受保护的意识，即便是被收容人员的生命健康权同样需要保护。退一步讲，犯罪嫌疑人以及罪犯除了违法需要制裁之外的所有的人格权都是需要加以保护的，也就是除非罪犯执行死刑，否则任何人不得剥夺他的生命，尤其执法的警察更要引起重视。

第三，孙志刚案件震惊全国，惊醒了人们收容管理办法的不合理，从而推动了对其的改革和重新制定。现实中，更应该引起广大公安执法人员重视的是，审视公安民警的法律知识水平，尤其是民法方面法律知识的掌握。只有提高公安人员的法律意识，尤其是民法方面的知识，让公民私权利不可侵犯的权利保护理念深入广大执法人员之心，才能期待公安人员在执法过程中能够尊重自然人的生命健康，切实地保护公民的生命健康，使之与公权行使中的滥用弊端相对抗。无论如何，一个生命的失去都应该引起人们的反思，尤其是执法者的反思。

二、聂树斌案

（一）案情

2005年1月，河南警方在当地的一个砖瓦厂内抓获一个犯罪分子。该名犯罪分子名叫王以民（化名），河北省广平县人，在审讯中他向公安机关交代了曾在河北省强奸并杀害4名妇女的罪行，其中就包括聂树斌因此被判死刑的玉米地强奸案。由此，一起冤假错案浮出水面。但不幸的是，这起1994年发生在河北石家庄的强奸杀人案，“凶手”已被警方抓获并于1995年4月被河北省高级人民法院核准后执行死刑，他就是与犯罪发生地相邻的鹿泉市鹿泉镇下聂村村民聂树斌，年仅21岁。虽然，真正的凶手王以民在被判处刑罚后对检察院没有指控其在河北省玉米地的强奸杀人案提起上诉，想在被执行死刑之前还聂树斌一个清白让人感到一丝安慰，但公检法部门对该冤案的回避态度令人心寒，而聂树斌已被执行死刑的事实更是无法改变。至今，有关部门仍未给该冤案一个明确的说法。

（二）分析

其实，聂树斌案是与赵作海案、佘祥林案等相类似的又一典型的冤假错案，不同的是聂树斌已被执行死刑，这一冤案对受害人聂树斌来说再无扭转和补救的余地。而相关部门的回避态度更是让人们感到愤慨。笔者认为，在该案中，公安执法人员严重侵犯了公民的生命权。生命权是民法赋予公民的权利，任何人不能非法剥夺他人的生命权，否则要承担相应的民事责任、刑事责任等。在侦查该案件过程中，公安办案人员采取了怎样的措施和手段使得根本没有犯罪行为的聂树斌认罪，现在已因聂树斌的死亡而无从考证。但是，聂树斌生命权受到的侵害和生命的丧失确凿无疑。公安机关是公权力的执行者，其职责就是保护公民的生命财产安全，为公民创造一个良好的生活环境。但本案中，公安机关在不查清案件事实的情况下妄下定论，把聂树斌认作是杀人凶手，最终致使其生命丧失。正如前文所述，一个人的生命只有一次，生命权一旦受到侵害，无可补救。本应慎之又慎的事情，本该受到严格保护的生命权就这样被公安机关践踏。如此一来，公民的生命权如何受到保障？笔者认为，该案应当引起公安机关整体的反思，并引以为戒，避免以后类似的悲剧发生。

三、虚拟案例

（一）案情

某年7月14日晚，某村村民陈兆群饮酒后来到本村的一个饮食店中，借着酒劲胡闹，与店主黄某发生争执，并动手砸坏了店内的玻璃柜台。后经在场的其他村民劝说，陈兆群认识到自己砸坏柜台的行为不当并表示要进行赔偿。一场民事纠纷本应该就此结束，但刚好某派出所副所长张楠利也到了饮食店内。张楠利见陈兆群酒气很重又砸坏玻璃，就抬手打了陈兆群两巴掌，并准备将其扭推出去带回派出所处理。在扭推过程中，用力过猛导致陈兆群扑倒在地，头面部猛的撞击水泥地面，最终因颅内出血死亡。

（二）分析

本案是由一个小的民事纠纷引发的过失致人死亡案。它与聂树斌案、赵作海案有所不同。在后两者中，对受害人权利的侵害都是由于公安机关在侦查破案过程中严重违反法律规定造成的，许多具体情节外人无从得知。且受害人都经过了起诉、审判程序并最终导致了私权利的受侵害。而在本案中事实清楚明了，在这一点上不存在争议性。对此，笔者分析如下：

第一，派出所副所长侵犯了被害人陈兆群的生命权。在其处理该事件的过程中，显然他不是故意要造成陈兆群死亡的，只是在推搡过程中没有尽到应有的注意义务，导致失手将陈兆群推倒并撞地死亡。但无论其故意与否，他的行为都导致了陈兆群生命的丧失，构成了严重的侵害公民生命权的侵权行为。

第二，张楠利侵犯了受害人陈兆群的身体权。身体权是自然人保持其身体的各个组织器官完整的具体人身权之一，对其侵害的形式既包括不侵害身体完整性、不造成疼痛感的侵害，如剪人毛发等，也包括造成痛感、但不造成身体组织器官功能损害的侵害，如轻度的殴打。身体权往往与健康权联系在一起，侵害身体权同时经常会侵害到健康权，但不侵害身体完整性、不造成痛感的侵犯身体权的方式为例外。在本案中，派出所副所长进店后打了陈兆群两巴掌，这很显然已经侵犯了陈兆群的身体权，并给陈兆群带来了身体上的痛苦。

第三，在本案中，对于陈兆群和店主之间的纠纷派出所副所长其实完全不必介入。在本案中，我们可以看到在副所长来到店内时，陈兆群已经认识到自己砸玻璃柜台的行为不对并愿意赔偿，即该民事纠纷完全可以由双方当事人自行协商解决，派出所副所长试图将其扭送回派出所的行为其实对解决该事件已经是多余的。而且，纵使没有造成陈兆群死亡的后果，这样的处理方式也不利于当事人之间矛盾的解决。更进一步，我们可以看到《治安管理处罚法》第9条明确规定："对于因民间纠纷引起的打架斗殴或者损毁他人财物等违反治安管理行为，情节较轻的，公安机关可以调解处理。经公安机关调解，当事人达成协议的，不予处罚……"本案显然是符合规定，可以直接适用这一条，但张楠利作为派出所的副所长显然专业知识和业务并不熟练。

四、虚拟案例

（一）案情

某年6月28日，某市市民余胜利涉嫌赌博被羁押于该市第三看守所。同年6月30日至7月2日，看守所民警刘淼、江太成、孟军指使4名在押人员向余胜利实施灌盐殴打、掐捏睾丸等虐待行为，时间长达50多个小时。同年7月2日6时许，余胜利昏迷后死亡。余胜利死后，省检察院挂牌督办，市检察院成立专案组，很快进行尸检。第一次尸检工作由某大学法医鉴定中心承担，认为“由于肝硬化致肝性脑病死亡”。“外伤不构成死因，可构成死亡的诱发因素”。此结论未获家属方认可。同年4月21日，某物证鉴定中心作第三次鉴定，结论是“被约束、喂盐、堵嘴、殴打后，因多器官功能障碍综合征死亡”。同年8月18日，某市某某区检察院将涉案的7人诉至法院。起诉书称，在3名民警的指使下，4名在押人员向被害人余胜利嘴中灌盐，并实施殴打、掐捏睾丸等虐待行为。起诉书指控这7人“实施虐待以及故意伤害他人身体，致人死亡”。

（二）分析

我国刑法将虐待被监管人员，情节严重的行为明确规定为犯罪，同时，公安部多次下发文件强调禁止公安民警虐待被监管人员，但是，假定有些公安民警无视法律存在，仍然实施侵权行为，要承担相应的法律责任。对此，笔者将从民法的角度加以分析：

第一，本案中公安执法人员侵犯了余胜利的生命权。本案中我们看到执法人员对公民的生命权公然侵害，最终导致余胜利死亡。公民的生命权不容侵犯，这是公安在执法中首先应当注意和保护的。宪法作为我国的根本大法，确立了对公民生命等人身权利的保护。作为我国民事基本法律的《民法通则》在第98条明文规定公民享有生命健康权。而实际上一旦公民的生命权受到实际侵害，任何救济对于生命权本身都是毫无意义的，因为自然人的生命只有一次，当生命消失的时候，任何法律救济和补偿对于生命权受到损害的自然人来说都是无效的。一方面，尽管后来刘森等3名公安民警和另外4名在押人员已被绳之以法，但这对余胜利来说已经没有任何意义，人死不能复生，这对他的家庭造成的伤害同样不可弥补；另一方面，公安执法人员实施了侵害公民生命权的行为后，等待他们的将是法律的惩罚。因此，公安执法人员在执法中要牢固树立保护公民生命权的意识，做到不侵权。

第二，本案中公安执法人员侵犯了余胜利的健康权。健康权是公民的基本人权之一，是生命权之外自然人赖以生存的又一根本权利。在本案中，刘淼等 3 名公安民警和另外 4 名在押人员在长达 50 多个小时的时间里对余胜利实施殴打、灌盐、掐捏睾丸等严重损害其人身健康的行为，后来，某物证鉴定中心所作鉴定表明被害人余胜利多器官功能障碍综合征死亡。我们可想而知，一个人在被实施殴打等行为后，因多器官功能障碍综合征而死亡，可以肯定的是其身体健康受到了侵害，因此，在本案中，刘淼等 3 名执法人员严重侵害了余胜利的健康权。

第三，本案中公安执法人员侵犯了余胜利的人格尊严。人格尊严是人的主观认识和客观评价的结合。它包括两个方面：一是自我价值意识，二是他人对你作为一个人的最起码的尊重。《民法通则》第 101 条规定：“……公民的人格尊严受法律保护……”《最高人民法院关于确定民事侵权精神损害赔偿责任若干问题的解释》第 1 条规定：“自然人因下列人格权利遭受非法侵害，向人民法院起诉请求赔偿精神损害的，人民法院应当依法予以受理：（一）生命权、健康权、身体权；（二）姓名权、肖像权、名誉权、荣誉权；（三）人格尊严权、人身自由权。”在本案中，刘淼等 3 名公安民警指使另外 4 名在押人员对余胜利实施了灌盐、掐捏睾丸等侮辱行为，严重侵害了被害人的人格尊严。

据此，根据《民法通则》以及最高人民法院的相关解释等规定，刘淼等 7 人除承担相关刑事责任、行政责任外，被害人的家属提出精神损害赔偿的还要向被害人的家属承担侵权责任。

第四节 警察执法侵犯公民健康权、身体权的案例及其分析

警察执法侵犯公民健康权的案例很多，常见如为了让犯罪嫌疑人承认犯罪，对其拳打脚踢造成严重的伤害后果的，在现实中并不少见。这种伤害不仅侵害了公民的健康权，还侵害了公民的身体权，除非伤势很轻仅仅侵犯健康权，大量的案件都是既侵害健康权又侵害身体权。警察要有极强的公民健康权的保护意识，否则要承担侵害健康权和身体权的民事责任。我国《侵权责任法》第 4 条规定，侵权人因同一行为应当承担行政责任或者刑事责任的，不影响依法承担侵权责任。

我国《侵权责任法》规定，因同一行为应当承担侵权责任和行政责任、刑事责任，侵权人的财产不足以支付的，先承担侵权责任。由此看出，行政责任和民事责任不矛盾，刑事责任和民事责任也不矛盾。当警察执行公务而侵权，除了承担国家赔偿外，笔者认为，民事责任和行政责任并不矛盾，警察还要额外承担因侵权而承担的民事责任。

一、赵作海案

（一）案情

1999 年，河南省商丘市柘城县老王集乡赵楼村发现一具无头尸体，因尸体高度腐烂无法辨识，又恰逢该村村民赵振晌失踪多日，被认为是其被人杀害后抛尸。赵振晌在失踪前与同村村民赵作海发生过矛盾，因此赵作海被当做最大的犯罪嫌疑人被公安机关逮捕。随后，1999 年 5 月 10 日至 6 月 18 日之间，在公安办案人员的刑讯逼供下，赵作海被迫做了 9 次有罪供述。随后在审查起诉时检察院认为该案存在很多疑点而退回公安机关进行补充侦查，之后提

起公诉时法院同样认为案件事实不清、证据不足，不足以进行定罪量刑。本来一件冤假错案可以因此而避免，但随着政法委的介入，最终商丘市中级人民法院于2002年以故意杀人罪判处赵作海死刑，缓刑2年。但事情并没有就此结束，2010年4月，“被赵作海杀害”的赵振响突然返回村中。一起冤假错案就此真相大白。但被释放出狱的赵作海身体和精神已经受到了巨大的伤害，这场错案已让他的人生轨迹发生了完全的改变。

（二）分析

赵作海案一出，舆论哗然，公众更是反应强烈。因为这个冤假错案的情节人们感到无比的熟悉，那就是佘祥林案。一样的无名尸体，一样的刑讯逼供，一样的“被害人”突然重新出现。甚至把数年前关于佘祥林案的相关报道中“佘祥林”三个字改为“赵作海”就完全可以重新报道。社会各界在进行反思讨论的同时，笔者从民法角度对该案进行阐述。

第一，该案中公安机关办案人员严重侵犯了赵作海的健康权。健康权是公民的基本人权之一，是生命权之外自然人赖以生存的又一根本权利。只有自然人身体健康才能保证其生存和生活的质量。侵害健康权的形式主要是致人损伤，使自然人的健康受到损害。据赵作海出狱后接受采访时讲述，办案人员对其进行了严重的刑讯逼供。殴打、不让睡觉的变相折磨等使其当时实在承受不住，只能按照公安机关的指示和要求做“有罪供述和指认现场”。当时的刑讯逼供要到怎样严重的程度才能使一个人冒着丢掉性命的危险“承认”自己杀人，屈打成招？十多年前的真相已无从还原，但站在人们面前的赵作海却让人们真实地看到这场灾难给其身体和健康造成了怎样的损害。

第二，公安机关还侵害了赵作海的人身自由权。我国宪法、民法等都明确规定公民的人身自由受到法律的保护，且对人身自由的限制是在法律有明确规定的情况下方可进行。即只有自然人实行了法律明确禁止的行为，且法律明确规定对实施该行为的自然人可以采取人身自由限制措施时才可以限制其人身自由。在本案中，赵作海并没有任何违法行为，却受到公安机关的逮捕，并因此遭受数年的牢狱之灾。如果人的自由都可以如此轻易地被公安机关剥夺，那对公民私权利的保护何在？若私权利得不到有效的保护，公民又怎样能够安全地生活和生存？公安办案人员为完成破案的任务而任意滥用公权力，践踏公民的人身自由，使得私权利不能得到有效的保护是导致这一悲剧发生的重要原因。

二、虚拟案例

（一）案情

某年12月底，某县公安局某派出所民警根据上级统一部署，展开专项执法活动。30日晚该派出所依法在其辖区内对某歌城进行检查，结果发现该歌城的3名女服务员形迹可疑，便将此3人带回派出所做进一步审查。歌城的经营者马丽得知该消息后，来到派出所想问清情况，被派出所民警劝回。其后，马丽再次来到派出所，想给3个女服务员送些衣物，但与民警发生争执，马丽在派出所门前的大声争辩惹怒了派出所的民警。他们认为马丽扰乱了办案秩序，欲将其带进派出所内，就强行去拉马丽。马丽在挣扎过程中，由于几位民警用力过大，导致其手臂受伤。后被强行带到派出所内后，马丽说其手臂骨折了，派出所副所长电话通知马丽的丈夫后将其送往医院救治。马丽被诊断为“右肱骨中下段粉碎性骨折”，派出所为其支付了医药费用，双方并达成赔偿协议。后来马丽伤势恶化，经鉴定部分劳动能力丧失。

（二）分析

本案中公安机关与公民之间发生争执只是源于几句言语冲突，整个案件事实清楚，情节简单。且派出所在得知受害人马丽受伤后即将其送往医院治疗，并支付医药费的做法值得肯定，比许多案件中执法机关的冷酷、任意践踏公民权利的行为更加人性化，更加符合执法机关应有的形象。但是，这些行为并不能改变派出所民警对马丽的身体造成伤害的事实。派出所民警的行为已经构成了对马丽的健康权的侵害。健康权，指公民保护自己的身体组织器官机能完整、不受非法破坏的权利，是基本人身权之一。民法通则明确规定公民享有生民健康权，当公民的健康权受到威胁或侵害的时候，公民有权要求行为人消除危险、停止侵害，造成实际损害的，公民还有权要求侵权人赔偿损失。公民只有身体健康，才能进行正常的劳动和生活。因此，对健康权保护的重要性显而易见。在本案中，派出所的民警在执行职务过程中没有尽到相应的注意义务，从而导致马丽手臂骨折，显然已经造成马丽无法正常地使用该受伤手臂进行正常活动的后果。且后来马丽的伤势恶化造成部分劳动能力丧失，这亦是由民警的先行伤害行为引起的，它已经造成了马丽手臂功能的严重损害。若按照侵权行为的构成要件分析，该行为已经造成了损害后果。虽然，在该行为中民警并无意伤害马丽，但一般侵权行为的构成并不以故意为要件，主观上的过失亦可。因此，笔者认为派出所民警严重侵犯了受害人马丽的健康权。

三、虚拟案例

（一）案情

某年6月23日，一名叫李春丽的女子到某省委机关办事。在她准备进入省委大院的时候被卫兵拦下，要她对到访情况进行说明。于是，李春丽在该省委大院门口给该省政法委书记打电话。突然，6名男子从省委大院中冲出，不分青红皂白就开始动手打李春丽。经旁边认识李春丽的人劝阻亦是无效，该殴打过程持续了将近半个小时。此后，被打得神志不清的李春丽又被这些人用车拉到省信访中心，并有专门警察负责看守。直至最后，李春丽打电话给其丈夫才被救出。后经查实，李春丽为某省政法委综治办副主任、副厅级干部王哲的妻子。而6名在某省委机关门口公然打人的6名男子竟然是该省某市某分局派驻省委大院的警察。他们打人的过程亦被省委大院门口的几个摄像头全程记录下来。事后，相关人员解释打错了，本来他们是负责管理上访人员的。

（二）分析

本案中且不说被害人李春丽是副厅级干部妻子的身份，就算是一名普通百姓，也不该受到此种待遇。笔者愿从民法角度对该事件进行分析。

首先，在该案中，6名公安分局的便衣警察的行为严重侵犯了李春丽的健康权。健康权是一个自然人维持其身体组织器官各项机能正常运转的权利，是基本人权的一种。而在本案中，6名便衣警察粗暴殴打李春丽近半个小时，直到最后李春丽已经神志不清。显然，这已经使李春丽的健康受到损害。因此，警察的行为构成了对其健康权的侵犯行为。

其次，警察的行为侵犯了李春丽的人身自由。正如前文所述，人身自由是自然人的一般人格权之一，它能保证自然人在法律允许的范围内按照自己的意志进行活动，而不受他人的非法干涉。在该案中，李春丽被打后，被公安人员用车拉到省信访办，并有专人看管。这严重限制了李春丽的自由，使她只能向亲人求助才能将其救出。因此，警察的行为同样侵犯了李春丽的人身自由权。此外，该事所反映的警察执法中的不公亦应当引起人们的重视。在该事件发生后，相关人员出来澄清说打错了。这就意味着本来他们要打的是上访人员，只是阴差阳错打成了干部夫人。这样的解释不仅拙劣，更让人们想愤慨地反问“难道普通百姓就该打吗”？从国家的根本大法——宪法，到惩治犯罪最为严厉的刑法，再到调整平等民事主体之间关系的民法都明确规定法律面前人人平等，并都以此为法的基本原则。可是，从公安执法的过程和他们对这类事件的反应，我们可以看到，所谓平等原则在他们那里等同虚设。因此，笔者认为，想要公安机关正确公正地执法，不仅要加强他们对法律条文知识的学习，更应当把法治的基本理念灌输到他们的思想中，只有这样，才能让他们在执法中真正拥有强烈的法律意识。

四、虚拟案例

（一）案情

孙某系某商业公司女职工，某年其所在商业公司将二楼一间仓库分配给孙某一家居住。其后第12年年初，其主管部门商贸局将商业公司包括孙某一家居住的仓库在内的所有建筑物及土地使用权拍卖给房产商。原告孙某为安置补偿数额与商贸局存有分歧，拒绝搬出，而且一直居住在楼上。同年10月上旬，房地产商开始在工地上实施拆房，10月10日，工地上只剩孙某居住的孤房未拆除，房地产公司遂向商贸局施压，限其次日迁出。10月11日，商贸局邀请城管人员协助迁出孙某一家，为防矛盾激化，又报警称工地上有紧急情况要求迅速出警。城管人员与出警的公安民警到达现场后，发现孙某仍在楼上不肯下来，围观群众很多。在商贸局要求下，3名警察维持现场秩序，4名城管人员上楼将孙某强行从楼上拖下来，孙某极力抗拒，并呼“救命”，现场3名警察充耳不闻、视而不见。孙某被城管人员从二楼拖至底楼砖屑上，致其全身受伤，被医院诊断为：全身多处皮肤损伤。住院7天，花去医疗费用2870元。

（二）分析

笔者认为，本案中被告城管大队未经法律、法规明确授权，对原告实施的强行带离行为无法律依据，属超越职权，侵害原告身体健康权的违法行为。根据《警察法》的有关规定，保护公民人身安全、人身自由是人民警察的法定职责，警察遇到公民的人身受到侵犯或者处于危险的情形，负有不可推卸的救助义务。而作为对公民人身安全负有保障义务的人民警察在履行职务行为时，在看到公民生命健康遭受威胁时却视而不见，属于典型的行政不作为的违法行为。本案中城管人员侵害了孙某的生命健康权，但警察不履行依法保护、救助之义务，最终使得孙某的健康权受到侵害，同样也构成对孙某生命健康权的侵害，根据侵权责任法中共同侵权的原理，出警警察和城管人员构成共同侵害孙某的健康权的行为。因此，公安民警务必要学习民法的相关知识特别是有关侵权责任法的相关知识，使得自己在行政执法的过程中能够清晰分辨出何谓合法行为、何谓违法行为，何谓侵权、何谓不侵权；使得自己在行政执法中能够依法履行职责、依法保障人民权益；使得自己在行政执法中能够树立人民警察的良好形象。

第六章　警察执法与精神性人格权

精神性人格权，是指以精神利益为客体的人格权，主要包括姓名权、肖像权、名誉权、荣誉权、隐私权等，警察执法不能侵害公民的精神性人格权。

第一节　警察执法与姓名权

姓名权，是指自然人有权决定、使用和依照法律规定更改自己姓名的权利。姓名包括正式姓名、笔名、艺名等。《民法通则》第99条第1款规定："公民享有姓名权，有权决定、使用和依照规定改变自己的姓名，禁止他人干涉、盗用、假冒。"

姓名权的内容包括姓名决定权、使用权和变更权。

每个人从出生开始就由父母给取名字，因为出生时的婴儿不具有行为能力，无从决定自己的姓名，这时由父母或者其他人代理行使姓名的决定权。姓名决定权是公民自己的权利，取完名了，他人不能任意更改，这是姓名者享有的人格权，即使儿童也是如此。自从取了名字之后，一般说来要更改名字需要到户籍管理部门依法办理。但是，变更权是相对的，自然人变更艺名以及笔名等不受限制。

根据民法通则的规定，侵犯姓名权的行为有：

1. 干涉

现实中，重名的很多，法律允许重名，只要不是故意造成姓名权冲突，任何人不应当干涉。重名的完全被法律所认可，任何一方不得以另一方与自己重名为由强行要求另一方改名，否则属于非法干涉。

2. 盗用和假冒

盗用，是指未经许可擅自使用他人姓名的违法行为。假冒，是指冒充他人参加民事活动。无论是假冒还是盗用，都是被法律所禁止的，都属于侵权行为。

3. 其他方式

例如，将自己家养的宠物取名为与自己有仇怨的人的名字，属于侵犯他人的姓名权的行为。

警察在执法时，一定要维护公民的姓名权，只有认真学习民法中姓名权的相关规定，警察才能保护好公民的姓名权。

警察执法经常遇到有关公民姓名权问题，如户籍管理部门在管理户籍时，当有人以“萨达姆”取名时，作为警察应否给此姓名登记？如果不深入学习民法相关知识很难作出决定。当有人以“刘浪鬼”取名字时，警察应否给予登记？很多类似的情况下需要警察运用民法知识作出决定。以上两个例子都说明，警察在执法时遇到姓名权相关民法问题会经常发生。每当遇到这些问题，要仔细思考民法有关姓名权的规定，另外，在民法基本原则中有公序良俗原则以及诚实信用原则，尤其诚实信用原则具有自己引申的含义，当个人利益和社会利益发生冲突时，个人利益要让位于国家利益。基于这些原则以及民法有关姓名权的规定我们不难看出“萨达姆”以及“刘浪鬼”都违背善良风俗，违背社会公共利益，因此，户籍管理部门对于这些姓名应该不予登记。

第二节 警察执法侵犯姓名权的案例及其分析

一、赵C改名案

（一）案情

赵C，男，江西省鹰潭市人。他的父亲赵志荣在1986年赵C出生后，便用“赵C”作为他的姓名进行了户籍登记。此后20年中，赵C一直使用该名，升学、档案、办理各种证件都是此名。在2005年还用“赵C”办了第一代身份证，发证机关为江西省鹰潭月湖公安分局。然而，因名字独特而被同学们亲切地成为“西西”的赵C在换领第二代身份证的时候遇到了麻烦。2006年，赵C到鹰潭月湖公安分局江边派出所申办第二代身份证，办证民警告诉他，他的名字中含有字母C，不能纳入公安部的网络户籍管理系统，建议其改名。在向公安部门申请继续使用原姓名遭到拒绝后，赵C将鹰潭市公安局月湖分局告上法庭以维护自己的姓名权。一审法院判赵C胜诉，月湖分局不服提起上诉。最终，在二审中双方当事人达成和解，赵C改名，公安分局为其免费办理证件。随着二审法院判决的宣告，该案尘埃落定。

（二）分析

这是全国第一起因执法机关与公民的姓名权纠纷而诉诸司法程序的案件。该案一经报道即引起各界的激烈讨论，主要观点有两种：

一种观点认为，赵C享有姓名权，月湖分局不应该以该姓名不能进入公安部网络户籍管理系统为由拒绝为其发放第二代身份证。

另一种观点认为，公民起名字也应当尊重中国的传统文化，兼顾社会公共利益，便于国家进行管理，不能肆意为之。

笔者认为，月湖分局的做法侵犯了公民赵 C 的姓名权，具体分析如下：

首先，赵 C 享有姓名权。姓名权是公民的一项重要的具体人格权，指公民依法决定、适用和更改自己姓名的权利。《民法通则》第 99 条规定，公民享有姓名权，有权决定、使用和依照规定改变自己的姓名，禁止他人干涉、盗用、冒用。在不违反法律规定的情况下，赵 C 可以自由选择自己的姓名，不受任何人的干涉，包括户籍管理机关的干涉。

其次，社会公共利益与公民自由的关系问题。不可否认，公民的自由是相对的自由。公民在行使自己权利的同时，不能侵害国家、社会的利益和他人的合法权益，即公民自由的行使必须顾及公共利益的存在。但在本案中，赵 C 自己的名字使用了 20 多年，可以看出用“赵 C”作为名字并没有造成任何公共利益的损害。且法无禁止即自由，在法律没有明确禁止的情况下，公民当然可以自由决定自己的名字。当然，有人这时会拿《姓名登记条例（初稿）》的规定来对此进行反驳，但我们应当看到《姓名登记条例（初稿）》只是一个部门文件，根本不具有法律效力。也有的观点认为用“赵 C”做姓名不能纳入公安部户籍网络系统妨碍了国家的统一管理。对此，笔者并不否认。对姓名进行规范的法律文件的缺失是法律规范的漏洞，对此应尽快制定、颁布相应的法律文件进行规范。但在目前尚无法律文件进行规范、禁止公民姓名中含有字母的情况下，公民就有使用“赵 C”作为名字的自由，他人不得侵犯。

综上所述，公安机关无权干涉“赵 C”使用自己的姓名，笔者认为相关公安部门涉嫌侵犯赵 C 的姓名权。

首先，我国法律并没有否定字母可以成为公民姓名权的组成部分，则字母可以用作姓名的组成部分。

其次，本案中“赵 C”使用自己的姓名并没有对社会公共利益造成影响，也就是该姓名没有损害社会公共利益、公共秩序和善良风俗，因为姓名中没有不雅要素，仅仅就是一个字母而已。

最后，并不因为“赵C”做姓名不能纳入公安部户籍网络系统就认定妨碍了国家的统一管理。本案中“赵C”不能纳入公安部户籍网络系统恰恰是因为相关部门并没有深入领会民法关于姓名权的规定，而且当时公安部门给予登记使用了“赵C”，就证明“赵C”作为姓名完全符合民法规定，既然符合民法规定，公安部门就应该创造一切可能的条件为公民合法的姓名提供保护和使用的便利，如果公安部门对民法的有关姓名权的规定和理论掌握的透彻，就早应该对这种情况预料到，而且该姓名已经使用了20年，相关部门应当预料到该情形下的姓名权的网络户籍系统纳入问题，这20年也足以开发出相关的网络系统软件。即便这个系统软件的开发需要很高的成本，但也不应当以牺牲民法规定的姓名权的合法使用为代价。既然民法规定了公民合法的姓名权公安部门就应该提供切实的法律保障，除非修改民法，规定字母不可以取做姓名。否则，公安部门要预料到形形色色、各种各样的合法姓名权问题的户籍网络系统的管理问题，否则，谁会确定将来不会发生类似或者其他有关姓名权的户籍网络系统不能纳入的情形呢？

摆在我们面前有两条路可走：一是尽快完善户籍网络系统，开发相关软件，将合法的姓名全部纳入系统中，才能真正做到保护公民的合法姓名权；二是修改民法规定，只允许以汉字取姓名。当然笔者更赞同前一种做法。民法充分重视当事人的意思自治，只要是不违反法律的姓名，只要是不违反公共秩序、善良风俗的姓名就应当允许使用，这才符合民法的原则、理念精髓和精神实质，这才是民法的最高境地，否则就失去了民法本身的实质意义。相反，规定字母不可取做姓名是对民法基本原则、民法精神实质的挑战和对抗，是违背民法实质的表现，这种做法使姓名权失去民法私法规范属性，与民法精神严重违背。

因此，只有尊重和保护当事人合法的姓名权，才是守法的表现。此案相关公安部门因“赵C”做姓名不能纳入公安部户籍网络系统而要求其更改姓名，在目前法律规定的前提下，违反民法有关姓名权规定，是侵害姓名权的表现，依照法律规定的合法的姓名权需要公安部门去保护，因此，公安部门可以从自身网络系统出发去完善系统，这样要比侵犯一个民法规定的合法的姓名权要求公开更改姓名要来得更合法和更有效益，因为这样做也符合牺牲较小利益保护较大利益——法律规定的合法的姓名权。也许有人会说，开发这样的软件太浪费，因为开发软件需要花费大量人力、物力、财力。事实上，这样做并不因此而使国家利益受损，相反，这样做正是为将来类似或其他千千万万的合法姓名权的保护提供保障，这样做是值得的，是高社会效益的体现，是遵守民法规定的体现，是守法（民法）的体现，是保障所有公民合法姓名权的体现。

二、反思

公安部门担负全国的户籍登记和管理工作，有关姓名权的问题是相关部门常常遇到的问题，如何做到不侵犯民法规定的公民的姓名权，笔者认为，相关部门的民警要深入学习民法有关姓名权规定的实质，而这不仅需要学习民法规定的少有的几个条文，更需要对民法所有的规定以及民法理念深入学习和掌握。民法理论博大精深，一定要学习民法理论，民法规定必定仅仅是几个条文，而现实生活千差万别，要掌握所有的民法的精神实质和理念以及规定，警察才能在实践中学以致用，融会贯通，熟练应用，合法执法。

第三节　警察执法与肖像权

什么是肖像？

法律意义上的肖像应当是以某种方式，如摄影等平面方式，或者通过立体雕塑方式，再现自然人的容貌、姿态、外观等主要特征，使熟知的人通过摄影等平面方式，或者通过立体雕塑方式再现的视觉外观能识别该特定自然人，我们把这些再现的图像或者影像称为肖像。肖像必须使得大众能从再现的图像中识别出是某人，如果大众无法识别照片中的人是谁，则不构成肖像。例如，只有本人知道某照片是自己的，而任何熟知的人都看不出照片是谁，则这时此人不可据此主张自己的肖像权。也就是说，假设被告以原告为模特进行创作，假设被告的作品不能反映人物的外部形象和特征，而且他人也不能辨认是哪一个具体人物的形象时，则不是法律意义上的肖像，但此时被告以原告的人体为模特创作了艺术作品，应当按照合同的约定支付报酬，而且合同约定如何使用就如何使用。

由此看出，肖像是主观感受而不是客观感受，即便自己看出来了，但是普通任何人都看不出来，则也不存在肖像权侵权问题。肖像不保护本人的感受，而是他人的识别作为标准，这就是客观标准，应当坚持客观标准。民法通则只考虑是否经过本人同意，事实上还要坚持客观标准，何谓主观标准和客观标准？例如，甲自然人图像不清楚，别人看不出是甲的图像，只有甲自己能看出是自己，如果只管甲的感受，是主观评价，相反，只管大家的评价则是客观评价。我们在司法实践中还是要坚持客观标准。

肖像权就是公民享有对自己进行再现图像或影像等的权利。由此看出，肖像权是公民的一项重要人格权。

《民法通则》第100条规定：“公民享有肖像权，未经本人同意，不得以营利为目的使用公民的肖像。”《民通意见》第139条规定：“以营利为目的，未经公民同意利用肖像做广告、商标、装饰橱窗等，应当认定为侵犯公民肖像权的行为。”这些都是有关肖像权的法律规定。目前的司法实践已经达成共识：也就是肖像侵权行为的构成并不需要以营利为目的。只要未经当事人许可，将他人的照片等肖像拿去使用就是侵权行为。

例如，美术学院的老师画完人体模特之后在一次展览中展出，则该美术老师涉嫌侵犯肖像权。一般说来，模特和美术学院老师可以约定，双方如果同意画完后展出，则美术学院的老师可以展出此画。当然，如果美术学院的老师和模特没有约定能否展出，则美术学院老师不能展出。因此，有关模特案例可以双方通过合同约定，通过约定付费等方式约定是否允许展出，如果没有约定，则一定不能展出，展出就是侵犯肖像权，要承担侵权责任。一般说来，侵犯模特肖像权就必然侵犯名誉权和隐私权，因此，人体模特肖像权涉及许多相邻权利问题。一般说来，模特在接受聘金时如果允许画家绘画、写真等艺术创作，实际上默示了放弃肖像作品的著作权，这毫无疑问，但进一步具体使用还需要双方协商，著作权和肖像权冲突时，肖像权优先于著作权。

肖像侵权行为通常包括：(1) 未经许可再现肖像；(2) 未经许可使用其肖像；(3) 歪曲、丑化他人肖像。

如果在使用肖像的同时，用侮辱的语言或诽谤等方式，如说照片上的某人有着魔鬼身材，抛弃前男友等不属实的言论，则既侵犯肖像权又侵犯名誉权。

1. 如果行为基本特征符合一种侵犯权利的要求，也符合侵犯另一种权利的要求，只是另一种损害后果较弱或者不会引起一般社会人们的广泛注意、关注，在这种情况下我们可以认定侵犯前一种权利，后一种被侵犯的权利被前一种被侵犯的权利所吸收。例如，冒名顶替案件尽管有隐私的侵犯成分，但不明显，不易被人们察觉和关注，因此，我们就可以认定侵犯姓名权而没有侵犯隐私权。

2. 如果行为人在实施侵害行为时，主观上具有侵犯两种以上权利的故意，同时也造成了两种以上明显的损害事实后果，这种情况下法院应认定侵害两种以上权利，构成两个以上侵权行为的情形，受害人也可以提出两种权利的救济。例如，展示照片的同时假设有侮辱和诽谤照片中的人物的行为，则该行为可以认定侵犯肖像权和侵犯名誉权。

甲与乙是同事，关系不和，平常经常因为小事发生争执，甲怀恨在心，为了报复乙，从单位偷出一张照片，上面画了一个红叉并从照片的脖子处捅了两个洞，用细绳穿过洞，模拟勒脖子上吊的样子，将照片悬吊于单位宣传栏前。《民通意见》（修改稿）第159条规定："以侮辱或者恶意丑化的形式使用他人肖像的，可以认定为侵犯名誉权的行为。"由此看出，本案既可以认定侵害名誉权也可以认定侵害肖像权。当然，当事人也可以选择对自己有利的一种权利诉讼，本案以肖像权处理更好一些，也就是以侵权行为的基本特征更为突出的方面确定请求权的名称，而且停止肖像的使用也能保护乙的名誉权，因此，认定侵犯肖像权更能保护乙的权利。

集体照片也存在个人肖像权问题。我是集体照中的一员，其他人尤其是照片中的领导不主张侵权，但是我主张了，我的主张能否得到支持？应当是可以的。肖像利益是个体的人格利益，不因为是集体中的一部分而抹杀个人的肖像权。20个人的集体照片不形成集体肖像，20个人中每一个人都有自己的肖像，肖像是个体所有的，一个人一张照片和20个人在一张照片上，人格完全独立。夫妻照也是夫妻各自的肖像，一方处分另一方肖像也构成侵权，人格权不存在共有，完全是个体所有的。

第四节　警察执法侵犯肖像权的案例及其分析

警察执法侵犯公民肖像权的案例也发生过，警察必须学会保护公民的肖像权。作为执法人员，要从以下案例中吸取教训。

一、虚拟案例

（一）案情

某年3月，某县发生一起强奸未遂案。根据受害人的叙述，警方经过严密侦查，锁定犯罪嫌疑人朱某，并于当年4月13日将其抓获。依照法律的相关规定，为了查清事实，确定犯罪嫌疑人的身份，公安机关需要受害人进行混合指认。于是，办案人员到当地的一所中学，在与学校老师沟通后，挑选出6名与朱某年纪相仿、体态特征相似的初中男生参与混合指认。当晚，在老师的带领下，这6名初中生来到公安分局，与犯罪嫌疑人站在一起参与混合指认。整个过程由公安机关用摄像机全程记录。让人意外的是，几天后该地电视新闻中播报了此事，并伴有指认录像做新闻画面，但6名初中生的面部未作任何技术处理。电视前的众多观众并不知道这是办案中按照程序进行的混合指认，误把这6名参与指认的初中生当做犯罪嫌疑人纷纷指责。这给6名初中生的学习和生活带来了极坏的影响，也给他们的家庭带来了巨大的精神压力。最终，该案已经过某市某法院审理，责令公安局和电视台公开赔礼道歉，恢复名誉、消除影响，并赔偿一定数额的精神损害抚慰金而告一段落。

（二）分析

在该案中，6名初中生在家长的代理下一纸诉状将公安机关和电视台告上法庭，认为二者的行为已经严重侵犯了6名男生的肖像权、名誉权。对于是否侵犯6名初中生的肖像权有很大的争议。对此，笔者做了如下分析：

第一，公安机关和电视台的行为已经侵犯了6名男生的肖像权。肖像权，是只有自然人才能享有的一种具体人格权。它是权利主体对自身形象再现的影像所享有的权利，权利主体可对自己的肖像自由地再现、使用、获益和管理。当自然人的肖像权受到侵犯时，权利人可以要求侵权人停止侵害，恢复名誉，消除影响，赔礼道歉，并可以要求赔偿损失，包括精神损害赔偿。但由于《民法通则》第100条明确规定公民享有肖像权，未经本人同意，不得以营利为目的使用公民的肖像，而导致许多人认为侵犯肖像权必须以营利为前提。其实，这种观点有失偏颇。肖像权作为自然人的一项具体人格权，除法律规定的情形之外，自然人当然有权利对自己的肖像进行处分和支配。在未经权利人允许的情况下，擅自使用他人肖像并给权利主体造成实际损害的，就构成侵犯他人肖像权的侵权行为。本案中，公安机关和电视台在未对指认画面进行处理的情况下，擅自向社会进行披露、传播，给当事人的生活造成了极大的负面影响，显然已经侵犯了他们的肖像权。

第二，笔者认为，本案中公安机关和电视台的行为同样侵犯了6名初中生的名誉权。他们应当能够预见到在未对画面作出处理的情况下直接播出，可能会造成对不明真相的电视观众的误导，影响公众对他们的社会评价。因为这6名学生仅仅是配合指认，并不是犯罪嫌疑人，而公安机关将其照片传播，使得大众误认为这6个人是犯罪嫌疑人，有捏造事实的情节，造成社会评价的降低，侵犯名誉权比较明了，笔者就不再做过多的论述。

二、虚拟案例

(一) 案情

几年前，在某市及与之交界的某省地带有一伙犯罪分子活动频繁，他们主要是拦路抢劫，并造成一人死亡、两人重伤的严重后果。后经警方积极侦查，破获该案并将其中几名犯罪嫌疑人抓获，而一个名叫王先明的犯罪嫌疑人侥幸逃脱并一直未被抓获。王先明，男，生于1983年，某市某镇某村七组村民。为了将该犯罪嫌疑人抓获，当地公安机关在网上对其进行通缉。然而，由于当地户籍管理混乱，王先明的户籍信息在公安机关的户籍系统中无法查到。而“王先明”与“王先铭”又读音相近，办案人员在登记信息时没有仔细核实，错误地将与王先明同组的该村村民王先铭的照片和个人信息录入了公安机关内部的逃犯通缉网。于是，老实巴交的王先铭就意外的成了“杀人通缉犯”。这给他的生活带来了极大的不便。以在外地打工为生活来源的他因此被当地公安机关逮捕羁押，被释放后，所在公司以影响公司声誉为由将其辞退。到另外的地方去打工时，同样被当地公安机关逮捕羁押，释放后求职，被用人单位以有犯罪前科为由拒绝。虽然有派出所给其出具证明他是被错误通缉的文件，且公安机关已经启用新网，其通缉资料被撤下，但由于旧网中资料仍然有效，因此，之后的几年里，王先铭先后6次在外出时被到达地公安机关逮捕。

（二）分析

在该案中，由于公安机关的工作失误，王先铭成了通缉犯，并且生活受到了很大的影响。虽然公安机关的行为只是失误，并非有意为之，且采取了补救措施。但笔者认为，公安机关的行为已经严重侵犯了王先铭的人身权利。

一是肖像权。未经权利主体允许，任何人不得擅自使用他人的肖像，法律有特别规定的除外。且在使用公民的肖像时，应依照法律的规定进行，不应造成对公民权益的损害。对于为单纯地进行正常的新闻报道而刊登公民照片，公安机关为追捕犯罪嫌疑人而在通缉令中使用公民照片等，法律及法学理论界一致认定为不侵犯公民的肖像权。某市公安局通缉犯罪嫌疑人本没有错，但关键是办案民警没有核实相关信息，错误地把王先铭的照片挂在网上作为犯罪嫌疑人的照片，并给当事人的生活造成了极大的不便。该行为已经超出了照片的正常使用范围，构成了对公民肖像权的侵犯。

二是名誉权。在各种刑事案件频发的今天，“杀人逃犯”这几个字显然会引起人们的恐慌和排斥，任何正常人在听到这样的字眼时都会一边痛恶一边本能地想去保护自己。而背负着这样的罪名，王先铭在找工作过程中遇到的排斥可想而知。从一个老实本分的农民变成一个通缉犯，因此到处被人歧视，王先铭的名誉已经受到了严重的损害。当地派出所的证明其无罪的文件因不被别人认可，对恢复其名誉没有起到作用。因此，公安机关的行为已经构成了对其名誉权的侵犯。

三是人身自由权。王先铭在外出打工时，总是被目的地公安机关逮捕羁押。虽然这些公安机关都是信赖了公安网上的通缉信息，在依法执行公务，其行为本身并没有错误。但从王先铭的角度来说，公安机关的行为已经构成了对其人身自由的侵犯，因为在没有法律依据的情况下，公民的人身自由是不受非法限制的。而王先铭没有任何违法犯罪行为，因此对其的逮捕羁押也就没有法律依据。

三、虚拟案例

(一) 案情

某年7月10日，一个署名为“国际刑警”的发帖人在某论坛的城事版块上发了一个标题为“某市某县发现破坏银行ATM机，诱导取款人转账诈骗案件”的帖子。该帖子说：“某年6月18日上午，报案人李某称：6月17日晨，自己到县工商银行自动取款机上取钱时，通过正常操作钱取不出来，根据自动取款机操作键盘旁边贴的一银行提示上显示的号码咨询，对方称可以根据一数字程序将取不出来的钱转到自己的银行账号上。李某根据对方提示操作完毕后离开，不久发现自己卡上的49000元钱被转到别的银行账户上。”同时，该帖还贴有“犯罪嫌疑人”——一年轻小伙子的照片，并标明“某年7月16日上午9时27分银行监控录像截取”。该帖分析了骗子作案的手段及特点，并在最后留下了“赵警官”的手机号。发帖者留言说“请广大网友积极提供破案线索”，并提醒广大群众使用信用卡办理银行业务时，不要随意相信什么提示或通知，更不能轻易按照所谓的提示或通知操作等。

(二) 分析

该帖子一出现，立即引起很多网友的关注。对此做法，网民反应不一。有赞成、支持的，也有反对的，但更多网民是为此担心。当地公安民警想尽早破案，想此“良方妙计”，可谓是用心良苦，客观地说，用人肉搜索的办法对及早破案可能是一种有效手段。但是，笔者认为，公安部门为追踪犯罪，行使公权力必须严格依照刑事诉讼法等相关法律的规定，严格遵照法律规定的相关程序，绝对不允许公安部门在执行公务、行使公权力的过程中有侵害公民私权利的情形。结合本案，笔者认为这种所谓的“人肉搜索”破案做法隐患很大。下面笔者将从民法的角度加以分析：在本案中，作为一名办案民警，将犯罪嫌疑人的照片在公共网上公布，他是否经过审批？是谁审批的？根据有关规定，如果要在全国的公共网站上发布，要得到省公安厅的审批。如果在某市发布，要得到该市公安局的审批。而在本案中，当地公安部门不能出示相关负责人批准的手续。如果认定该行为是当地公安部门的行为，则要适用刑事诉讼法的规定。在本案中，当地公安部门没有依照刑事诉讼法的要求履行相关的手续和程序，其行为不能认定为是依照刑事诉讼法的要求履行程序的行为，即没有法律依据而实施的行政行为，根据“法无规定则禁止”的原则，该行为则是非法行为。因此，属于侵权行为。如果认定该行为是该办案人员的个人行为，那么根据侵权责任法的规定，无疑属于侵权行为。具体分析如下：

第一，当地公安部门的行为侵犯了“小伙子”的肖像权。我国刑事诉讼法明确规定未经法院判决不得确定任何人有罪。而在本案中，即使网上公布的这个人就是犯罪嫌疑人，但是没有经过法院判决，他就不是罪犯，对于一个没有确定是罪犯的人先将他的照片在网上发布，是否侵犯他的肖像权？笔者认为，公安局这种行为属于侵犯了该年轻人的肖像权的行为。肖像权，是指权利主体对自身形象再现的影像所享有的权利，权利主体可对自己的肖像自由地再现、使用、获益和管理。当自然人的肖像权受到侵犯时，权利人可以要求侵权人停止侵害，恢复名誉，消除影响，赔礼道歉，并可以要求赔偿损失，包括精神损害赔偿。我国《民法通则》第100条明确规定公民享有肖像权，未经本人同意，不得以营利为目的使用公民的肖像。但是，在司法实践中，认定侵犯肖像权的行为并不限于以营利为目的的行为。肖像侵权行为通常包括：（1）未经许可再现他人肖像的行为；（2）未经许可使用他人肖像的行为；（3）歪曲、丑化他人肖像的行为。在本案中，当地公安机关未经本人同意，擅自将其照片在网上公布，无疑构成肖像权的侵权行为。

第二，当地公安部门的行为侵犯了“小伙子”的名誉权。依照常理，我们也可以想象，将犯罪嫌疑人的照片公布在网上，如果这人只是恰巧在银行出现过，不是作案人，那他的照片被冠以

“犯罪嫌疑人”的身份在网上出现，他以后还怎么做人。对于一个不能确定为犯罪嫌疑人的人的照片传到网上，大家却以为其为犯罪嫌疑人，甚至以为其为作案人，这无疑降低了该“小伙子”的社会评价。因此，构成了名誉权的侵权。

在不能确定该“小伙子”构成犯罪之前，其本人及其近亲属可以提起相关侵权诉讼。我们通过此案略见一斑，公安民警目前对民法知识的掌握还不到位，公安民警在执法办案时还分不清自我行为是合法行为还是侵权行为。因此，广大公安民警应加强对民法知识的学习，提高自己的执法水平。

第五节 警察执法与公民隐私权

隐私权，就是公民享有的个人不想让他人知道的秘密信息的权利。隐就是隐藏，不想让人知道，私就是私人的。隐私因人而异，如个人电话号码，我个人认为是我的隐私，我不想让同学传出去，但是甲同学可能认为他自己的电话号码别人知道了无所谓。当然，这些情况排除公共利益的个人隐私的使用情况，因为个人隐私与公共利益本身有些矛盾，在一定情况下，个人隐私可以让位于公共利益。个人隐私关乎公民的切身利益，因此，对隐私权的保护具有十分重要的意义。

犯罪分子的经历被报道，有的报道为犯罪分子所不情愿，犯罪分子同样有隐私，也是需要加以保护的。我们常常听说新闻自由，但是，任何自由和权利都是有限制的，有条件的，新闻自由也不例外，要尊重他人的隐私。如果新闻媒体报道的个人隐私秘密信息与社会公共利益和公共兴趣没有多少联系，而且这些个人隐私的公布不足以抗衡社会公共利益，则对这些个人隐私的报道就是侵犯个人隐私权。隐私是个人不愿披露的与社会公共利益无关的私人信息，隐私权维护的是个人利益。但是，个人利益和社会公共利益发生冲突时我们可以说公共利益优先。也就是说，经过新闻媒体披露的个人信息一旦与社会公共利益相联系，就脱离了个人色彩，不能成为个人隐私加以保护，这时新闻媒介基于新闻自由所保护的社会利益就应受到优先保护。因此，新闻媒体在报道个人隐私时要谨慎报道。内容的选择，社会公共利益的强弱程度，必须综合衡量才能做到不侵犯个人隐私，这就是个人隐私的可克减性。当个人隐私和公共利益冲突时，个人隐私要让位于公共利益。只要媒体严格遵守法律，恪守职业道德，对违法犯罪行为或有关国际政治生活的报道中涉及的个人信息与社会公共利益无关，就要加以保护不能公布，相反，与公共利益相关，已经没有个人隐私色彩，可以加以公布，因为社会利益强烈需要个人信息的公布。那么，哪些属于可以公布的符合公共利益需要的个人隐私呢？一般说来，公众人物的隐私和大众百姓相比很少，他们的很多隐私要迎合满足大众的需求而被公开，因为正是大众将公众人物捧上公众人物的地位，公众人物的收入来源于大众，地位来源于大众，因此，公众人物要付出代价，要满足公众对他个人隐私的知晓需求。公众人物分为自愿的公众人物、非自愿的公众人物。

自愿的公众人物，是指主观上直接追求或者放任自己成为公众人物并在客观上成为公众人物的人。这种公众人物自愿希望成为公众人物，因此，他的隐私很多就服从于大众的兴趣需求。例如，体育明星、高级官员等。这些人大部分希望引起公众的关注。社会公众也对他们具有极其浓厚的兴趣，有极强的愿望希望得到有关知名人物的更多的个人隐私，从而满足自己的好奇心或者其他愉悦的心理。因此，这时媒体对他们的与社会公共利益有关的信息或与社会公众兴趣有关的信息情况进行如实报道，则不构成侵权。例如，某一体育明星经常出入色情服务场所，严重影响社会公共利益，关系到社会善良风俗的维护，已经构成社会公共利益的一部分，如果媒体加以披露则不构成侵犯隐私权。再如，很多歌迷往往对很多歌星的出生年月、婚姻情况、个人喜好等私人档案很感兴趣，这些基本的信息不同于个人私生活等个人隐私，如果媒体予以公布，也不构成侵犯隐私权，这正是公众合理的兴趣的需要。但是，需要清楚的是，这些公众人物不是没有隐私，如住宅、通信、夫妻生活、个人起居等与社会无关或与其事业无关的私人信息应受到法律保护，如果媒体加以报道可能就会侵犯明星的隐私权。由此看出，公众人物的隐私权和大众百姓相比很少，这是迎合公共利益大众兴趣的需要，这是其成为明星需要付出的代价。但是，对一些无关公共利益的信息加以报道，并不构成侵权。

非自愿的公众人物，是指本身没有追求成为社会公众关注的人物的主观愿望，但是基于某一具有新闻价值的重大事件的发生，经过新闻媒体报道之后而成为公众人物。由于主观没有成为公众人物的意愿，因此，这些人的隐私范围要比自愿的公众人物隐私范围大很多。对于涉及他们的具有很大新闻价值的个人信息，可以报道。但对于与新闻价值无关的个人信息如照片、住址等，仍是个人隐私。这对于保护刑事案件的受害人及证人特别重要。媒体不能公开受害人和证人的身份、住址、姓名等信息，公安部门在侦查这些案件时，也要留意个人隐私的保护。

对于犯罪嫌疑人的报道，如对犯罪嫌疑人的姓名、年龄、住址、职业等予以真实报道，一方面确实能迎合社会公众的兴趣，预防他人犯罪。但是，需要清楚的是犯罪嫌疑人只是被嫌疑，一旦宣布无罪，等于对该人进行了不该进行的报道，因此会给当事人造成严重的不利后果，这种情况下的新闻报道媒体就该承担报道不实的责任。所以，有人建议犯罪嫌疑人的报道不一定一律用真名报道的原因就在于此。但是，有学者建议以下两种犯罪嫌疑人媒体可以进行真名报道：一是国家工作人员或社会公众人物成为犯罪嫌疑人的情形，因为他们的隐私范围受到较小的限制，也就是他们的隐私范围本身就很小了，而且已经成为大众知晓的公众人物，所以可以进行报道；二是犯罪行为手段恶劣、后果非常严重的案件中的犯罪嫌疑人，由于手段恶劣，后果相当严重，在全国范围已经有很坏的影响，这些案件足以引起社会公众的合理兴趣，有必要让社会了解案件的背景、社会意义，因此真名报道具有重大的意义，符合社会公共利益的需要，可以进行报道，此时社会公众的知情权优先于犯罪嫌疑人的隐私权。除此之外的其他报道，均应当采用匿名报道方式，犯罪嫌疑人的姓名、照片、具体地址、联系方法等都不能予以报道，否则侵犯隐私权利。

警察执法中时常会遇到个人隐私情况，如侦办一些案件的警察对于某些嫌疑人的所谓事实以及个人的信息、工作单位、婚姻状况、个人的婚外情等都需要进行保密，不能随便予以公布，否则涉嫌侵犯公民的隐私权，即便犯罪嫌疑人也是有隐私权的。所以，公安部门的每位民警都应有极强的保护公民隐私权的意识，一些案件的犯罪嫌疑人的个人信息只能在本案件组的警察范围内讨论公布，甚至对在本公安局范围内与本案件处理无关的警察也需要保密，这是警察执法尤其需要加以重视的。

例如，曾经发生过很多安装监视器的案件，两个邻居中一家发现暖气片下面有一闪一闪的灯，于是报案，警察过来发现是隔壁的邻居安装了监视器，通过这个监视器的存储信息，安装者可以对邻居的私人房间内的一切活动知晓无遗，安装监视器者毫无疑问侵犯了邻居的隐私权。但是，当警察把涉案的监视器带回派出所时，如果在全所范围内播放存储内容，则涉案警察一定侵犯被安装监视器的邻居的隐私权，即便在涉案组之外的与侦破案件毫无关系的一名警察面前播放，也构成了对该邻居的隐私权的侵犯。因此，公安民警没有极强的隐私权保护意识，则办案中必然要侵犯公民的隐私权，只有执法公安民警认真学习公民的隐私权，才能真正意义上实现对隐私权的保护。

又如，一位女顾客在某餐厅使用卫生间时，一位男员工在经过询问得知没有人应答后，进入打扫卫生，结果女顾客受到惊扰，假设此时受到惊扰的顾客打电话向公安机关报案，公安机关作何处理？笔者认为，本案男员工打扫厕所，已经经过询问卫生间内是否有人，但是由于女顾客没有听见，男员工误认为卫生间内没有顾客而进入打扫厕所，可以认定男员工不可能涉及相关犯罪的指控，充其量也仅仅是民事案件，因为男员工涉嫌侵犯女顾客的隐私权。一方面，餐厅的管理存在问题，一般是女同志打扫厕所，这属于常规做法，但是该餐厅安排男员工打扫厕所，虽然不是法律所明文禁止的，但是餐厅的这种安排必定存在给一些素质低下的打扫卫生的员工有乘虚而入窥视他人隐私的可能，给一些素质低下的打扫卫生的男员工以合理的理由进入女卫生间创造了一些可能条件，这属于餐厅管理上的不当。另一方面，排除这一管理因素，就本案件而言，男员工在女性使用厕所时进入，虽然男员工没有窥见女性的身体的隐私部位，但给该女性隐私部位的可能暴露造成一定威胁，导致原告精神上惶恐不安是不可避免的，而且本身卫生间属于女同志共有的私人空间，决不允许在卫生间内有女人的同时存在异性，这是对原告隐私权的一种侵犯。因此，本案就是一起民事案件，受害人可以诉讼对方要求承担侵犯隐私权的民事责任，包括精神损害赔偿。如果警察接到这样案件的举报，应当厘清民事案件和刑事案件的区别，划清两者的界限，合法行使自己的权力，不要伸入不该伸入的民法领域，否则就是滥用公权力。笔者一直不建议公安部门插手民事案件，因为民法本身的特点决定公安机关不宜插手民事案件，让市场经济的双方主体充分意思自治，这才是体现民法精髓之所在。

第六节　警察执法侵犯隐私权的案例及其分析

一、夫妻黄碟案

（一）案情

2002 年 8 月 18 日晚 11 时许，陕西延安市宝塔公安分局某派出所民警接到群众举报电话，称张某夫妇在家中看黄碟，4名民警遂前去调查，这4名民警没有穿警服也没有出示警官证和搜查证就进入张某家中。在查处过程中，民警发现房间内只有新婚夫妻两个人在场，而且电视已经关闭，在民警向夫妻二人表明自己身份后要求夫妻交出黄碟，而夫妻二人拒绝交付，因此民警与张某夫妇发生冲突，其中一名民警袖子被撕破，一名民警手被抓伤，民警便以妨碍警方执行公务为由，强行将张某带走，与此同时，民警在张某家中搜到3张光碟，于是民警将光碟以及电视机、影碟机作为证据一并带到派出所。8月19日张某向派出所交了1000元暂扣款后被放回。其后于2002年10月21日中午，张某又被宝塔公安分局治安大队带走，并以涉嫌“妨碍公务”为由刑事拘留，于2002年10月28日将案件资料报请延安市宝塔区检察院批准逮捕。2002年11月4日下午4时10分，宝塔区人民检察院检察委员会通过审查，对陕西省延安市公安局宝塔分局提请批准逮捕犯罪嫌疑人张某的涉嫌妨碍公务罪一案，认为“事实不清，证据不足”作出不批准逮捕的决定，退回公安分局补充侦查。2002年11月5日被刑拘16天之后的张某被宝塔分局以取保候审的形式释放回家，1000元的暂扣款也返还给张某。此案一出，全国引起极大轰动，迫于全国舆论的强大压力，2002年12月31日下午，延安市宝塔区政法委领导，宝塔区政府办公室领导和宝塔区信访局领导组成专门的调查小组向当事人赔礼道歉，一次性补偿当事人医疗费以及误工费29,137元。2003年1月14日，某派出所的所长贺某被免除职务，同时，该所的警长尚某也被调离该派出所，调往其他派出所待岗，其他两名协警也被公安机关辞退。至此，著名的夫妻黄碟案终于画上一个句号。

（二）分析

本案发生后，引发激烈争论：

第一种观点认为，此为警察执行公务，警察有权查处和没收光碟，并视情节轻重，给予教育或相应的处罚。

第二种观点认为，我国法律并未禁止夫妻在家中看影碟，因此，只要没有造成在公众传播淫秽制品的后果，警察就无权干涉。随着讨论的深入，第二种观点成为主流观点。但是面对第二种观点，很少有学者从理论上进行深入探讨，尤其是很少有学者从民法角度探讨。

笔者认为从民法理论和实践对此案进行深入研究，分析警察具体侵犯了公民哪些权利，对于分析引发“夫妻黄碟”案件的背后原因，防止此类案件再次发生具有重要的意义。

就本案而言，笔者认为：

首先，此案中的警察侵犯了民法上规定的公民的隐私权。2001年《最高人民法院关于确定民事侵权精神损害赔偿责任若干问题的解释》第1条规定：“自然人因下列人格权利遭受非法侵害，向人民法院起诉请求赔偿精神损害的，人民法院应依法予以受理……违反社会公共利益、社会公德侵害他人隐私……”由此看出，我国民法对公民的隐私作了明确的规定。本案中夫妻二人在家看成人电影，这是夫妻二人的权利，本是极为隐私的个人事务，没有任何第三者，在私人领域中，涉及不到传播淫秽录像制品的问题，没有触犯刑律，也没有违反民法的规定，警察怎能破门而入并进行搜捕呢？公民享有隐私，“法无禁止则可以”，因此警察无权干涉夫妻二人在自己家中看成人电影，这不属于警察的权力范畴。而本案警察将自己的权力伸入本不该管的领域中，无限扩张自己的权力。另外，笔者认为本案中的私人住宅，是民法规定的个人隐私领域，每个人的私有住宅不受侵犯，任何人不得私自闯入作为隐私权的私有住宅。本案中警察无权干涉夫妻二人在家中观看黄碟，则闯入私宅就不是执行公务，不是执行公务，就是对私人领域的住宅隐私权的侵害，因为我国法律对隐私作了规定，而公民住宅属于个人隐私当属无疑。因此，本案中无论警察私闯住宅还是干涉夫妻二人在自家看黄碟都是对夫妻二人隐私权的侵犯。

其次，此案中的警察还侵犯了民法规定的公民的人身自由权。

2001年《最高人民法院关于确定民事侵权精神损害赔偿责任若干问题的解释》第1条规定："自然人因下列人格权利遭受非法侵害，向人民法院起诉请求赔偿精神损害的，人民法院应依法予以受理……人身自由权……"本案中夫妻二人拒绝交出黄碟，对警察进行攻击，正是对自己合法财产的保护。当有人对自己财产进行非法干涉时，任何一个公民出于对自己权利保护的需要，都要进行自卫，这种自卫是应受到合法保护的，不能因为面对警察的自卫就判定其为违法的自卫，更何况本案中张某虽然对警察进行攻击，但并未对警察人身造成严重后果，警察缘何带走张某？就算张某有伤及警察的行为，则本案自始就不属于警察执行公务范畴，因此双方发生的纠纷排除刑事责任的可能，充其量也只能算是民事纠纷，警察可以依据民法侵权规定向张某提起民事诉讼，因此，本案警察无权带走张某，警察以"涉嫌妨碍公务"为由刑拘张某，是对张某人身自由权的干涉，严重侵犯了民法规定的公民的人身自由权。

最后，此案中的警察还侵犯了民法上规定的公民的财产权。我国民法规定公民享有财产权，任何人不得非法干涉。警察缘何带走夫妻二人的影碟机、影碟、电视机？夫妻二人的合法财产受法律保护，警察无权将其带走，即便是作为证据带走，因为本案自始至终不属于警察执法范畴，本案与警察执行公务没有丝毫的关系，那么警察带走夫妻二人的财产就是对他们财产权的侵犯。综观本案，笔者认为，在夫妻黄碟案中，警察不仅侵犯民法上规定的公民的隐私权、人身自由权而且侵犯了民法上规定的公民的财产权，导致这一案件的发生主要因为警察没有厘清警察公权力和公民私权利的界限划分。

二、虚拟案例

（一）案情

某年11月25日，某县发生一起恶性抢劫案。数名歹徒持刀将一名信贷员砍伤致死，并抢走现金7600元。该案件当时影响重大，警方非常重视，经过他们的周密侦查，认定某甲村村民王鲁有重大犯罪嫌疑。但案发后王鲁就失踪，警方始终未能将其抓获。案发后一个多月的一天晚上，该市某乙村村民陈常在自己家中见到了突然闯来的王鲁。因王家与陈家平日里关系较为密切，陈常就劝说王鲁向公安机关自首。在劝说无果后，陈常就让妻子先稳住王鲁，自己到院里打电话报警。后公安机关人员赶到，顺利将王鲁抓获。但令陈常意想不到的是，公安局对其举报凶手的事情并没有进行保密。办案人员不但公开到其家中调查取证，还把该事透漏给了当地媒体。最终导致该举报事宜当地居民皆知，陈常及其家人为此不得不承受巨大的精神压力，生活严重受到影响。重要的是，抢劫案中的其他犯罪嫌疑人尚未被抓获，陈常及其家人的人身安全时时处于不确定的威胁之中。在这些压力之下，陈常被迫搬家，财产、精神受到严重损害。

（二）分析

在本案中，举报人陈常在大是大非面前并没有包庇犯罪嫌疑人，而是果断地选择报案、为公安机关及时抓获犯罪嫌疑人，侦破案件提供了极大的帮助。这种为社会稳定而舍弃私人情谊的做法值得肯定和赞扬，只有如此，社会才能更加和谐、稳定。但公安机关保密意识的淡薄却给举报人造成了极大的伤害。对举报事宜的无意泄露已经严重侵犯了公民的合法权利。

首先是隐私权。陈常向公安机关举报犯罪嫌疑人王鲁，肯定会受到王鲁及其家人的记恨，造成两家人之间的矛盾。且抢劫案的其他犯罪嫌疑人尚未被抓获，公安机关作为专门的办案执法机构应当意识到泄露陈常举报的信息会给其生活带来极大的不便，使其生活的安宁受到侵扰。但办案机关并未采取措施对这一信息保密，因此构成对陈常隐私权的侵害。

其次是名誉权。名誉，是民事主体所享有的社会评价。在现实案例中，通过捏造、散布虚假事实的方式侵害民事主体的名誉权的情况居多。本案中，从执法机关和社会正义的角度说，陈常积极向公安机关举报犯罪嫌疑人的行为是正确的、值得肯定的。但这并不代表社会公众尤其是陈常所处的生活环境中人们的观点。举报的事实泄露后，陈常在某乙村处于被孤立的地位，以前人缘很好的他，现在被大多数人认为是背信弃义的小人，随时可能出卖自己的朋友，所以大家都不愿意与他交往。很显然，这已经造成了对陈常的社会评价的降低，即名誉权的受损。因此，笔者认为，在本案中公安局的做法构成对陈常名誉权的侵犯。而且，从该案件折射出，若不加强执法机关的权利保护意识，给举报人信息以有效的保护，只能打击公众举报犯罪的积极性，最终给公安工作的顺利进行带来严重影响。

第七节 警察执法与公民名誉权

名誉权，就是指公民享有他人、社会对其才干、品德、能力等的公正评价的权利。名誉权为公民一项重要的人格权，任何人都享有名誉权，不得转让不得放弃，具有绝对性和支配性。只要他人的社会评价是公正的、合理的，就不侵犯名誉权，否则可能涉嫌侵权。

名誉权很容易与名誉感相混淆。名誉感和名誉权是两个不同的概念，名誉权区别于名誉感，我们很难在名誉权中对名誉感进行保护。因为，名誉是一种客观的社会评价，它是社会公众对某个主体的评价，是一种合理公正的评价；而名誉感则为主体内心的一种感受，很大程度上是一种自我评价和感觉，由此看出，两者有本质的区别。即便无民事行为能力人或者限制民事行为能力人名誉感的感知能力较低，但其仍有名誉权，名誉权是客观存在的，不依照当事人的意愿而改变，但是名誉感则是当事人本人内在的感知，因自己的主观好恶而感觉不同。法律之所以对名誉权进行保护，其目的在于使受害人免于遭受他人的不良评价，从而得到公正的社会评价，保持人与人之间正常的交往和秩序。但是，名誉感不然，只是自己的感受，在他人没有非法行为的前提下，即便当事人自己有名誉感的不良感受，仍然不能判定对方侵权。名誉感有时会和人格尊严联系在一起，事实上，一个人当受到他人非法行为侵害时，它的人格尊严受到侵害，也就是一般人格权受到侵害，但与此同时，他的名誉感也有伤害，这时，一般人格权的人格尊严和名誉感有重合之处，除此之外，其他情形的名誉感法律并没有加以保护。因此，名誉权是客观的社会公正评价，而名誉感是自我的内心感受，名誉感只有在上升为作为人格尊严的一般人格权时法律才加以保护，而名誉权则是完全需要法律加以保护的。

一、名誉权的内容

名誉权的具体内容包括：

1. 名誉保有权

公民对于自己的名誉享有保有的权利。名誉权是公民的一种从社会上获得客观的社会评价的权利，权利人无法以主观的力量改变、支配它，只能对已经获得的名誉进行保有，或者保持自己的名誉不降低、不丧失或者知悉自身名誉处于不佳状态时，以自己的行为去加以救济和保护。

2. 名誉维护权

公民对已经取得的他人的评价进行维护，确保他人的评价是公正的评价，如果他人有诽谤之情况，公民可以提起名誉权受侵害诉讼。

3. 名誉利益支配权

公民对自己的名誉具有支配权，排除他人的非法干涉。

二、名誉权的侵权行为

同侵权责任构成的一般要件一样，确定侵害名誉权民事责任的构成要件主要有：受害人确有名誉被损害的事实、行为人行为违法、违法行为与损害后果之间的因果关系、行为人主观上的过错。

我国民法通则规定侵害名誉权以侮辱、诽谤为主要形式，所以认定行为人之行为是否侵害他人名誉权，首先应确定是否实施了侮辱、诽谤行为。

1. 侮辱

侮辱，是指故意以暴力或其他方式贬低他人人格，毁损他人名誉。这种侮辱行为，一般说来，行为人主观上都有毁损他人名誉的故意和目的。侮辱行为的主要方式有：暴力行为侮辱，这里的暴力行为，是指对受害人使用强制性手段，使其人格、名誉受到伤害的行为。这里所说的暴力，不是指一般的殴打、伤害，而是指损害他人人格的一种方式。例如，当众打人耳光、向他人脸上吐唾沫、强迫受害人做一些难堪出丑的动作，等等，这些都构成侮辱行为。

还有一种行为，就是语言侮辱行为，主要是指对受害人施以粗暴的语言损害其人格、名誉。例如，当众辱骂或嘲讽受害人、使受害人当众出丑、难堪，对妇女使用猥亵性的语言等，这些都构成侮辱性的语言行为。

还有另外一种侵权形态，就是文字侮辱和其他方式，如通过写大字报等方式实施侮辱行为。

我们应该清楚，并非只要有侮辱行为就认定为侵害名誉权，根据最高人民法院的解释，只有在侮辱行为造成一定影响时，才能认定为侵害名誉权行为。此处所说造成一定影响，主要是指影响了受害者的社会评价，而不是指造成严重的损害结果。如果一个人对另一个人实施了侮辱行为，受害者本人名誉感受到严重的伤害，但如果其社会评价并未因此降低，我们也不能认定侵害了其名誉权。因此，在这种情况下，就要看这种侮辱行为是否为第三人所知。假设没有第三人在场，由于侮辱行为本身违法，而受害者本人又有严重的损害后果，因此，我们可以认定该行为人侵害了受害者的一般人格权（人格尊严受到侵害）。

2. 诽谤

诽谤主要是指捏造事实、违背事实进行虚假的社会评价，违背了社会评价的公正性，给当事人造成严重的后果，严重损害受害者的名誉，降低了受害者的社会评价。

民法理论博大精深，社会生活丰富多彩，如何做到当事人不侵害他人的名誉权?

首先，在对他人进行社会评价时，力求内容真实。主要是指行为人的言辞只要内容是真实的、符合客观实际情况的，就不会造成侵权情况的发生。这主要针对诽谤行为。德国法上，原告要行使恢复名誉的请求权，必须证明被告的言辞是不真实的，而被告要免除责任，就必须证明其言辞是真实的。同样，新闻报道失实，文学作品素材不当也可能构成侵犯名誉权。现实生活中，媒体侵权案件时有发生，如媒体对某一事件的报道，稍不小心，与事实有出入，就可能侵犯当事人的权利，因此，新闻媒体要确保舆论报道的事实性，要用事实说话，避免诽谤行为的发生，这是区分正当舆论监督与新闻侵权的标志。当然侵害名誉权与侵害隐私权是有区别的，如将隐身他乡的刑满释放人员的经历予以公布，内容是真实的，没有侵犯其名誉权，但是却侵犯了其隐私权，也就是两个权利并不相同。目前，我国已经将隐私权独立于名誉权之外创设了一个隐私权，改变了过去将隐私利益放在名誉权下的概念混淆的不合理情况。其次，要注意在侵害他人名誉权时主要有两种侵犯方式：侮辱、诽谤。因此，现实中要避免侮辱、诽谤行为，在遇到相关案件时要看是否有侮辱、诽谤行为，我们不能盲目认定存有侵害名誉权的情形。

撰写小说、发表文学作品也要注意避免侵犯他人姓名权和名誉权问题的出现。如果一个人的真实姓名被熟知的朋友写入小说，小说中大力虚构情节，有侮辱诽谤行为，朋友看了以后纷纷认为这个真实姓名的人确实如小说中所说那样糟糕，则行为人就涉嫌侵犯受害人的姓名权和名誉权。《最高人民法院关于审理名誉权案件若干问题的解答》第9条规定："撰写、发表文学作品，不是以生活中特定的人为描写对象，仅是作品的情节与生活中的某人情况相似，不应认定侵害名誉权。"《最高人民法院关于审理名誉权案件若干问题的解答》规定，有关机关和组织编印的仅供领导部门内部参阅的刊物、资料等刊登的来信或文章，当事人以其内容侵害名誉权向人民法院提起诉讼的，人民法院不予受理。机关、社会团体、学术机构、企事业单位发单位、本系统或其他一定范围内的内部刊物和内部资料，所载内容引起名誉权纠纷的，人民法院应当受理。

侵害名誉权的民事责任承担方式主要包括：停止侵害；恢复名誉；损害赔偿（包括则产损害赔偿和精神损害赔偿）；赔礼道歉。

公安执法中，要切实做到保护公民的名誉权，不能侵害公民的名誉权。例如，在执法时，发现一些公民的行为不合法，要制止，不能出口骂人，脏话连篇。一些警察素质低下，出口骂人，严重损害人民警察的形象，并侵害公民的名誉权。例如，一些警察在执法中发现一方侵害另一方权利，于是让侵权方在公众面前出丑，也是侮辱侵权行为。另外，公安机关对于当事人的行为，要本着实事求是的原则，不浮夸，不贬低，以事实为根据，避免诽谤情形的发生。公安民警必须了解民法中规定的公民名誉权的相关知识，才能在司法实践中切实保护好公民的名誉权。

第八节　警察执法侵犯公民名誉权的案例及其分析

一、虚拟案例

（一）案情

某年11月9日的晚上，正在自己家中看电视的青年女子王丽丽听到屋外有人叫她的名字，她走出屋外查看时，却被某乡派出所民警押上警车带走。一头雾水的王丽丽在派出所内受到审讯，以派出所所长陈章为首的民警态度粗劣蛮横，强迫王丽丽承认其曾向多人卖淫。在遭到王丽丽的拒绝后，审讯民警即动手殴打，其中污言秽语不断地从公安办案人员的口中抛出。在实在忍受不了殴打和侮辱的情况下，王丽丽只得承认她曾与多人发生性关系。但办案民警并不因此罢休，他们详细地“询问”王丽丽与别人发生性关系的细节，并借此取乐，羞辱王丽丽。而后，另外3名被屈打成招的“嫖客”也在派出所民警的逼迫下“承认”与王丽丽发生性关系。待他们家人被迫交清罚款时，他们已被非法羁押100多个小时。但他们受到的伤害却远远不止这些，众人的怀疑和非议使他们承受了源源不断的精神折磨。在王丽丽家人的不断上诉下，终于还王丽丽一个清白。医检结果显示王丽丽“处女膜完整”，而受到制裁的派出所民警则道出制造卖淫案仅仅是为了拿到罚款。

（二）分析

该案中，派出所对被害人的侮辱和殴打令人无法接受，其动机“只是为了取得罚款”亦令公众哗然。作为公安执法人员，不能依法办事，保障公民的人身财产安全已经失职。在本案中，以派出所所长陈章为首的民警为了取得罚款而肆意侵犯公民的人身权利更令人发指。笔者认为，在本案中办案民警主要侵犯了被害人的以下权利：

一是名誉权。名誉权是一种具体的人格权，是指公民在社会中所享有的声望，即他人对其的社会评价，是一项重要的人身权。在本案中，派出所办案人员不止强迫王丽丽承认自己卖淫，更是找来另外几个同样无辜的男性，迫使他们承认与王丽丽曾有过性关系。并在王丽丽屈打成招之后，公然到其家中搜查其房间。这些行为给王丽丽的名誉造成了极大的影响，使得邻居等对她及其家人非议众多，处于被人鄙夷的地位，给王丽丽及其家人带来了极大的精神压力。

二是人格尊严。人格尊严作为一般人格权的一种，是指自然人受到社会和他人的最起码的尊重的权利。在人格尊严是否受到侵害的界定上，一般从当事人的主观感受出发，并结合社会一般观念进行分析。在本案中，王丽丽作为一个自身清白的青年女子，被迫承认自己“卖淫”，且受到派出所民警淫秽语言的攻击，令其感到羞辱。显然，从当事人的主观感受或社会一般观念进行分析，办案民警的行为严重侵犯了其人格尊严。

三是人身自由权。公民的人身自由不受非法侵犯，这是宪法中明确规定的公民所享有的权利。在民事立法中，公民的人身自由同样受到严格的保护。但在本案中，以派出所长陈章为代表，派出所民警在利益的驱动下，无视公民的人身自由权利不受侵犯的法律规定，将王丽丽等人非法羁押100多个小时。如果每个人的人身自由都能如此轻易的被侵犯，每个公民的私权利在强大的公权力面前都是如此的无助和脆弱，公民将如何安定的生活？社会法制建设又该如何进行？因此，对公权力的行使加以合理的限制，充分保护公民的私权利不受公权力的任意侵犯是我国法制建设所面临的重要任务之一。

二、虚拟案例

（一）案情

某年11月，某书局出版了一本名为《公安志》的书籍。在该书的第×页记载了某年某县公安机关在该县税务部门的配合下将涉嫌偷税的某农贸有限公司经理张寒逮捕归案的事件。张寒，某省某市某县的一个普通农民，所谓“经理”也不过是其在农忙之余接受外贸公司的委托代收农产品，挣取些劳务费罢了。至于“涉嫌偷税”事件则早在当年9月就已经被该县检察院认定为错案，并决定对该税务案件不起诉。现在却出现在11月出版的公安志中，这令当事人张寒颇为不解。在外地做生意的他遭到生意上伙伴的质问后，返回家乡，找到公安部门，想讨回一个公道。没想到，对如此明显的错误，公安机关百般回避、推脱，导致张寒名誉受到损害，生意上得不到别人的信任。张寒为自己的公道奔走无效后，最终将某县公安机关告上法院，用法律武器保护自己的权益。

（二）分析

名誉是社会对一个人的评价，当名誉受到损害时，意味着社会公众对这个人的社会评价的降低。在市场经济条件下，人与人之间的关系需要以信任为基础进行维系，显然一个人社会评价的降低必然会影响到这个人的正常生活。在该案中，公安机关将已被检察机关认定为错案的偷税事件列入该县的公安日志中，从而导致张寒遭到生意伙伴的质疑。该行为显然已经影响到他人对张寒的社会评价，构成了对张寒名誉权的侵犯。根据权力相互监督、相互制约的原则，检察院在职能上对公安机关提交的案件进行审查，看公安机关提交的案件是否构成犯罪，公安机关的行为是否有违法之处。在本案中，检察院已明确认定所谓偷税案是一起错案，不予起诉，但某县公安机关对检察院的认定结果不加理会，仍把该案列入公安志中。机关间权力的制约平衡被打破，造成公安机关权力的膨胀、滥用。值得欣慰的是，张寒作为一个普通农民，能够通过法律途径与公权力相对抗，这份勇气值得人们敬佩和学习。而法院的公平裁判，更是给权利受到侵害的人们以希望。笔者认为，这些现象应当引起人们的重视和反思。如何更好地让权力之间相互约束，以更好地保护公民的权益，需要执法机关进行思考，需要法院能够坚持依法裁判，更需要公民自身提高权利意识，像张寒一样勇于拿起法律武器同强权作斗争，只有这样，才不会出现强者更强，弱者更弱的恶性循环。

三、虚拟案例

（一）案情

某年 7 月 19 日，从乌鲁木齐坐火车到北京的张某及其同事在拥挤的车站买票，急着赶回单位的他们排队到售票窗口后发现他们所需要的火车票早已经卖光。由于单位有要求，无奈之下张某拨通了一个名叫曹本强的票贩子的电话，在经过讨价还价后双方达成交易。在交易之前，张某因担心票贩子卖的是假票就让自己的司机去买票窗口验票，曹本强误以为他们是便衣警察，就试图逃跑，被张某等人抓住并扭送到西客站派出所。但曹本强在派出所民警的询问中为了保护和他一起倒卖火车票的家属，就说自己的同伙为吴王强。吴王强，外地来京打工的农民，和朋友一起在北京某地下二层经营一家小超市。因其超市刚好在退票窗口的对面，所以认识一些票贩子，和曹本强也是这样认识的。于是，根据曹本强的供述，2007 年 7 月 19 日，某区公安分局以涉嫌倒卖火车票将毫不知情的吴王强抓获羁押。尽管在民警的询问中，吴王强一直强调自己根本没有参与倒卖火车票，但依然被送到看管所羁押。后来其朋友王花花利用超市摄像头拍下的录像证明吴王强是无辜的，吴王强才被某区公安分局释放，此时他已经被羁押 263 天。

（二）分析

在本案中，笔者认为，某区公安分局的行为侵犯了吴王强以下民事权利：

一是名誉权。正如前文所述，名誉权是他人对公民的社会评价。这种社会评价是公民用其日常行为所体现的个人道德水准所获得的，是他人对其行为和人品的一种肯定。而这种评价将直接影响到公民的生活。好的名誉会给其带来好的人际关系，给其生活带来便利，而坏的名誉则会相应地给公民的生活带来许多麻烦。在本案中，本来安分守己的吴王强因为公安机关的行为而被作为票贩子逮捕，这使得不明真相的人误以为其有违法行为，从而降低对其的评价，给其生活带来负面影响。因此，某区公安分局的行为已经侵犯了吴王强的名誉权。

二是人身自由权。拘留、逮捕等限制人身自由的行为是国家为了保护公民的人身财产安全，保护社会秩序的正常进行，并预防和惩治犯罪而采取的一项强制措施。在防止犯罪分子危害社会的行为继续进行方面起到了重要作用。但人身自由同时也是公民一项重要的人身权利，因此，在采取这些强制措施的时候要求公安机关经过一定的侦查并有合理的证据。在本案中，某区公安分局没有经过精密的侦查，仅仅根据票贩子曹本强的供述就将吴王强逮捕羁押，从而导致无辜之人身陷囹圄，而真正的票贩子——曹本强的家属却逍遥法外。没有任何违法犯罪行为，却被羁押长达263天，显然，吴王强的人身自由已因某区公安分局的过错而被严重侵犯。

第七章　警察执法与公民一般人格权

人格尊严、人身自由构成公民的一般人格权。一般人格权是相对于具体人格权而言的，是概括性的一般规定，指以民事主体的所有具体人格利益为标的高度抽象的、总括性的权利，是具体人格权的补充和发展。一般人格权以具体人格权为基础，具体人格权则是一般人格权的具体化。两者相辅相成，人格权的开放性主要表现在一般人格权的引入。一般人格权的引入使得一些具体人格利益尚不成熟时以一般人格权来界定，当一般人格权发展为具体人格权时再由法律详细加以具体的规定。

第一节　一般人格权理论

人格尊严主要具有高度概括和一般性。《民法通则》第 101 条规定："……公民的人格尊严受法律保护……"但是第 120 条只规定侵犯具体人格权的可以请求承担民事责任，没有规定侵犯人格尊严的要承担侵权责任，因此，民法通则采取的具体列举方式，使得公民、法人的具体人格权得以保护，其重要意义就在于法官能够根据民法通则的规定正确处理民事人格权的侵权案件，法官做到有法可依。但是，具体列举权利也有缺点：

1. 使人格权成了封闭的、停止发展的体系，一些新型的人格权的出现无法与时俱进地受到法律保护。

2. 体系不完整，具体人格权需要与一般人格权相呼应，这才是完整的人格权发展体系。

具体人格权之外应当有一个总括的一般人格权的规定，而且要规定侵权的责任。于是，2001 年 2 月 26 日由最高人民法院审判委员会第 1161 次会议通过的《最高人民法院关于确定民事侵权精神损害赔偿责任若干问题的解释》第 1 条规定：“自然人因下列人格权利遭受非法侵害，向人民法院起诉请求赔偿精神损害的，人民法院应当依法予以受理：（一）生命权、健康权、身体权；（二）姓名权、肖像权、名誉权、荣誉权；（三）人格尊严权、人身自由权。违反社会公共利益、社会公德侵害他人隐私或者其他人格利益，受害人以侵权为由向人民法院起诉请求赔偿精神损害的，人民法院应当依法予以受理。”由此看出，该第 1 条规定的人格尊严、人身自由便是一般人格权的规定，至此，我国法律有了一般人格权的条文规定。人格尊严在理论上被称为一般人格权，是人格权利一般价值的集中体现，因此，它具有补充法律规定的具体人格权利立法不足的重要作用。在处理具体案件时，完全可以将人格尊严作为一般人格权用以补充具体人格权的不足。这也就是说，当出现漏洞时，我们可以拿一般人格权弥补具体人格权规定的不足。因此，最高人民法院的司法解释实际上是宪法关于“中华人民共和国公民的人身自由不受侵犯”以及“中华人民共和国公民的人格尊严不受侵犯”的规定解释为一般人格权，通过司法解释弥补民法关于一般人格权规定的不足，使人格权得到全面有效保护并趋于完善。

一、一般人格权的特征

一般人格权具有区别于具体人格权的其自身的特征，主要表现在：

1. 高度概括和抽象性

已为法律所确定的具体人格权不具有概括性和抽象性。一般人格权是具体人格权的渊源，一般人格权和具体人格权是抽象和具体的关系。一般人格权是具体人格权的上位概念。一般人格权将各具体人格权高度浓缩、高度概括，又高度凌驾于具体人格权之上，成为法官办案的具体人格权的漏洞补充条款。

2. 兜底性

一般人格权是一个兜底性的条款，也就是出现人格权案件，首先法官要依照具体人格权的规定来判案，只有当发现具体人格权没有加以对现实出现的案例明确规定时，才引用一般人格权，因此，一般人格权具有兜底性、补充性。

3. 基础性

一般人格权是具体人格权的基础，一般人格权决定具体人格权，也是学者研究人格权制度的出发点和依据。但具体人格权又是一般人格权浓缩概括的基础。没有具体人格权，也很难抽象概括出一般人格权，两者相辅相成。也就是说，一般人格权和具体人格权的关系是抽象和具体的关系；是本源和派生的关系；是既定和补充的关系；是一般和特殊的关系。

二、创设一般人格权的意义

是否需要创设一般人格权，我国民法通则只具体列举了具体人格权。《民法通则》第 98 条规定，公民享有生命健康权。该法第 99 条规定，公民享有姓名权，有权决定、使用和依照规定改变自己的姓名，禁止他人干涉、盗用、假冒。法人、个体工商户、个人合伙享有名称权。企业法人、个体工商户、个人合伙有权使用、依法转让自己的名称；第 100 条规定了肖像权；第 101 条规定了名誉权（公民、法人），公民的人格尊严受法律保护，禁止用侮辱、诽谤等方式损害公民、法人名誉；第 102 条规定，公民、法人享有荣誉权，禁止非法剥夺公民、法人的荣誉称号。人格权本身具有绝对性、支配性决定了人身权是法定的权利，不能由当事人创设。我国最高人民法院的司法解释对一般人格权加以列举：人身自由、人格尊严。有学者认为人格尊严和人身自由的列举性规定使得我国一般人格权的特性消失了，成为列举性的了，一般人格权也具体化了。

也有学者认为，我国应当创设一般人格权，这种列举性的规定也仍然是一种抽象和概括，这是因为何谓人格尊严、何谓人身自由？本身都是抽象的。笔者赞同这种观点。笔者认为，人格尊严，人身自由本身就很抽象，本身就很概括，因此，一般人格权界定为人格尊严、人身自由未尝不可，它不失为一种较为抽象概括的一般人格权。符合一般人格权的属性特征。

一般人格权的设定有什么意义？主要体现在如下几个方面：

1. 一般人格权是兜底性条款

因为人格权是开放的体系，发展的体系。具体人格权的发展有一个从不成熟到成熟的过程。当一个具体利益还没有上升为具体人格权时，我们可以通过认定一般人格权的方式。随着实践的发展，这种具体利益可以上升为具体权利。因此，一般人格权具有兜底性，本身就是一个兜底性的条款。例如，最初没有隐私权，将隐私利益放在名誉权下保护。随着实践的不断发展，学者认为隐私权的独立性已经成熟，最后在侵权责任法中将隐私权单独作为一个权利加以独立的规定。因为最高人民法院不可创设权利，只可以扩张内容，没有法律规定时，就可以用一般人格权条款。

2. 作为法官解释具体人格权的法律依据和价值评判标准

精神损害赔偿必须有人格利益受损害的事实。把墓碑砸了，有没有人格利益受损的事实？法官可以分析把墓碑砸碎了是否有人格利益受损，如果有，那么侵犯公民哪一个权利？具体人格权找不到依据，则只能从一般人格权中找依据，一般人格权中有人格尊严条款，因此，我们可以据此认定侵权人侵害了受害者的一般人格权。具体人格权来源于一般人格权，具体人格权是从一般人格权中抽象、概括总结出来的，法官完全可以运用一般人格权来判案。

3. 解决人格权与其他权利的冲突问题

人格权应当优先于财产权。例如，我家的花园不许别人进去，剧场不允许岁数大的人进去，很丑的女孩进入酒吧被拒绝，小孩子在商场打闹被撵出去，这些行为是否侵犯公民的人格权？如果侵犯，侵犯了什么权利？

一般说来，财产所有人有权选择交易的对象，我有财产权，可以拒绝你，但是和人格权相冲突时，有时需要人格权优先，也就是说，财产所有权人选择交易对象时，如果被拒绝的人因被拒绝而遭受人格利益的损害，则可以要求赔偿，那么如何判定人格利益受到损害，要个案分析，具体案件具体分析，不能一刀切。一般说来针对一类人的情形，不应认定为侵权，针对一个人可能就是侵权了。要看是特定人还是不特定人。

花园不许别人进去，是否侵权？没侵权，针对的是一群人，甚至所有人。女子俱乐部拒绝男士进入是否侵犯人格权？没侵权，因为女子俱乐部本来就不允许男子进入，针对的是所有的男子不许进入。针对一类人的不应当认定侵权，针对一个人的就应当认定侵权了。例如，某人因为丑而被拒绝进入酒吧，是否侵权？可否要求精神损害赔偿？是侵权，可以要求精神损害赔偿，因为针对一个人，这就是侵犯了受害人的人格尊严。小孩子在商场打闹被撵出去，是否侵权？针对的是特定的人，打闹不能构成被撵出去的理由，如果此时保安以小孩打闹为理由将其撵出商场，则涉嫌侵权。小孩打闹，保安或者报警或者制止说服他们停止打闹，但保安无权力限制他人的人身自由，尽管商场所有人享有商场的财产权。

4. 一般人格权的设定强调的人文精神体现对自然人的保护，因此一般人格权不适用法人

法人是否享有一般人格权有两种观点：赞成说认为，法人和自然人一样应当享有一般人格权。反对说认为，一般人格权只对自然人，法人不应有一般人格权。原因：第一，法人权利能力是依照法律直接规定而产生的，都是具体的，没有法律的规定就没有具体的人格权，没必要在具体人格权外设立一般人格权。第二，人格尊严、人身自由与自然人相关，是法定的，没必要扩张。一般人格权是为了适应新型人格权，并且进行精神损害赔偿而针对自然人设定的。如果承认法人有一般人格权，就承认法人精神损害赔偿问题

了。保护法人主要是保护法人的权益，权益主要是财产利益。即便将来出现法人其他人格权，也可以通过法律再规定，或者通过侵权法、反不正当竞争法、知识产权法等法律加以规定，没必要用一般人格权解决。

笔者认为，法人不应具有一般人格权，一般人格权是专为自然人设立的，法人可能确实会出现新的权利的利益需要受到保护，但是按照一般侵权处理就可以了，一般人格权限定在公民范围内为宜，一般人格权是强化对自然人的保护而设定的。

三、一般人格权的功能和适用

一般人格权的功能如下：

1. 解释功能

2001 年 2 月 26 日由最高人民法院审判委员会第 1161 次会议通过的《最高人民法院关于确定民事侵权精神损害赔偿责任若干问题的解释》第 1 条第 2 款规定，违反社会公共利益、社会公德侵害他人隐私或者其他人格利益，受害人以侵权为由向人民法院起诉请求赔偿精神损害赔偿的，人民法院应依法予以受理。可见这些都是一般性的、抽象的、概括性的规定。

一般人格权宣示了公民的人格尊严、人身自由的保护，据此，一般人格权法官可以解释新的人格利益。一般人格权涵摄其他法益，这些法益成熟并上升为权利的可以具体列出。一般人格权制度作为开放的人格权体系，不断扩大人格权保护的范围。目前，除了民法通则确定的具体人格权以及学理上普遍承认的具体人格权外，还有一些讨论热烈的新型人格权，如果将来取得独立的地位，可以作为具体人格权列举出来规定在民法中，否则只能以一般人格权的形式予以保护。也就是说，以下几种权利在探讨争议之中，能否具体化取决于未来研究，否则用一般人格权加以保护。

第一，环境权。自然人享有居住地居住环境健康和清洁、无污染的权利。此为新兴的正在发展的权利，为争议很大的权利，不同学者有不同的观点。大致有以下几种观点：人权说、财产权说、人类权说、人格权说、环境财产权说。还有学者认为环境权是环境法确认和保护的社会权，并非民法保护的私权利，认为环境权具有公法性，有的学者认为环境权属于国家安宁权，不管怎么争论，都留给未来的经济发展和法学进步来决定，等待成熟之时，必将还原其本来性质和应有性质。

第二，劳动权。劳动权是劳动者以获取劳动报酬为目的依法享有的平等就业和选择职业的权利。狭义的劳动权仅指就业权。我国劳动法规定劳动权是公民的一项基本的人权。有学者认为，劳动权是宪法权利，不是独立的民事权利。笔者认为，从侵权法的角度来说，劳动权可以体现健康权的侵害，也可以体现一般人格权的侵害。例如，就业歧视案例。因此，笔者认为有必要承认其私权性。首先可以通过一般人格权来保护，时机成熟了则可以用具体人格权保护。

第三，知情权。对知情权能否独立成为具体人格权，法学界也有争论。有学者认为，这是公法上的权利，尽管私法关系存在知情权问题，但这种权利可以通过披露或者说明义务的规定来实现。因此，民法中没必要设定知情权，更没必要设定人格权。因此，知情权的发展如何，能否成为一项具体人格权取决于经济、法学理论和实践的发展。

第四，休息权。笔者认为，休息权不应认定人格权，因为劳动法规定了休息权，直接适用劳动法就可以解决。例如，航班延误，影响大家的休息，是违约问题，可以用合同制度解决。又如，过劳死，可以认定侵害生命权，所以休息权不应认定独立的人格权或一般人格权。

第五，归属权。归属权就是确认权利人个体归属于某一特定共同体的权利。笔者认为，这种归属权虽然含有精神利益，可以有助于人格的健全和丰富，但不适合成为具体人格权，也不适合作为一般人格权。一般说来，国籍、民族、认祖归宗，这些问题都可以通过社会习惯、国籍法、婚姻家庭法来解决。必要时，如果归属感的精神性人格利益遭受侵害，可以纳入其他人格法益中加以保护。因此，笔者不赞同将归属权规定为一般人格权或者具体人格权。

第六，形象权。关于形象权很有争议。有些学者将公开权翻译为形象权或形象宣传权。学理上有新兴人格权说、新型知识产权说、无形财产权说。也有人认为形象权就是对肖像的保护。不管形象权如何界定，对其研究都具有意义，但法律不能规定其为独立人格权。笔者认为用肖像权可以解决，没必要创设形象权。

第七，精神纯正权。精神纯正权就是指善良操行和作风的养成权，有人认为民法没有规定精神纯正权，但从我国重视开展精神文明建设活动的经验看，应认定其为重要的人格权。因此，精神纯正权的研究有待进一步深入。

第八，声音权。声音权主要是指复制、传播、模仿声音，尤其模仿名人的声音。笔者认为，可以通过侵权法、知识产权法加以保护，没必要独立为一项具体人格权。

第九，日照权说。主要是指对房屋的通风采光的权利。有人说日照权是环境权的组成部分，有人说是土地和建筑物所包含的权利。笔者认为，日照权是基于相邻不动产而发生的，涉及相邻关系，可用相邻关系解决，不必设立独立的日照权，更没必要设定独立的人格权。

总之，一些新的人格利益产生后，要经过很长时间的检验才能确定为具体人格权，在确认其是否构成人格利益时，需要综合考虑各种因素，如这些利益是否体现人格平等、人格尊严、人身自由等基本价值，而且要经过历史、社会经济的发展、法学理论和实践的发展来检验和认定。

2. 创设功能

一般人格权为创设新的人格权提供条件或温床。一般说来，具体人格权的发展大致要经过先用一般人格权保护，待条件成熟后，再用具体人格权保护的过程。我们不能在某个侵权行为发生后就创设新的权利类型。悼念权就是如此，尽管现实中有人提出悼念权的诉讼请求，但悼念权并没有上升为具体人格权，需要等待时机成熟，法官不能任意创设具体人格权，因为人格权法定。先有一般人格权，成熟后就可以设定具体人格权。

3. 补充功能

一般人格权保护具体人格权之外的人格利益，弥补具体人格权规定的不足，一般人格权的适用要严加限制。

（1）一般人格权只有在具体人格权不能够使用时才有适用的余地。一个案例出来，法官只能先看加害人侵犯了受害人的什么具体人格权，当没有相应的具体人格权对应，而又侵害了人格利益时，法官就可以据此认定侵犯了一般人格权。

（2）法官必须个案判断是否人格利益受损。因为案件稍有变化，定性就可能不同，所以一定要具体问题具体分析，重要的是分析此种人格利益是否受到一般人格权的保护，如果人格利益没有受到损害，只是财产利益的损害，则不能认定侵害人格权或者侵害一般人格权。一般说来，法官可以依据社会一般人的看法、生活习惯、传统伦理道德等综合判定。

（3）限制人格权所保护的法益的内容，防止法官自由裁量。人格权所保护的法律利益要严加限制，一般不能扩大到财产范畴。否则将造成诉讼泛滥。

（4）应结合社会的一般观念和受害人个人的感受来确定精神损害的程度。一般人格权受到侵害，法律是可以支持精神损害赔偿的，这在最高人民法院的司法解释中有明文规定。但是，精神损害赔偿没有统一的数额规定，只是一些原则性的规定，法官需要结合社会的一般观念以及将自己置身于受害人的境地感受案件，才能准确确定精神损害赔偿的数额。

第二节　警察执法与公民的人格尊严

人格尊严是一般人格权的核心内容，一般人格权统领、决定具体人格权。何谓人格尊严，本身就是一个很抽象和概括的权利。

在现实中不自觉地侵犯他人人格尊严的案例并不少见。例如，教师对自己的学生因为不交作业而进行体罚；面对商场有人偷东西商场让他挂个写有“我再也不偷了”的牌子进行示众；面对升学的压力班主任让班级学习不好的人去开弱智证明以提高升学率；拒绝长得丑的人进入酒吧消费；面对加害人不小心将狗轧死，狗的主人让加害人给狗磕头等行为，都是严重地侵害人格尊严的行为，也就是侵害一般人格权的侵权行为。但是，很可惜，一般人格权在2001年才由最高人民法院通过司法解释确认，很少有人真正了解什么是人格尊严，甚至案中的老师并不知晓这样做侵害了学生的人格尊严也就是侵害了一般人格权；案中的酒吧也不知道这样做侵犯了对方的人格尊严；狗的主人也不知晓让对方给狗磕头侵犯了对方的人格尊严。由此看出，人格尊严作为一般人格权大有普及的必要。

在法律上，具体人格权之外有一个一般人格权，而一般人格权的核心内容就是人格尊严。在我国，立法早就确认了人格尊严，在《宪法》中明文规定人格尊严不受侵犯，受到严格的保护。在《民法通则》中，也规定了对人格尊严的保护，但是却规定在名誉权的条文之中，使其一般人格权的基本权利地位受到削弱。《消费者权益保护法》中，也规定了保护人格尊严的条款。该法第14条规定：“消费者在购买、使用商品和接受服务时，享有其人格尊严、民族风俗习惯得到尊重的权利。”第43条规定：“经营者违反本法第二十五条规定，侵害消费者的人格尊严或者侵犯消费者人身自由的，应当停止侵害、恢复名誉、消除影响、赔礼道歉，并赔偿损失。”至此，关于人格尊严即一般人格权的保护问题，在法律上得到了确认和保护。

一般人格权的内容极其广泛，具有极为重要的作用，但是其中核心内容的人格尊严如何定义，包含哪些内容，至少目前看还很抽象，很难具体说清楚。在法律上，具体的人格权是多种多样的，如姓名权、隐私权、名誉权、肖像权、信用权、人身自由权，等等。在这些具体人格权之上，有一个抽象的人格权，就是一般人格权。人格独立、人格自由、人格尊严构成一般人格权的全部内容。

对于人格尊严，我们无法明确界定其内涵，它同样是高度抽象的一般人格权。无论它的内涵多么抽象，我们仍然会感觉人格尊严的实质所在。在社会生活中经常存在的惊吓、恐吓、电话骚扰、语言骚扰等行为，究竟侵害的是哪种具体人格权，我们很难确定，但是我们可以肯定确实侵犯了人格利益，因此，可以认定侵害一般人格权中的人格尊严。这就发挥了一般人格权的补充功能，对凡是有损于人格尊严的违法行为，当我们无法和具体人格权一一对应的时候，我们可以认定侵犯了一般人格权中的人格尊严。

一般说来，人格尊严是一种人的观念，是公民对自身价值的认识。这种认识来源于自己的社会地位和自身价值，它具有极强的主观因素，是一种观念性的东西。另外，我们也要清楚，人格尊严具有客观的因素。这种客观的因素是他人、社会对特定主体作为一个人的尊严的评价。这种客观因素主要是一种对人的价值的评价。是起码的作为一个人的评价，是最基本和基础的评价，它不同于名誉权。名誉权是社会或他人对一个人的品性、才能、才干等的评价，是高层次的对人的公正的评价。而人格尊严是对人最起码的做人资格的评价，是对人最起码的尊重，是将一个人真正当作一个人所应具有的最起码的尊重。因此，尽管社会、他人对一个人评价不同，每个人得到的名誉权不同，但是每一个人作为人受到的起码尊重却是完全一致的。

由此看出，人格尊严是人的主观认识和客观评价的结合。它包括两个方面：一是自我价值意识，二是他人对你作为一个人的最起码的尊重。两种因素结合在一起构成了人格尊严的全部整体内容。由于作为人格尊严的一般人格权是在2001年规定的，因此，人格权的发展历程并不长。由于人格权本身的特点决定人格权的内涵很抽象，包括法官在内对有些案件也很难判决。不管怎样，我们坚持的是，只要一个人的人格利益遭受侵害，又不是具体人格权时，我们就可以认定侵害了一般人格权。所以，司法实践也很好判定。警察在执法中也会不自觉侵犯公民的人格尊严，如在当事人面前侮辱违法犯罪嫌疑人，对违法犯罪嫌疑人进行一些侮辱性的言语和行为，如果有第三人在场，则警察涉嫌侵犯违法犯罪嫌疑人的名誉权，如果仅仅是两方当事人在场，没有第三方当事人，则警察涉嫌侵犯违法犯罪嫌疑人的人格尊严。因此，警察在刑侦、审问等各个阶段，都要保护好公民的人格尊严，否则警察要承担人格尊严侵权责任，也可以说要承担一般人格权的侵权责任。

第三节　警察执法侵犯公民人格尊严案例及其分析

警察执法稍不注意，就可能侵犯公民的人格尊严权。警察在执行公务时，对公民权利意识淡漠，对自己公权力无限膨胀使得警察无视公民的尊严。尤其当警察面对涉案人员时，可能更容易忽视他们的人格尊严，置涉案人员的人格尊严于不顾。事实上，不管是违法犯罪嫌疑人还是罪犯，他们都有法律赋予的除了被指控违法之外的人格权和财产权，任何人不得侵犯，包括警察在内。因此，即便是违法犯罪嫌疑人、犯罪分子，他们也仅仅在他们被指控的违法范围内承担应该承担的法律责任，除此之外，他们仍然具有民法赋予的人格权和财产权，任何人不得侵犯，否则要承担侵权责任。

一、东莞警方扫黄案

（一）案情

2010年6月，离亚运会举办时间越来越近，作为主办城市的广州，其警方工作压力也随之增大。为了给亚运会创造一个良好的环境，充分展示良好形象，广东东莞警方展开了一系列的活动，而其中扫黄是重要的一项。据报道，在2010年7月3日晚，东莞市某派出所在扫黄专项活动中抓获了几名涉嫌卖淫嫖娼人员。其后，媒体网站上惊现这次扫黄活动照片。照片中，涉嫌卖淫的女子戴着手铐，下面赤脚，背后有绳子做牵引，在众目睽睽之下指认着什么。如何分析该案例？

（二）分析

在此案中，东莞市某派出所的本意是好的，且进行扫黄打非行为本来就是他们的职责所在，在这一点上他们的行为无可厚非。但本案的关键在于派出所在执法过程中没有照顾到涉嫌卖淫人员的权利，构成了对其权利的侵害。

笔者认为，首先，在该案中，派出所的行为严重侵犯了涉嫌卖淫人员的人格尊严。人格尊严，是指一个人受到他人和社会的尊重的权利。而对人格尊严是否受到侵犯的判断标准也主要由当事人的主观感受决定。整个社会都是有其道德标准的，显然，卖淫行为为社会所不齿。那么，将卖淫女戴上手铐，用绳子牵着在众目睽睽之下行走的行为必然会让涉嫌卖淫人员感到羞耻，使她们受到人们的鄙视，从而导致其人格尊严受到侵犯。人格尊严在我国属于一般人格权，即便是涉嫌卖淫人员，也享有法律规定的人格尊严受保护的权利。涉案人员的行为本应受到惩罚，但除此之外，他的人格权是应当受到保护的，任何人包括警察在内都不得侵犯这些人的人格权，绝不能认为涉案人员涉嫌犯罪而认为其人格权因此丧失，相反，他们的人格权同样要得到保护。

其次，派出所将其照片曝光的行为侵犯了涉嫌卖淫人员的名誉权、隐私权。名誉权是民事主体维护自己名誉的一种人身权，对其进行侵害的主要形式有侮辱、诽谤、散布他人隐私等。在该案中，派出所并没有对涉嫌卖淫女进行诽谤，他们所公布的是客观事实。但用绳子牵引着在街上行动的行为已经构成了对涉嫌卖淫人员的侮辱，且对其照片进行公布的行为也侵犯了她们的隐私，使她们涉嫌卖淫的事情在大范围内传播，从而对她们今后的生活带来不利的影响。该案的出现反映了我国公安队伍中许多执法人员法律意识不强，执法的时候不能严格地依法办事，而是从朴素的道德观念出发处理事情，显然这与我国的法制建设是相悖的。令人感到欣慰的是，相当一部分网友并没有简单的从个人感情和道德观念出发，而是从法的精神进行分析，提出涉嫌卖淫人员的权利也需要得到保护。这值得广大执法人员学习，坚持从法律的角度处理工作。

二、虚拟案例

（一）案情

某年6月24日晚，某省某市某派出所的民警执法时，在某招待所内抓获一对卖淫嫖娼人员。派出所民警依法将他们连同容留其进行卖淫行为的休闲屋老板陈某带回派出所进行调查处理。然而，没过多久，某招待所附近的居民就惊奇的发现这里的大街小巷中突然多出来许多公告，在这些公告中，警方对已抓获的多名涉黄人员进行了实名制曝光。

（二）分析

虽然卖淫嫖娼行为严重违反了社会道德，违反了国家的法律规定，作为公安机关，严厉打击卖淫嫖娼行为是他们的职责。本案中公安机关就抓捕卖淫嫖娼本身的举动得到该地居民的一片叫好。但是，令人不能接受的是，作为本案的执法机关，在执法时涉嫌侵犯公民的权利。笔者认为，派出所在执行公务时要有强烈的法律意识，严格依法行事，保护公民包括卖淫嫖娼人员的合法权益，不得在执法中有任何侵犯公民权利的情况。

本案中，笔者认为派出所的行为涉嫌侵犯卖淫嫖娼人员以下权利：

一是人格尊严。随着扫黄行动在全国迅速展开，公安机关的行为值得我们赞扬，这为整顿社会风气，打击非法行为起到了很好的效果。但其中的不规范行为，尤其是对违法人员权利保护意识不强，侵犯涉案人员的民事权利值得公安民警深思，更应该引起公安部门的高度重视。在本案中，公安机关对涉黄名单进行公布，让这些人受到公众的指责，本意是好的，但这种行为已经严重损害了相关人员的人格尊严，给他们的生活造成极其不良的影响。虽然涉案人员的行为违反法律规定，但我们不能因为卖淫嫖娼的行为违法，就对其进行实名制曝光，实名制曝光使得整个居住小区无所不知，导致涉案人员的人格尊严受到损害。虽然涉案人员进行了卖淫嫖娼行为，但是，这种行为会受到相应的法律制裁。例如，行政拘留、刑罚等处罚，而不应该受到公安部门的实名制曝光这种人身权的侵害行为，这种实名制曝光使得涉案人员的人身权受到严重侵害。

二是隐私权。我国民法规定公民享有隐私权，公民有权利保障自己生活的安宁、保障自己的个人信息和个人秘密不被他人知悉。对于这种本来就为社会所唾弃的卖淫嫖娼行为，公安机关更应该预料到将涉案人员信息公之于众后给当事人带来的额外的负面影响。虽然涉案人员进行卖淫嫖娼，但是违法者并非不享有民法规定的人格权，违法犯罪者除了受到自己应该受到的法律制裁外，不应当有任何权利受侵害的情况发生。派出所将其信息实名公布的行为已经造成公民个人信息的泄露，构成对涉案人员隐私权的侵权行为。因此，该案件值得引起执法机关的重视，公安部门要切实加强对警察的法律教育，尤其民法教育，加强对各种涉案人员人身权的保护意识。警察不应当仅学公法，私法的学习同样重要，对民法的无知，必然导致警察侵权。尤其应当重视的是，违法犯罪者的各项人身权同样需要得到保护，不因为其有犯罪行为而任意侵犯他的其他人身权。

三、虚拟案例

（一）案情

某年5月17日，无业人员曹某为了获取公安机关提供的“线费”，给做协勤的被告人张某打电话说某住宅楼有卖淫的案件。张某迅速报告了民警王某，王某又打电话告诉了同样是在公安局工作的刘某、魏某，再由他们带上了另一名协勤赵某前往被指认为卖淫地点的常某家，几次敲门无人打开。在无任何违法证据、没有任何法律手续的情况下，王某等人先后通过爬梯子钻窗户进入常某家，在未查到有卖淫嫖娼人员后，6人离去。而受害人常某因惊吓而患有了急性应激性障碍。当地法院判处了王某等6人非法搜查罪，某市公安机关经协商赔偿受害人常某18万元。

（二）分析

这是一起典型的警察非法搜查案件，造成的结果也比较严重。看似犯下罪行的警察是违反了刑法的有关规定，受到了国家法律的制裁，公安机关赔偿了损失，实际上这一犯罪行为背后深层次的原因却是警察民法素质的低下、权力大于权利的思想在作祟。公民的基本权利之一便有住宅安宁的权利，西方有句法谚：“我有座破房子，风能进、雨能进，就是国王不能进”。讲得很形象，公权力的存在是为了对私权利进行保护，倘若一个人在自己的房屋中都得不到片刻安宁，公权力的危害便远远大于它保护的价值，不得不去怀疑这一公权力存在的价值。我国也把公民的这些权利置于宪法之中，《宪法》第37条规定，禁止非法搜查公民的身体；第39条规定，中华人民共和国公民的住宅不受侵犯。刑法中专门设立有“非法搜查罪”，可见我国对公民住宅的保护力度。

民法中的物权法、侵权责任法都对公民的房屋住宅的保护有明确的规定，笔者想特别的提出，本案中，即使没有造成被害人患神经疾病这样严重的后果，几名违法犯罪人员的这一非法搜查行为一样是危害性很严重的行为，一样要承担严重的法律后果，对公民人身住址的侵犯，必将违反了我国宪法对公民基本权利的规定，同时，在刑法上，非法搜查罪不以产生严重后果作为成立要件，即使没有导致受害人的神经疾病，这几名警察和搜查人员一样是犯罪的行为。

在民法上，也许会有人认为没有造成神经疾病等后果，搜查人员关门走人就没有损害结果，没什么好赔偿的。实则不然，没有合法依据未经允许爬窗而入，侵犯了受害人的休息权利和住宅安宁的权利，危害了受害人的人身自由和人格尊严，同时还侵犯了受害人在自己住宅里的隐私权，一样成立侵权行为，要有损害的赔偿。

实践中，有些警察采取的非法搜查行为害人害己，也危害到了国家和社会的利益，这不仅仅是刑事法律问题，更重要的是民法上的素养和知识的缺失。针对这些让人痛心的非法搜查现象，我们能够清楚地感觉到警察树立保护人民基本权利思想的重要性。加强民法素质的学习，提高警察的民法素质，对公安工作整体水平的提高，起着间接、背后、深层次的重要作用。

四、虚拟案例

（一）案情

某年12月29日，某市一名男子李希，乘火车前往某地，刚下车便被几名警察强行拦住要求其出示身份证和火车票，其中一名警察更是夺去李希已经关闭的手机，开机做了严密的检查，翻看其中短信和各种资料后发现了一段日本AV片。随后对李希作出了拘留5天并罚款200元的处罚决定，但警方没有开出收据。

（二）分析

这一案件与前文介绍分析的“夫妻黄碟”案有很多共同的特点，其中一个相同点就是行政相对人都是自己在私密地点观看欣赏含有色情内容的录像，私人观看，私人藏黄，但是并没有对外传播，更没有牟利的行为，因此，是否具有应当受罚的社会危害性值得商榷。更何况，就本案而言，警察“扫黄”的执法是否可以随意侵犯公民的合法财产权利？是否可以堂而皇之的夺取公民的手机翻看涉及公民个人隐私的有关短信、私人资料等内容？是否可以在没有任何证据和合法授权的情况下随意搜查公民的财物，并将获得的含有极其私密的隐私的证据作为处罚的依据？我们国家这些年来加强社会主义文化建设，“扫黄”的辉煌成就是其中重要的一部分，在肯定“扫黄”重要作用的同时，也不应该忽视有些警察个人法律素质低下，特别是民法这一块知识的匮乏，导致在很多权益发生交叉的时候，很难把握正确的方向，理所应当的认为“我穿着警服代表国家，只要是执法都是天经地义的，不必讲求方式和保护公民的财产、隐私等权利”，才会发生这样明显违法荒唐的执法。“扫黄”肯定是没有错的，但扫的每一个公民都没有了个人私人的领域，绝对不是警察执法最终要达到的目的。所以，加强警察对民法的学习迫在眉睫，只有这样才能从根上消除隐患，明确公权力应当到达的范围，明确警察执法的范围，莫让侵犯公民私权利的案件再次发生。

第四节　警察执法与公民的人身自由、人身自由权

一般人格权的人身自由，是民法上的抽象自由，是一般人格权的内容，因此具有抽象性和高度概括性，它不是公法上的自由，也不是私法上的具体自由权。它不是我们常常所说的公民的行为自由和意志自由，也不是我们所说的财产自由、签订合同自由。一般人格权中的人身自由是一个抽象的概念，抽象的权利。而具体人格权中的人身自由是具体的概念，具体的权利。

一、人身自由

一般人格权意义上的人身自由与具体的人身自由权不同。

一般人格权意义上的人身自由，主要指进行活动的自由地位和自由权利，它既是指公民享有人格的自由地位，也是指公民人格的自由的权利。因此，一般人格权意义上的人身自由是一个比较抽象的、概括的概念，泛指公民参加社会活动所应当享有的自由。因为任何权利主体自由参加社会活动、享有权利、行使权利都必须具备一定的前提和基础，这个基本前提和基础便是人身自由，是抽象意义上的，不是具体的自由。任何公民只有具备这种自由才能具备参加活动、享有权利、行使权力的前提基础和基本条件。如果权利主体丧失人身自由，就失去了行使任何权利的前提，丧失了从事任何社会活动的基础。

这种一般人格权意义上的人身自由在罗马法时代就存在。一个自由人当行为受到阻碍或受到他人约束的时候，虽然他的身体自由权一定程度上受到了限制，但是一般人格权意义上的人格自由、人身自由仍然存在，仍然享有人身自由，不丧失人身自由资格，他仍然可以依照其人身自由的一般人格权去寻求司法保护，通过司法救济使得其具体自由权的损害得到救济。因此，我们不难理解一般人格权意义上的人身自由确实是一个非常抽象、概括的权利，它是具体自由权行使的前提和基础。没有这种一般人格权意义上的人身自由的资格，则其他具体权利的行使将成为空话。

如果公民丧失了人身自由，那么就不能称其为公民，没有人格尊严和人格自由作为基础，就丧失了做人的基础，那么公民可能就只能沦为他人的财产，成为物而不是人。因此，我们就可以看到作为一般人格权意义上的人身自由和具体人身自由权的区别了。人身自由是公民享有一切具体人身自由权的前提基础和根源。作为一般人格权意义上的人身自由包括保持人身的自由以及发展人身的自由。

二、人身自由权

人身自由权不是一般人格权意义上的人身自由，人身自由与人身自由权是两个不同含义的概念。人身自由是人身自由权的基础和前提，人身自由权是人身自由的具体化。因此，我们认为人身自由权是具体的人格权。人身自由是一般人格权。尽管我国民法通则没有对人身自由权作出明确的规定，这是立法的漏洞。《侵权责任法》第2条规定："侵害民事权益，应当依照本法承担侵权责任。本法所称民事权益，包括生命权、健康权、姓名权、名誉权、荣誉权、肖像权、隐私权、婚姻自主权、监护权、所有权、用益物权、担保物权、著作权、专利权、商标专用权、发现权、股权、继承权等人身、财产权益。"虽然侵权责任法也没有明文规定具体的人身自由权，但是笔者认为在未来人身权法的法律中应当规定人身自由权为具体人格权的一种。所以，笔者建议未来立法明文规定人身自由权，这也是民法的基本任务之一。我国《宪法》第37条规定了公民的人身自由不受侵犯，因此在我国有人身自由的宪法规定。《最高人民法院关于确定民事侵权精神损害赔偿责任若干问题的解释》第1条规定："自然人因下列人格权利遭受非法侵害，向人民法院起诉请求赔偿精神损害的，人民法院应当依法予以受理：（一）生命权、健康权、身体权；（二）姓名权、肖像权、名誉权、荣誉权；（三）人格尊严权、人身自由权。"由此看出，司法解释对人身自由权作了规定。笔者认为，这条司法解释的规定既是一般人格权也是具体人格权，赋予了两种含义。在这里，笔者所说的是具体人格权中的人身自由权。其特点为：

1. 主体的特定性

只有公民享有人身自由权，法人不可以享有。

2. 内容的确定性

虽然人身自由的内容广泛，但是具体到具体人格权，人身自由权的内容就应当具体化了，主要包括人身自由不受非法的逮捕和拘禁，人身自由不受非法的限制，公民身体也不受非法的搜查。

3. 固有性

人身自由与人格密切相关，是基于法律规定与生俱来的权利。

4. 支配性

和其他人格权一样，人身自由权具有支配性，排除他人的干涉，只要公民在法律规定的范围内行使人身自由权，就是合法地行使权利。

5. 人身自由限制的法定性

虽然公民享有人身自由权，但是当公民触犯法律，执行国家公权力的警察可以依照法律对该公民进行人身自由的限制，任何其他自然人都没有此项权力，而且公安部门对该公民的限制一定要依照法律规定的条件和程序进行。

三、公安执法与公民人身自由、人身自由权

人身自由是一般人格权内容，人身自由权是具体的人格权，前者是抽象权利，后者是具体权利。公安部门在执行公权力时经常遇到限制人身自由的情况，如何依照法律规定不侵犯公民的人身自由权成了公安民警需要高度重视的问题。

依照国家相关法律，对公民人身自由权进行限制是有条件和程序的。例如，公安部门对犯罪嫌疑人进行抓捕、拘禁等都要符合法定条件和程序，不能依据个人意愿随意限制他人的人身自由。尤其遇到超越公权力的情形，公安部门可能就会非法拘禁他人，限制他人人身自由，结果国家要承担相应的损失，公安民警个人也要承担民事责任。尤其民事领域范畴，如果公安部门涉足不该涉足的民事领域，那么警察超越公权力行使职权必将违法。著名的夫妻黄碟案，警察本不该去其家搜查，因为只有夫妻二人在家看黄碟，而警察却将涉案的夫妻二人带走，非法限制了人身自由。所以警察在执行公务时，切记要符合法律规定地对公民进行人身自由的限制，同时要清楚民法和公法的界限，不划分民法和公法的界限，必将不清楚哪些属于执行公务，哪些属于公民私法领域范畴公权力不该介入，只有搞清楚这些问题才能真正避免非法拘禁、非法限制他人人身自由的情况发生。

第五节　警察执法侵犯人身自由权的案例及其分析

一、虚拟案例

(一) 案情

某年3月22日晚，某省某县的一家小餐馆中，店主陈娜夫妇正在忙活着自己的生意，这时来了3位就餐者，两男一女。在餐馆的包间吃过饭后，就餐者中一男子要老板找人陪其跳舞。老板就叫来了餐馆的两名女服务员，但因跳舞时该男子不老实，乱动手动脚，只跳了两分钟便借口推辞了。结账时，3人称没有带钱改天再付，陈娜夫妇不同意，最终收了3人200元的餐费。后来得知，这3个人中有两人为该县某派出所治安员。横祸随之而来，以后的几天中，两名服务员被某派出所带走询问，陈娜夫妇也以“涉嫌容留妇女卖淫”为由被带回派出所羁押。最终，两名服务员忍受不了派出所民警的殴打承认卖淫，陈娜夫妇被无辜羁押13天，在其家人为他们交了2.25万元的罚款后才被释放回家。而当陈娜夫妇找到派出所讨说法时，竟被派出所民警告知事情已经这样了，冤枉就冤枉了，不要再说了。

(二) 分析

该案是一起典型的公安机关利用手中的公权力侵犯公民私权利的案件。某县某派出所民警在该案中所侵犯的民事权利主要有以下两种：

一是人身自由权。如前文所述，公民的人身自由依法受到法律的保护，不受非法限制。关于限制人身自由的情景和条件，亦只能由全国人大及其常委会制定的法律才能加以规定。这说明了国家对保护人身自由的高度重视，亦折射出人身自由对公民之重要性。但在本案中，某县某派出所仅因陈娜夫妇收取其200元的饭费，就利用手中的公权力进行报复，捏造罪名对陈娜夫妇进行羁押，长达13天。如此公然地对公民的人身自由进行侵犯，反映了执法机关在执法过程中的不规范和滥用权力，对公民权利的侵犯应当引起人们的警惕。

二是侵犯了陈娜夫妇的财产权。既然"涉嫌容留卖淫"根本无法成立，作出的2.25万元罚款的行政处罚也就没有法律依据。在没有法律依据的情况下，剥夺公民的财产权显然已构成对公民财产权利的侵害。其实，现实中公安执法机关错误执法，侵犯公民财产权的案件的情况并不少见。小到几十元的各种违章罚款，大到对贵重财物的查封、没收。警察滥用公权力或者由于法律意识较低侵犯公民财产案件的事情时有发生。而公民权利意识的薄弱也间接地助长了该类违法执法事件的发生，但愿广大公民能够抓住国家法制建设的机会，增加自己法律知识，懂得利用法律武器保护自己的合法权益。

二、虚拟案例

（一）案情

某年5月，某市某冷冻空调设备厂厂长李昌带领本厂职工到沈阳市采购公司所需设备。他们开车行至沈阳市东陵区时，汽车意外出现故障。于是，李昌及该厂职工5人将车推到高速路边的一家酒店前。由于附近的汽车修理站无人，他们便一边打电话托人买维修汽车所需零件，一边自己动手对汽车进行拆卸。这时，某汽车修理部工人张常亮走了过来，要强行对汽车进行修理。由于其蛮横无理并叫来同伙动手打人，双方发生激烈冲突。后某公安分局某派出所民警赶到，李昌以为可以获得帮助。没想到，派出所民警与张常亮相熟，根本不问青红皂白，一味偏袒张常亮。其中有一个民警上来就用手枪对准李昌并要其出示证件。当身为人大代表的李昌拿出人大代表证时，民警把该证甩到一旁，并给李昌戴上手铐，将他们带到派出所进行拘留。而此时的另一当事人张常亮却和派出所民警一起到饭店吃饭喝酒去了。后来，李昌在该公安分局某派出所被非法拘留 8 个小时，而一同被带去的职工被拘禁长达 10 天。

（二）分析

在该案中，很显然某公安分局某派出所民警滥用手中权力，侵犯了公民的人身权利。他们不但没有依法履行自己维护治安、保护公民人身安全的职责，反而与侵权人张常亮一伙利用手中的权力对李昌等人进行压制，助长了张常亮等人的嚣张气焰。对本案进行分析，笔者认为某派出所民警的行为已经侵犯了李昌等人的人身自由权。在法律允许的范围内，公民最大限度地享有人身自由。他有决定自己去何处、不去何处的自由，有决定自己具体行为如何进行，即选择行为方式的自由。这些自由不需要经过他人的同意，并不受他人的非法干涉。在该案中，李昌等人只是在张常亮及其同伙动手打人时进行了反抗，应该算是自我保护，属于正当防卫，其行为并没有违反法律的规定。即使李昌与张常亮等人的打架行为构成了对治安管理的违反，那某派出所的民警也应当将双方当事人都带到派出所查明情况，进行处理，而不是不问青红皂白直接对李昌等人进行处理。因此，某派出所民警的行为显然违反了法律规定，构成对公民人身权的侵犯。另外，国家对于公安等办案人员使用枪支的情况是有明确规定的，即在紧急状态等情况下方可使用。因此，在索要证件的时候，派出所民警用手枪指着李昌的行为同样是违反相关规定的，构成了对李昌生命健康权的威胁，使之处于危险状态之下。

三、记者采访被铐案

（一）案情

2008 年 3 月 16 日的晚上，南方某报社驻深圳的新闻部记者常亮亮（化名）在值班室内接到群众信息，告知位于深圳市罗湖区的文华花园小区发生一起跳楼案件。一名女子从 24 楼跳下后并丧生，具体原因不明。当常亮亮赶到现场时，警察和120急救人员已经到达现场。当常亮亮亮明身份准备采访时，却遭到在现场的深圳市公安局某派出所2名警察的推搡、辱骂和殴打。随后，他被在场警察用手铐反铐住双手，一名警察甚至在这种情况下还掐住其咽喉。之后，常亮亮被推进警车带回派出所，在派出所待了两个多小时后才被打开手铐。此时，记者常亮亮已多处受到损伤，第二天被鉴定为轻微伤。

（二）分析

该事件发生后，社会反响很大，主要有两种不同的观点：一种观点认为记者的报道可能会干扰警察正常工作，因而支持警察的做法，认为警察的做法是在维护自己执法不受干扰。另外一种观点认为，警察作为执法人员应该依法办事，不应当侵犯任何人的权利，因此，也不能任意侵犯记者的权利。笔者更愿意从法律的角度对该事件进行分析。笔者认为，在该案中，警察的行为已经侵犯了记者常亮亮的人身权利，具体如下：

首先，警察的行为侵害了记者的人身自由。根据相关规定，记者有根据法律的相关规定进行采访和报道的自由。本案的跳楼事件并不涉及国家秘密等，属于可以报道的范围。在并没有妨碍警察工作的情况下，警察应当允许其进行采访。本案中，警察却给常亮亮戴上手铐，并将其带回派出所内两个多小时后才给其打开手铐。这使得常亮亮不仅不能进行正常的采访行为，亦限制了其进行其他活动的自由。因此，某派出所民警的行为已构成对常亮亮人身自由权的侵犯。

其次，笔者认为警察的行为还构成了对常亮亮健康权的侵犯。在本案中，警察不但在事件现场对记者进行殴打，还把手铐反铐，导致记者手腕等多处受伤。健康权是自然人保持各个身体部分组织功能的正常运转而享有的权利，记者享有身体健康权不受侵犯的权利，即便在采访中。而该案记者准备采访的行为并没有违反法律规定，也没有干扰警察执法活动，本案警察缘何反铐记者并将其带到派出所？显然，警察的行为已经造成了记者身体的不适，给记者的身体健康造成一定的损害后果，因为记者已经被鉴定为轻微伤，可见，派出所民警的行为侵犯了常亮亮的健康权。

因此，笔者建议公安部门要加大民警的学习力度，重视民法的学习，加强公民权利的保护意识，清晰警察执法的边界，不能依仗公权力肆意侵犯公民权利。遏制警察的权力膨胀意识，必须学习民法。

四、虚拟案例

（一）案情

刘木子，某物资开发部经理。江锦，某物资开发部职员。在某年 11 月和此后第三年 9 月，刘木子分别与他人签订了两份售房协议，并收取他人房款 30 多万元。但后来，由于在与房地产公司联合建设的过程中发生纠纷，从而导致不能按照售房协议交付房产。于是，两位买房者以涉嫌通过买卖房屋诈骗财产为由分别向当地某公安分局报案。该公安分局随即对刘木子、江锦两人进行了传唤。随后此案被某省政法委相关领导认定为经济纠纷，因此告一段落。但后来，在某市人民检察院批准的情况下，该公安分局以涉嫌诈骗为由分别对刘木子和江锦两人执行逮捕和拘留。在被羁押的过程中，该公安分局办案民警刑讯逼供，对刘木子进行殴打，致使其身上多处受伤，有 4 颗牙齿被打落。后来，检察院认为诈骗案成立的证据不足，于是该公安分局撤销该案。二人也于不同的时间被分别释放，江锦共被羁押 99 天，而刘木子共被羁押 757 天。后两人分别获得国家赔偿，相关经济纠纷也被该市高级人民法院判处调解。

（二）分析

首先，在本案中，刘木子、江锦本无进行诈骗的故意，其不能履行与买房者之间的合同缘于与房地产公司的纠纷，而非有意为之。因此，他们之间的纠纷为平等民事主体间的经济纠纷，应当通过协商或者司法途径进行解决。而该公安分局的行为首先就构成了对经济纠纷的不当介入，这不但不利于纠纷的解决，反而有使公平、平等、公正等民事原则等受到破坏的危险。

其次，该公安分局的行为侵犯了刘木子、江锦二人的人身自由权。既然二人和购房者之间的纠纷为平等主体间的民事纠纷，那么刘木子、江锦的行为就没有构成对刑法等法律的违反，即二者被羁押的理由不成立。因此，对他们的羁押严重侵犯了他们的人身自由权。

最后，该公安分局办案民警对刘木子的殴打已经侵犯了其身体权、健康权。身体权是自然人保护其身体各个部分完整的基本人身权之一。只有保证自己身体的各个组织器官的完整性，才能保证公民的生活质量。而健康权是保证公民的各个组织器官功能正常的权利。在本案中，刘木子在被羁押期间，有 4 颗牙齿被办案民警打掉。这不但破坏了刘木子身体的完整，也对其健康造成了一定的损害，使其遭受身体和精神上的双重痛苦。因此，该公安分局的行为构成对刘木子身体权和健康权的侵犯。

第八章　警察执法与物权

警察执法要保护公民的物权。财产权和人身权构成民事两大权利，财产权主要包括物权、债权、知识产权等。而在财产权中，物权是绝对权，是对世权，公民享有物权，则世上的任何人负有不得侵犯的义务。警察在执行公务中也要注意保护公民的财产权，不能侵犯公民的物权。

第一节　物权法的基本理论

随着民法的制定，我国已经颁布了《物权法》，《物权法》对物权的概念、物权的效力、物权法的基本原则、物权的种类、物权的登记、所有权的取得、建筑物区分所有权、担保物权、用益物权等都作了相关的规定，《物权法》的颁布标志着我国对公民个人财产的全面保护。通过《物权法》相关内容的了解，才能使警察在执行公务中全面保护公民的财产权，才能在执法中不侵犯公民的财产权。

一、物权的概念

《物权法》第2条规定："因物的归属和利用而产生的民事关系，适用本法。本法所称物，包括不动产和动产。法律规定权利作为物权客体的，依照其规定。本法所称物权，是指权利人依法对特定的物享有直接支配和排他的权利，包括所有权、用益物权和担保物权。”

由上述物权法的规定可以看出，物权是绝对权，物权人对自己的物权享有支配以及排他的权利。

二、物权的特征

对于物权的特征，各国民法典都没有作出明文的具体规定，因此，有关物权的特征，是学理上的范畴。对于物权的特征，学者的看法也不尽一致。但是，笔者认为对物权的特征可以从以下几个方面去理解：

1. 物权是权利人对物的直接支配权

权利人对物的直接支配权是指物权人依照自己的意思，对标的物进行管领和处分，特定的物归属于一定的权利主体。权利主体在法律上对该物具有支配地位，任何人没有经过权利人的许可，不得侵入该领域进行干涉。物权的这种直接支配性使得物权和债权相区别。物权的直接支配性决定了同一个标的物上不能同时存在两个或两个以上内容相同的物权。物权人处分其物权完全不需要义务人的介入和同意，这也和债权不同，这就是物权的让与性。

2. 物权是绝对权

物权的支配性决定了物权主体对物的支配的绝对性，排除了他人的干涉。物权的权利主体是特定的，而义务主体是不特定的，所以物权也叫做对世权。而债权的权利主体是特定的，义务主体也是特定的，因此，债权是对人权或者相对权。

尽管一些学者对物权与债权的绝对区分产生怀疑，认为物权与债权的区分应当是相对的，但是，笔者认为，物权与债权具有绝对的不同，我们不能否认物权的义务主体是不特定的，而债权的义务主体是特定的这一事实。从这一角度来说，物权为绝对权，债权为相对权也是较为合理的。因此，在一定程度上，我们可以认为物权与债权的划分是绝对性和相对性的统一。

3. 物权具有排他性

我们在界定物权的概念时主张，既然物权是支配权，则必然具有排他性，因此，在界定概念时强调支配性的同时没有必要重复排他性，这主要是因为概念需要准确、简练。而对某一事物进行特征性的认识，则是要将这一事物与其他类似的事物区别，因此，需要从不同的角度，不同的侧面对一个事物与其他类似事物进行比较，所以，我们仍然可以将物权的支配性和排他性并列为两个特征，因为这两者是物权的特征的同一事物的两个不同侧面。物权的支配性侧重对物权的权利人方面进行强调，而物权的排他性则从义务主体方面进行强调。物权的排他性是指任何义务主体未经权利人许可都不可侵入物权这一领域，物权的排他性表明物权人排除任何他人对自己权利的干涉。而物权的支配性是指物权人对自己的物依照自己的意志自由处分。事实上，物权的排他性和支配性是紧密相连的。

4. 物权是直接支配标的物并享受其利益的权利

有学者指出，任何权利都包含利益成分，否则，无所谓权利，因此有学者主张享受其利益不能作为物权的一个特征，它是所有权利的共性。但是，笔者认为，虽然任何权利都包含利益内容，但是利益的实现方式并不相同，债权的实现通过向对方请求，而物权的利益的实现只需要直接支配标的物即可，直接支配就是权利主体依照自己的意思对标的物直接行使权利，无须以他人的意思或行为为意愿。物权意义上的直接支配不是完全相同的，有的是全面的物权，如所有权；有的是限定的物权，如他物权。

三、物权的种类

物权的种类可以从学理上以及实践上来进行分类。

（一）学理分类

依据不同的标准可以进行不同的分类，学理上对物权种类大致有如下几种分类方法：

1. 自物权和他物权

自物权是权利人对自己的财产所享有的权利，这种权利就是所有权。他物权，是指在他人所有的物上设定的物权。他物权在一定程度上是在他人所有的物上进行占有、使用、收益的权利，进行某些方面对物的支配，属于物权的一种形式。例如，抵押权等属于他物权。

2. 所有权和定限物权（限制物权）

这是以对标的物的支配范围为标准所作的区分。所有权是对物的全面的支配的权利，包括对物的占有、使用、收益和处分四项权能。限制物权，是指所有权以外的在特定方面对物进行支配的物权。例如，我国的采矿权、取水权、捕捞权、船舶优先权、抵押权、宅基地使用权等都属于限制物权。

限制物权又可以分为用益物权和担保物权。用益物权是以支配物的利用价值为内容的物权。外国民法中规定的地上权、地役权、永佃权等都属于用益物权。担保物权是以保证债务的履行、债权的实现为目的而设立的物权，如抵押权、留置权、质权等都属于担保物权。

用益物权和担保物权的区别主要表现在以下几个方面：

（1）用益物权与担保物权虽同为物之支配权，但两者对物进行支配的主要方面不同，用益物权主要就物的使用价值方面对物进行支配，而担保物权主要就物的交换价值方面对物进行支配，但这一区别不是绝对的。

（2）用益物权具有独立性，担保物权具有从属性。

（3）用益物权的行使须以占有标的物为前提，而担保物权的行使除了留置权、质权依其性质必须占有标的物外，其他担保物权均不以直接占有标的物为前提。

（4）担保物权具有物上代位性，而用益物权则不具有这一性质。

3. 主物权和从物权

这是以物权有无属性为标准而作的分类。主物权是可以独立存在的物权，与其他权利没有任何从属关系，从物权则从属于其他权利而存在。

4. 动产物权和不动产物权

这是以标的物为动产还是不动产进行的分类。动产物权，是指以能够移动的财产为客体的物权，如留置权等。不动产物权，是指以土地、房屋等不动产为客体的物权，如外国民法规定的地役权、地上权、永佃权等。这种分类的意义在于，动产物权与不动产物权的取得方法、成立要件等各有不同，一般说来，动产物权的公示方法为占有，不动产物权的公示方法为登记。

不动产物权和动产物权的差别是：

（1）不动产物权和动产物权可设立的物权类型不同。

（2）不动产物权和动产物权所受的限制不同。

（3）不动产物权和动产物权的公示方法及对抗第三人的效力不同。

（二）我国物权种类的法律规定

我国物权法对物权的种类规定，主要包括：

1. 所有权

包括国家所有权、集体所有权、个人所有权和共有。

2. 用益物权

包括国有土地使用权、土地承包经营权。

3. 担保物权

包括抵押权、质权和留置权。

我国《民法通则》没有使用“物权”一词，但是规定的“财产所有权和与财产所有权有关的财产权”即指物权的内容。《物权法》对物权作了明确的全面的规定。在《破产法》和《民事诉讼法》中规定了优先权。在《民法通则》中规定了财产所有权、国有土地使用权、土地承包经营权、全民所有制企业经营权、采矿权和相邻权。我国《物权法》第三章规定了物权的保护；第二编规定了所有权，其中第五章规定了国家所有权和集体所有权、私人所有权，第六章规定了业主的建筑物区分所有权，第七章规定了相邻关系，第八章规定了共有，第九章规定了所有权取得的特别规定，第三编规定了用益物权，第十一章规定了土地承包经营权，第十二章规定了建设用地使用权，第十三章规定了宅基地使用权，第十四章规定了地役权，第四编规定了担保物权，第十六章规定了抵押权，第十七章规定了质权，第十八章规定了留置权，第五编规定了占有，第十九章对占有作了较为详尽的规定。

从《物权法》的规定可以看出，较为完备的物权体系已经建立起来。现实中无论警察还是公民，每个人都有保护和不侵犯他人物权的义务。

第二节 警察执法与所有权

警察必须全面熟知所有权的相关知识，才能在执法中真正做到保护公民的财产所有权。

一、所有权的概念、特征

在物权的效力等级上，所有权具有最强的物权效力和对抗力。所有权，是指所有人依法对自己的财产享有的占有、使用、收益和处分的权利。

物权具有的特征所有权都具有，除此之外，所有权还具有如下特征：

1. 全面性

全面性，是指所有权人依法对自己所有的财产享有占有、使用、收益、处分的权利。在所有的物权种类中，所有权的内容是最全面的，包括四项权能，其他权利，如用益物权、担保物权等都是在所有权的基础上产生的。

2. 整体性

所有权所具有的整体性特征和全面性特征相似。整体性，是指所有权人对四项权能具有整体的、全面的支配性，当然这种支配性并不意味着所有权人必须整体处分四项权能，事实上，所有权人可以将一项或者几项权能转让出去，形成用益物权、担保物权。

3. 弹力性

弹力性，是指所有权人可以将一个或者几个权能分离出去，如将使用权能分离出去，形成用益物权。当用益物权人依据合同行使完用益物权之后，所有权回归到原来的状态，又回复到四项权能状态，因此，所有权具有弹力性。

4. 排他性

排他性，是指所有权人依法对自己所有的财产具有绝对的支配性，排除任何人的干涉，可以基于自己的意愿任意处分自己的权能，尤其在处分权能上，所有权人可以任意支配自己的意志，无论将所有权抛弃还是转让，都不受任何人的干涉。

5. 恒久性

恒久性，是指所有权人依法对自己的财产享有永久的权利，没有时效限制，除非所有权的客体灭失，否则所有权人对所有权的客体享有永久权利。

二、所有权的权能

所有权有积极权能和消极权能。积极权能，是指所有权人对财产享有占有、使用、收益和处分的权利。

积极权能包括如下几个方面：

1. 占有权能

占有权能，是指所有权人依法对自己所有的财产享有占有的权能。可以进行管领、支配，排除任何人的干涉，当然这种占有应当是合法的占有。

2. 使用权能

使用权能，是指所有权人可以对自己所有的财产享有使用的权能。所有权人或者用益物权人占有财产，最终目的还是为了使用财产，但是享有使用权的人不一定是所有权人，因为用益物权人也可以对物进行使用。

3. 收益权能

收益权能，是指所有权人可以对物享有收益的权能。例如，对孳息物的收益；再如，对土地使用之后的收益。孳息分为天然孳息和法定孳息。天然孳息如果树上的果子，法定孳息如银行的利息。我国《物权法》第116条规定："天然孳息，由所有权人取得；既有所有权人又有用益物权人的，由用益物权人取得。当事人另有约定的，按照约定。法定孳息，当事人有约定的，按照约定取得；没有约定或者约定不明确的，按照交易习惯取得。"

4. 处分权能

处分权能，是指所有权人可以依法对自己的财产享有消费、转让的权能。这种处分包括法律上的处分和事实上的处分。法律上的处分，如转让；事实上的处分，如消费。处分权能是所有权权能中最核心的权能，也正是处分权能将所有权和其他物权区别开来。

消极权能主要是指排除他人干涉的权能。包括请求侵权赔偿、行使物上请求权、所有权妨害除去请求权、所有权妨害防止请求权等，目的在于恢复所有人对于物的圆满支配状态。

所有权的四项权能构成完整的所有权，所有权的四项权能不是简单相加而是有机结合，形成完整的权利。所有权人虽然可以将四项权能中的任意一项或者几项分离出去，但仍不丧失所有权。

三、财产所有权的取得

财产所有权的取得分为原始取得和继受取得。

（一）原始取得

各国所有权的取得，基本上都分为原始取得和继受取得。

原始取得基本上包括先占、添附、发现埋藏物、拾得遗失物、时效取得。

我国《民法通则》第72条第2款规定："按照合同或者其他合法方式取得财产的，财产所有权从财产交付时起转移，法律另有规定或者当事人另有约定的除外。"可以看出，我国民法对动产所有权的转移时间采取财产受让人自交付时起取得所有权（除法律另有规定或当事人约定外），即对动产采取的是形式主义的立法主张。但同时规定当事人可以就所有权转移的时间另行约定，又具有不同于《日本民法典》的意思主义色彩，因此，也可以说，《民法通则》采取的是形式主义和意思主义相结合的立法主张，是一种比较恰当的立法规定。

1. 先占

先占，是指就以前没有被主张所有权的物品由第一个占有人取得其所有权。关于先占的立法例大致包括两种：

一种是不管动产还是不动产均可以依照先占取得，为先占自由主义的立法例。罗马法采取这种方法。

另一种是先占权主义的立法例，就不动产而言，只有国家或政府才享有先占权。而动产也必须依照法律的许可才可以依照先占取得所有权。可见，这种立法例就是指必须先有先占权，然后才可以事实地进行先占。第二种立法例为大多数国家所采纳。就我国而言，由于土地等不动产已经确定为国家或者集体所有，房产和其他的不动产等也依据登记等手续确定了所有权人，因此，在我国，先占的适用也应当是针对动产而言的。所以，立法上采取先占权主义的立法例要好一些。

先占取得所有权是一种原始取得还是继受取得？学者争论不休。归纳学者的观点，大致有如下的几种学说：第一种学说是法律行为说，即认为先占的要素之一就是要有先占的意思表示，这种意思表示正是先占人取得所有权的意思表示，属于基于意思表示而为的一种法律行为。第二种学说是准法律行为说，此学说认为，先占的意思表示，只是一种准法律行为中的一个要件，先占并不是以先占人的意思表示为主的，这种意思表示与体现意思自治的法律行为是不同的，先占正是法律对于一定的意思和行为直接赋予行为人享有所有权的制度，由此看出，先占是一种准法律行为。第三种学说为事实行为说，这也是各国目前采用的立法观点。该学说认为，先占完全是一种事实行为，是法律对于先占者赋予所有权的效力，因为先占者事实上对于物进行了支配和管领。第三种学说是可取的，因为先占一定是对于无主物的先占，对于无主物的先占当然是原始取得所有权。另外，先占人的意思表示是对事实的一种表示，与法律行为的意思表示不同，任何事实行为也包含意思表示，但是这个意思表示已经完全脱离了民法上的法律行为的意思表示的内涵，因此，我们不可以仅凭有意思表示就断定这一定是法律行为，这样就会对法律行为作扩大的解释。

我国刚刚颁布不久的《物权法》并没有规定先占制度。笔者认为，先占可以成为所有权取得的一种原始取得方式。笔者完全赞同未来应当通过司法解释的方式对先占加以具体的规定。在现实生活中常常会发生这种事实，如人民群众采集的野生植物、果实等都属于先占。我国司法实践中，虽无先占的规定，却有先占的事实，因此，在将来制定物权法的实施细则时有必要明确规定先占取得。同时，对先占取得加以限制：如规定不动产由国家取得，动产除了埋藏物、隐藏物、无人继承、无人受遗赠外，由私人先占取得，这和《德国民法典》以及《日本民法典》有相同之处，但又有不同之处，不同的是对动产并不是一概由私人先占取得，这样规定符合我国的国情，因为我国历史悠久，会有许多埋藏物、隐藏物等，如果都一概规定私人可以先占，则不利于国家对无主物的管理，因此，在借鉴《德国民法典》的同时，根据我国的国情制定出具有中国特色的先占取得，实属必要。对先占制度进行规定时，要清楚先占取得的适用条件。先占取得的适用条件包括：第一，先占的对象应当是无主物。第二，占有物须为动产，如前所述，在我国，不动产不可能适用先占取得。一般说来，先占的对象，如野生的动植物、废弃物等。第三，须以所有的意思占有。第四，先占不得违反法律、法规的规定。随着全球动植物的保护的要求，《野生动植物保护法》会对动植物的保护提出法律要求，因此，对于野生动植物的先占取得一定不能违反《野生动植物保护法》的规定。

2. 添附

添附包括附合、混合、加工。数个由不同人所有之物结合而成一物（合成物或混合物）以及所有人以外的人将原物加工成新物（加工物）的法律事实，在民法上统称为添附。各国立法一般都将添附规定为所有权取得的一种方式，我国民法理论也持这种观点。

3. 发现埋藏物

《法国民法典》第 716 条第 2 款规定，一切埋藏或隐匿的物品，任何人不能证明其所有权，且发现纯为偶然者，称为埋藏物。我国《民法通则》未对埋藏物加以定义。对于发现的埋藏物，所有权如何确定，大致有以下三种立法例：第一种立法例就是发现人取得所有权主义的立法例。《法国民法典》、《日本民法典》、《德国民法典》均采取这种方法。第二种立法例就是报酬主义的立法例。《瑞士民法典》规定，埋藏物归发现地点的土地或动产所有人所有，发现人只能在埋藏物本身价值的半数范围内请求支付报酬。第三种立法例就是公有主义的立法例。此为日耳曼法制。我国就是采取的公有主义立法例，即埋藏物归国家所有。

笔者认为，我国的规定较为符合我国的国情，因为一些埋藏物确实有较大的价值，如果不归国家所有而归个人所有则没有法理基础作理由，对于获得埋藏物的个人来说有时还会构成不当得利，与现在的法学理念不符。至于地下的埋藏物，如文物（有学者认为这并非所有人不明之物），笔者认为，这属于所有人不明之物，因此，应归国库所有。我国《民法通则》第 79 条第 1 款规定：“所有人不明的埋藏物、隐藏物，归国家所有。接受单位应当对上缴的单位或个人，给予表扬或者物质奖励。”我国《物权法》第 114 条规定:“拾得漂流物、发现埋藏物或者隐藏物的,参照拾得遗失物的有关规定。文物保护法等法律另有规定的,依照其规定。”

4. 拾得遗失物

关于遗失物的概念,各国民法都未明确规定。学者认为,遗失物,是指有主而无人占有的动产。关于拾得遗失物的归属,各国都规定拾得人和官署在履行了一定的义务(如呈报、催告)后,如果拾得物无人认领,可以取得该物。

我国《民法通则》第 79 条第 2 款规定:“拾得遗失物、漂流物或者失散的饲养动物,应当归还失主,因此而支出的费用由失主偿还。”由此看出,我国对于拾得遗失物的规定与其他国家不同,规定归还失主。

我国《民法通则》对拾得遗失物规定归还失主,但是,如果不能归还失主如何处理,《民法通则》并未加以规定,因此,笔者认为我国民法关于拾得的规定过于简单。在《德国民法典》中专门以“一目”加以规定,从第 965 ~ 984 条共用了 20 个条文规定了拾得,可谓是对拾得有较为详细规定的国家了。规定拾得人的酬金(这是非常重要的一条,德国规定,拾得人的酬金,物的价值在 1000 德国马克以下时,为 5%,超过此价值为 3%,对于动物为 3%,物只对受领权人有价值的,拾得人的酬金应当依公平衡量原则确定。因此,我国也可以明确规定拾得人的报酬金,如可以以拾得价值的 10% 作为酬金付给拾得人)、规定拾得人违背通知义务,或在询问时隐瞒拾得的,排除酬金的请求权。还可以规定自向主管机关通知拾得后 6 个月的期间届满时起,拾得物归国家所有,但可以给拾得人一定的酬金,并偿还拾得人因此而支出的必要费用。

我国《物权法》对这些相关问题都作出了不同程度的规定,这是一大进步。例如,《物权法》第 107 条规定,所有权人或者其他权利人有权追回遗失物。该遗失物通过转让被他人占有的,权利人有权向无处分权人请求损害赔偿,或者自知道或者应当知道受让人之日起两年内向受让人请求返还原物,但受让人通过拍卖或者向具有经营资格的经营者购得该遗失物的，权利人请求返还原物时应当支付受让人所付的费用。权利人向受让人支付所付费用后，有权向无处分权人追偿。我国《物权法》第109条规定：“拾得遗失物，应当返还权利人。拾得人应当及时通知权利人领取，或者送交公安等有关部门。”第110条规定：“有关部门收到遗失物，知道权利人的，应当及时通知其领取；不知道的，应当及时发布招领公告。”第111条规定：“拾得人在遗失物送交有关部门前，有关部门在遗失物被领取前，应当妥善保管遗失物。因故意或者重大过失致使遗失物毁损、灭失的，应当承担民事责任。”第112条规定：“权利人领取遗失物时，应当向拾得人或者有关部门支付保管遗失物等支出的必要费用。权利人悬赏寻找遗失物的，领取遗失物时应当按照承诺履行义务。拾得人侵占遗失物的，无权请求保管遗失物等支出的费用，也无权请求权利人按照承诺履行义务。”第113条规定：“遗失物自发布招领公告之日起六个月内无人认领的，归国家所有。”

可见，我国《物权法》对于拾得遗失物的规定较为全面和具体，便于现实的司法操作，但是有关酬金问题并没有加以规定，只规定了保管费的支付，笔者还是赞同未来规定：返还遗失物时原所有权人支付适当比例的酬金。这样有利于拾金不昧的传统美德的继续发扬，因为很多时候拾得人会因为不给酬金而将遗失物据为已有，完全不愿意返还遗失物，这样使得现实离拾金不昧越来越远，为了拉近和拾金不昧的距离，规定适当比例的酬金，可能就会加大拾得人返还拾得物的可能，这并不能因为支付酬金而否定拾金不昧的传统美德的特征属性，相反对于继续发扬拾金不昧具有良好的推动作用。

5. 时效取得

时效取得，是指在法定期间内，继续占有物件而取得其所有权。早在罗马法时，就有时效取得的规定。例如，《十二表法》规定，时效取得的期间动产所有权为1年，不动产所有权为2年，此为“最古时效”。罗马法共有三种时效：“最古时效”、“长期时效”、“最长期时效”。

我国《民法通则》并未规定时效取得，而仅仅规定了消灭时效，对于我国究竟是否应当建立时效制度，长期以来争论不休。

反对主义者认为，社会主义国家宣扬拾金不昧、反对不劳而获，如果建立时效取得制度势必鼓励那些不轨的人哄抢、私占公私财物，另外，由于善意取得和不动产登记制度的确立，因此也没有必要再建立时效取得。

肯定主义者认为，公然、和平地继续占有他人的所有物经过法律规定的时期，人们相信这是原本的事实，如果加以否定，显然造成社会秩序的混乱，不如维持人们一直认为的这种“真实的权利”。另外，应享有权利的人不行使，而无权利之人却积极行使，比较这两种情况，与其让有权利人不行使其权利，不如让无权利人行使其权利更能发挥物的价值和效用；经过很长的时期有权人不行使权利，而其主张证明其权利的事实会随时间的流逝而无法得以证明，因此不如保持现有的取得。

从以上的分析我们不难看出，随着社会主义市场经济的建立，错综复杂的交换关系的存在，否定说越来越显示出它的弱点，建立起完善的时效取得制度不仅是以上各国的立法和学者的共识，而且我国应当建立完备的时效取得制度越来越成为学者一致的观点。但是，我国刚颁布不久的《物权法》仍然没有关于时效取得的规定，笔者建议通过司法解释方式可以对时效取得进行规定。

那么，未来应当建立怎样的取得时效制度？

笔者认为，我国将来制定物权法实施细则时要明确规定时效取得制度，为了避免一些人借机哄抢等不法行为的出现，要规定占有人在占有之始就是善意的，即便取得了所有权，如果能有证据证明其在占有之始就不是善意的，则其不享有所有权。关于时效取得的种类上借鉴我国台湾地区以及其他国家的立法经验，可以分为三种：动产所有权的时效取得、不动产所有权的时效取得以及财产所有权以外的财产权的时效取得制度。也就是说，除了下列权利外其他财产权都可以成为时效取得的客体：(1) 人格权和身份权；(2) 依法律规定不得适用时效取得的权利，如不表现或不继续的地役权；(3) 因一次行使即归消灭的权利以及以一次给付为标的的债权等；(4) 基于身份关系而发生的专属财产权；(5) 于实行权利前无从行使该权利，或者表现于他人之物或权利上的权利；(6) 须支付一定对价才能成立的权利。

(二) 继受取得

所有权的继受取得，是指通过法律行为或者法律事件从原所有人处取得所有权。

继受取得主要包括：

1. 买卖

通过买卖方式取得所有权，大量的所有权的取得采取这种方式。

2. 赠与、互易

赠与、互易也是所有权的取得方式。合同法对赠与合同作了明确规定。

3. 继承遗产

继承遗产也是一种重要的取得财产所有权的方式。遗产的继承遵守继承法的规定。

4. 接受遗赠

遗赠制度也是所有权取得的方式之一，要遵守继承法的规定。

5. 善意取得

有关善意取得制度将在后面内容有专门介绍。

警察执法中必须确保公民的财产所有权神圣不可侵犯，因为公安执法侵犯财产权的情形时有发生。例如，公安民警将拖回的违规车自己开着用，显然侵犯了公民的财产所有权，因为车是属于公民的，公民的违规行为符合警察拖走车的条件，但是拖走车并不意味着车的所有权归警察，因此，警察无权使用车。避免类似的所有权的侵权案件的发生，警察必须深入理解所有权的精髓，才能真正做到保护公民财产权不受侵犯。

四、建筑物区分所有权

我国物权法对建筑物区分所有权作了规定。现实中，有关这方面的纠纷很多，如果警察遇到这些纠纷，当事人请求警察处理，那么警察作何处理？警察只有对以下相关知识进行理解和把握，才能合法处理好此类案件。

建筑物区分所有权在罗马法时是被否认的。罗马法认为，建筑物之所有权非地皮所有人莫属，即所谓“地上物属于土地所有人”。但是，罗马帝国东部的小亚细亚和埃及地区却存在建筑物区分所有权问题。

日耳曼法与罗马法不同，建筑物区分所有权在日耳曼法是被承认的。如前所述，日耳曼法坚持团体本位主义，所以不承认“地上物从属于土地”。认为土地、建筑物内的各个房间、地窖、地下室等都可以为不同的所有权主体所享有。

对于建筑物区分所有权的概念，有以下几种学说：

（一）一元论说

一元论说分为专有权说和共有权说。

1. 专有权说

专有权说认为，区分所有权人对于区分所有建筑物的专有部分享有的权利，就是专有所有权。例如，1804 年《法国民法典》第 664 条的规定即是。1962 年日本制定的《建筑物区分所有权法》第 2 条的规定也是。我国台湾地区“土地登记规则”第 71 条规定，区分所有建筑物，区分所有权人得就其区分所有部分之权利，单独申请登记。可见，此条的规定也是采取专有权说。

2. 共有权说

共有权说是将区分所有建筑物整体视为由全体区分所有权人所共有。

（二）二元论说

二元论说认为建筑物区分所有权是由区分所有建筑物专有部分所有权与共有部分持分权所构成的一项权利。立法上的规定，如法国1838年的法律、1965年《住宅分层所有权法》均采取这种二元论的立法规定。我国台湾地区“民法”第799条规定，数人区分一建筑物而各有其一部者，推定为各所有人共有，其修缮费及其他负担，由各所有人按其所有部分的价值分担之。可见我国台湾地区“民法”对建筑物区分所有权采取的也是二元论的立法规定。

（三）新一元论说

新一元论说认为，建筑物区分所有权，是指区分所有人就区分所有建筑物“享益部分”享有的权利。其中的“享益部分”是指将“二元论”的“专有部分”和“共有部分”合并在一起。这种建筑物区分所有权不仅是一种财产权，而且是一种全新的新型物权。

（四）三元论说

三元论说认为建筑物区分所有权是由区分所有建筑物的专有部分所有权、共有部分持分权以及因共同关系所生的成员权三者构成的特别所有权。采取这种立法规定的是德国《住宅所有权法》。德国的建筑物区分所有权就是由三部分构成的：专有所有权、共有部分持分权以及成员权。

通过以上几种学说的对比，或者说通过以上几种不同的立法例，我们看出，一元论的学说不够全面，它至少没有将建筑物区分所有权的共有部分包含进去，因此，一元论的学说显然不可取。二元论的学说虽然较一元论说有了进步，将建筑物区分所有权分为专有部分所有权和共有部分持分权。但是，建筑物区分所有权关系还包含一种关系，这种关系就是各区分所有人为管理相互间的共同事务而结成的一定的关系，这种关系在建筑物区分所有权关系中也是至关重要的一个关系，是不容忽视的。就新一元论学说而言，很显然它和二元论学说并无实质性的差别，它只是将二元论所说的两个部分合并在一起，形式上发生了变化，但是实质上并没有变化，它也同样不能将各区分所有人为管理相互间的共同事务而形成的权利包含进去，因此，新一元论说也是不可取的。

由以上分析看出，只有三元论的学说才是最完整、最彻底、最准确的有关建筑物区分所有权的概念。它全面地包含了建筑物区分所有权所应包含的各种关系，可以说，除了三元论说所反映的建筑物区分所有权关系应当包含的三种关系外，再也无法在建筑物区分所有权关系中寻找出其他的没有被包含进去的关系了，因而三元论说是准确、完美的建筑物区分所有权的概念，它能完全地反映出建筑物区分所有权的真正内涵。

由此看出，将建筑物区分所有权分解为专有部分所有权、共有部分持分权以及成员权三个要素，这样可以较为充分地反映出建筑物区分所有权的实质特征。

我国《物权法》对建筑物区分所有权作了规定。《物权法》第70条规定："业主对建筑物内的住宅、经营性用房等专有部分享有所有权，对专有部分以外的共有部分享有共有和共同管理的权利"。第71条规定："业主对其建筑物专有部分享有占有、使用、收益和处分的权利。业主行使权利不得危及建筑物的安全，不得损害其他业主的合法权益。"第72条规定："业主对建筑物专有部分以外的共有部分，享有权利，承担义务；不得以放弃权利不履行义务。业主转让建筑物内的住宅、经营性用房，其对共有部分享有的共有和共同管理的权利一并转让。"

建筑物区分所有权的专有权，是指区分所有人对专有部分享有的自由使用、收益及处分的权利。专有部分，是指在构造上能够明确区分，具有排他性且可独立使用的建筑物部分。依照各国的区分所有权法，一栋建筑物须区分为数部分，而且被区分之各部分必须具备构造上的独立性与使用上的独立性。共有部分持分，是指区分所有人对于共用部分之潜在利益的应有份额，对共有部分享有的使用、收益的权利。建筑物区分所有人的成员权，是指建筑物区分所有人基于一栋建筑物的构造、权利归属以及使用上的密切关系而形成的作为建筑物管理团体之一的成员而享有的权利和承担的义务。[①] 建筑物区分所有权中的成员人享有表决权、参与制定规约权、选举及解任管理者的权利，还享有请求权。（1）请求权首先包括请求召集集会的权利。（2）建筑物区分所有人还享有请求正当管理共同关系事务的权利。（3）建筑物区分所有人还享有请求收取共用部分应得的利益的权利。（4）建筑物区分所有权人可以请求停止违反共同利益的行为，请求拍卖违反义务的区分所有人的专有部分，解除其共同关系。

第三节　警察执法侵犯公民所有权的案例及其分析

警察执法侵犯公民财产所有权的情形并不少见，深刻分析其中的原因，就可以避免将来类似案件的继续发生。

一、虚拟案例

（一）案情

某年9月19日凌晨，在甲市开往乙市方向的A次列车上，甲市某区某镇楼房村村民吴海涛和其朋友王前进正在聊天，一名乘警过来查票。于是，两人从包里拿出车票、钱包等让其检查。该乘警发现吴海涛的手机与自己的为同一款，就擅自打开手机，查看手机功能和所存资料，意外发现该手机中存有一段黄色录像，吴海涛的麻烦也随之而来。该乘警以私自复制、传播淫秽录像为由，对吴海涛作出罚款500元的处罚。在吴海涛向其解释自己手机为二手手机，买的时候就带有该段黄色录像，自己并没有私自下载，也没有

① 梁慧星主编．中国物权法研究．北京：法律出版社，1998. 397.

给任何其他人看后，该乘警仍然坚持罚款，并威胁说，如果不交罚款就把吴海涛交给派出所处理。后来，在吴海涛的哀求下，该乘警最终罚款200元并令吴海涛作出书面检查。

（二）分析

本案情节较为简单清楚，且所涉及财产数额不大。但乘警在检查车票过程中擅自查看他人手机，并作出罚款200元的处罚已经涉嫌侵犯了公民的私权利。具体分析如下：

一是乘警的行为侵犯了公民的财产权。财产权是公民的人身权之外的另一项重要的权利，它与公民的人身权相对应存在，受到法律的明文保护。在市场经济的环境下，只有给各个民事主体的财产权以平等的保护，才能为民事主体的生存提供保障，同时使得社会主义市场经济顺利运行。因此，在经济快速发展的今天，公民的财产权保护越来越受到人们的重视。在享有财产权的情况下，公民可以对自己的财产自由支配，不受他人干涉。我国刚刚颁布不久的《物权法》对财产所有权作了全面的规定，确保公民个人财产神圣不可侵犯。在本案中，乘警在没有征得吴海涛同意的情况下无权翻看其手机。因为手机是吴海涛的，他对手机享有所有权，即自由管理、使用、收益和处分的权利，且可以以此对抗任何他人的干涉。我国《物权法》规定，财产所有权人可以对自己的财产享有占有、使用、收益、处分的权利。只有吴海涛对自己手机享有使用权，因为吴海涛并没有触犯法律，没有涉嫌犯罪等的嫌疑，警察缘何使用他的手机并打开他的手机翻看信息？另外，在吴海涛没有下载、传播该黄色录像的情况下，尽管其有持有存有黄色录像的手机的行为，但根本不构成私自下载、传播淫秽录像的治安违法行为，因此，乘警对其罚款没有法律依据。从这点上看，乘警最终对其进行200元的罚款亦侵犯了吴海涛的财产权。

二是乘警的行为侵犯了吴海涛的隐私权。隐私权是公民的一项很重要的具体人格权，指公民有保持自己生活安宁，各种私人信息不被他人知悉、传播和利用的权利。如个人信件、身份证号码等都受到法律的保护，每个人的手机信息也依法属于隐私权，如果未经允许查看他人信件则构成侵犯他人隐私权的行为，要依法承担侵权责任。在该案中，手机中存储的信息即属于吴海涛的个人隐私，而乘警在没有得到吴海涛允许的情况下擅自打开手机查看其中内容，已严重侵犯了吴海涛的隐私权。乘警权利意识的淡薄，使他根本没有意识到自己行为已经违法。因此，警察要不断加强民法修养，增强公民权利保护意识，不能无视公民权利，任意膨胀自己的公权力，要在实践中不断加强民法理论和民法规定的学习，切实做一个令人民满意，真正服务于人民的警察。

二、虚拟案例

（一）案情

某年6月，某市一家装饰材料公司的员工牛伟伟开车到机场去接人。因其涉嫌经济犯罪，在行驶途中被某省某市某县公安局逮捕羁押。同时被扣压的还有牛伟伟所开的轿车、与他人进行合作的资料、土地证及4000元现金。实际上，牛伟伟所开车辆是从公司的股东刘峰那里借来的，刘峰于2003年7月花了40多万元买的这辆车。当得知自己的轿车被某县公安局扣押后，刘峰曾多次带着相关的证件到公安局索要车辆及其他被扣压物品，但都被公安局以案件正在调查为由拒绝。直到2005年2月，刘峰突然发现在某市的一家高档夜总会前停着自己的爱车。而车中放置的证件却变成了某县公安局的，车的行驶里程数也由被扣压前的3.8万公里变成了6.28万公里，即该车在被扣压期间行驶了2.4万公里。刘峰到派出所想问个明白，却被告知自己的车已经被抵押给了某县财政局。于是，刘峰的车就这样糊里糊涂的成了别人的财产。

（二）分析

公安机关在执法过程中因各种原因扣押相关公民和其他民主体财产的情形并不少见，其中大部分是合法的，但也有相当一部分是非法扣押。且在实际情况中，许多公安机关在扣押相关财产后，不严格按照相关规定对这些财产进行封存并妥善保管，从而导致相关当事人的财产利益受到损害。在该案中，不论牛伟伟是否有经济犯罪行为抑或只是涉嫌犯罪，某县公安局的行为都已经严重侵犯了刘峰的财产所有权。

根据相关规定，办案机关在查没犯罪嫌疑人的财产时对于不属于犯罪嫌疑人的物品应当返还给相关权利人，不得对与案件无关的他人物品进行扣押、查封。在本案中，轿车的车主是刘峰，他拥有对该轿车完整的所有权。

所有权是一种对世权，权利主体可以对其所有的物自由地进行占有、使用、收益和处分。刘峰有权决定把自己的轿车借给牛伟伟使用。即使牛伟伟涉嫌经济犯罪，只要把车借给其使用的行为没有给其犯罪提供帮助就可。而在本案中，牛伟伟借车只是为了去机场接人。因此，牛伟伟涉嫌经济犯罪对刘峰的所有权不构成任何影响。刘峰有权在轿车被扣押后取回自己的轿车及相关物品。另外，即使有扣押车辆以辅助侦查案件的必要，那么轿车在被扣押期间也应该是被公安机关进行封存和妥善保管的。但在该案中，被扣押的汽车被某县公安局私自使用，这就侵犯了刘峰的所有权。但某县公安局的行为还不止于此，他们竟然将刘峰的轿车抵押给了某县财政局。在未经所有权人同意的情况下，其他任何人无权在所有权人的物上设立抵押权。这也是所有权的职能之一，只有权利人才可以对自己所有的物进行处分。从上述情况可知，某县公安局的行为已经严重侵犯了刘峰对自己所有的轿车的占有、使用、收益和处分。因此，在该案中，某县公安局的行为构成了对刘峰所有权的侵权行为。

三、虚拟案例

（一）案情

32 岁的装修工王中力，刚刚新婚不满一个月，在工作中惨死在脚手架下。案情像电影一般，结果令人十分悲痛。警察在闹市区当街追捕单车，“车夫”拼了命的逃跑，保安闻讯听命与警察沿街堵截，眼见车夫跑的极快，保安飞起一脚，将车夫连人带车踢向了脚手架，站在上面的王中力躲闪不及，头部撞地，立时毙命。王中力忠厚老实，出门打工16年，好不容易攒够钱结了婚，却连句遗言也没留下就离开了这个世界，据他的新婚妻子说，王中力生前的最后一句话是对她说：“今天忙完活了，给你买双新凉鞋去……”

后查明，当地警察常常严查“黑人力车夫”，这些车夫大多为外地人，靠人力车为生，很多警察将抓捕行为视为创收方式，每次抓车罚款200元，要么就扣车。但罚款不开单，扣车不给扣押证，多数情况下罚款被当地警察中饱私囊。案发当天也是一个名为张小（化名）的人力车夫被警察发现，身中一拳，衣服被撕烂，因害怕被罚款扣车不顾伤痛赶紧在闹市区拉车逃窜，当突发的死亡事件发生后，张小立即被围追的保安和警察捆绑在脚手架上，吓得说不出话来。而知情议论的群众却道：“该绑的是追人的警察……”

（二）分析

群众感性的愤怒声讨代替不了我们应该做的理性的法律分析，只要当时执法的民警能有充分的民法素养和民法知识，惨案就不会发生。

首先，脚手架上的王中力没有任何故意或者过失，也不适用《民法通则》第123条关于“高空作业”的侵权责任规定，王中力不应承担责任。

其次，笔者认为虽然踢人的是保安，但保安也不应当承担责任，考虑到社区保安和警察关系的特殊性，受公安驱使踢人是“协助警察履行职务”，如果不这么做反而会被警察认为“不作为”加以责难。

再次，仓皇逃窜的车夫张小不是由他主动撞上脚手架，是由外力故意踢到他才发生的结果，所以也不应承担责任。

最后，公安人员的这一执法行为导致了追跑事件的发生，保安踢人又是由公安人员驱使的，因此，王中力的死亡与公安执法有因果关系，也符合侵权行为的其他要件，应当由公安机关赔偿损失，同时，执法民警也要受到刑事和行政制裁。我们设想，假如当时执法的民警能够有着国家财产神圣不可侵犯的理念，怎会凭一己私欲贪赃枉法；能够具有必要的民法理论和素养，又怎会肆无忌惮的侵犯公民的合法财产，200 元的罚款显然比《道路交通安全法》中对非机动车的最高处罚标准 50 元又擅自提高不少，对人力车夫张小的大额处罚显然是权力本位思想在作祟，置公民的财产权利于不顾。更加不应该的是对张小的扭打和撕扯衣服，是对公民人身权的赤裸裸的侵犯。当张小逃跑时执法的警察在闹市区发动保安对张小的追打拦截行为更加是将张小以及沿路群众的生命财产安全不放在眼里，认为警察是“代表国家权力在抓坏人”，不论什么手段都天经地义。根本没有考虑众多在拥挤的闹市区的群众的生命权、身体权、健康权和财产权利，退一万步讲，即使“抓捕”张小的行为本身是合法的，但当这一次行政处罚行为的实现与众多群众的生命健康和财产安全发生矛盾的时候，笔者认为，也应当毫不犹豫的停止追击以维护更重要的公民的生命健康和财产安全的权利，这一点在行政法的比例原则中也有明显的体现。

正是由于民法知识的匮乏，民法素养的缺失，才导致了这起案件中公安民警造成的公民生命财产损失、国家财产损失，自己锒铛入狱的同时，还换来群众的“该绑的是警察”，大大损害了公安民警在群众中的形象，值得反思。公安民警的民法理论、民法素质亟待提高，刻不容缓！

四、虚拟案例

（一）案情

原告邓明于某年 3 月 21 日从王勇华处买来一辆小客车，花去人民币 10000 元。同年 3 月 24 日下午，邓明驾驶该车途经魏家桥井边村 9 公里处时，与迎面而来骑自行车的王勇华相撞，王勇华头部受伤。王勇华受伤后，邓明当即将王勇华送往医院治疗，并垫付了所有急救所需费用。王勇华住院在外科进行治疗，治疗 31 天之后，王勇华自作主张转至康复科继续治疗。邓明便以王勇华未和自己协商，自作主张转到康复科为由，坚决不同意为王勇华付医疗费。结果，邓明的车辆被王勇华的家属扣押。区交警队与双方协商调解，邓明又为王勇华垫付了 800 元医疗费，王勇华的家属因此将扣押邓明的车辆返还。6 月 9 日，区交警队扣押邓明的车辆，并露天放在公安局机关院内。王勇华在 7 月 1 日出院后，区交警队进行协调工作，说邓明如果交 2000 元就可以将车取走，但调解并没有成功。10 月 24 日，区交警队准备再一次调解，要求邓明带 2000 元于 10 月 31 日再一次进行调解，也通知了邓明重新调解之事，但是时间另行通知。12 月 31 日区交警队作出交通事故责任认定书：认定车主与伤者对本次交通事故负同等责任，王勇华医疗费及伤残补助费共计 3000 元，由邓明负责赔偿；王勇华误工费，护理费由其自负。邓明不服，向市交警支队提出申请复议。就在邓明申请复议的这段时间内，区交警队在次年 1 月 9 日通知邓明只要交 3000 元就将扣押的车返还，邓明没有交钱，于是区交警队又于 4 月 29 日，再次通知邓明交 3000 元就可以将车放走，邓明拒绝交 3000 元，理由是王勇华的医疗费已全部付清凭何让我再交 3000 元？邓明对于复议的裁决仍不服，于是提起诉讼。可想而知，邓明的车至此露天放置已长达 1 年，车放置在那里没人用没有人管也没有人保养导致生锈非常严重，直接经济损失达 8000 元左右。法院经审理认为，邓明在开车发生交通事故后，不但没有自觉及时向伤者支付必要的治疗费用，而且也没有积极配合有关交警队处理交通事故，因此延误了交警队处理本案的时间。本案中，区交警队暂扣肇事车辆，是合法行为，是为处理这起交通事故所采取的措施。但是，区交警队的做法也有不妥，应当将扣押的车辆妥善保管，不应当将车露天停放，应当采取措施使得车辆免遭日晒雨淋，如果区交警队采取防护措施，车就不会生锈，因为区交警队的保管不当加快了车辆报废的速度，对损害后果负一定责任，理应承担适当的赔偿。于是法院最后判决：区交警队赔偿邓明被扣押车辆直接经济损失6000元，其余2000元由邓明自负，车辆残余部分归邓明所有。

（二）分析

此案让我们深思，公安机关执法为何如此不注重保护公民的财产？扣押的车仍然是邓明的，警察为何不懂得在扣押期间车辆的所有权仍然是邓明的，既然是邓明的，警察就负有妥善保管好邓明车辆的义务，如果不妥善保管，因此而丢失、损毁，交警队当然负有赔偿车的损失的责任，这在我国民法都有相应的规定。因为警察在执法中没有民法上的公民财产神圣不可侵犯的理念，所以才导致公安机关赔偿损失的后果。

笔者认为，本案是警察利用公权力侵犯公民私权利。具体说是侵犯公民财产所有权的典型案例。我国宪法明确规定了法律保护公民的财产权。《物权法》第2条规定："因物的归属和利用而产生的民事关系，适用本法。本法所称物，包括不动产和动产。法律规定权利作为物权客体的，依照其规定。本法所称物权，是指权利人依法对特定的物享有直接支配和排他的权利，包括所有权、用益物权和担保物权。"其中所有权是物权的基础、核心内容，其他的物权都是在所有权的基础上派生的。所有权包括权利主体对物的占有权、使用权、收益权、处分权四种权能。

在本案中，邓明购买了王勇华的汽车一辆，并完成了交付，根据《物权法》的相关规定可知，邓明取得了该汽车的所有权，对该汽车享有占有、使用、收益和处分的权利，并有排除任何人干涉的权利。虽然区交警队为了处理交通事故，暂扣时将肇事车辆扣押，属于合法行为，但区交警队在合法履行公职行为的同时，不代表其合法行为不会产生侵权的民事责任。区交警队不因合法扣押车辆就可以置他人的车辆于不顾，在扣车期间，交警队必须将扣押的车辆妥善保管，不因扣押本身行为的合法性而否定交警队对车辆的妥善保管的义务，这是两个问题，扣押车辆本身是行政行为，而将扣押的车辆妥善保管这又是民法上对他人财产不得侵犯的义务，交警队将车露天停放，没有采取任何妥善的保管措施，致使车辆严重生锈，没有尽到民法上合理的注意义务，结果加快了车辆报废的速度，造成了邓明的财产损失。因此，交警队要承担民事责任，即赔偿损失。区交警队对造成邓明的财产损失的行为主观上具有故意，而且，其行为和邓明的财产损失具有法律上的因果关系。据此，可以认定区交警队对邓明承担侵权责任，符合民法规定。

纵观本案，警察执法必须熟知民法的所有相关知识，只有时时抱有公民财产神圣不可侵犯的理念，警察执法才不会侵权，则公安机关的民事赔偿就可以避免，由此看出，公安机关执法不学民法不行，民法的普及迫在眉睫。

第四节　警察执法与相邻关系

警察执法也经常遇到相邻关系方面的案例，如何做到警察执法时保护好相邻关系各方的利益，就必须先搞清楚民法对相邻关系的规定。

一、我国的规定

我国《民法通则》第五章民事权利中第一节“财产所有权和与财产所有权有关的财产权”第 83 条规定：“不动产的相邻各方，应当按照有利生产、方便生活、团结互助、公平合理的精神，正确处理截水、排水、通行、通风、采光等方面的相邻关系。给相邻方造成妨碍或者损失的，应当停止侵害，排除妨碍，赔偿损失。”在《民通意见》中从第 96 ~ 103 条对相邻关系作出了规定。

我国《物权法》第七章设专章对相邻关系进行了规定。

《物权法》第 84 条规定了处理相邻关系的原则：“不动产的相邻权利人应当按照有利生产、方便生活、团结互助、公平合理的原则，正确处理相邻关系。”

第85条规定："法律、法规对处理相邻关系有规定的，依照其规定；法律、法规没有规定的，可以按照当地习惯。"

第86条规定："不动产权利人应当为相邻权利人用水、排水提供必要的便利。对自然流水的利用，应当在不动产的相邻权利人之间合理分配。对自然流水的排放，应当尊重自然流向。"

第87条规定："不动产权利人对相邻权利人因通行等必须利用其土地的，应当提供必要的便利。"

第88条规定："不动产权利人因建造、修缮建筑物以及铺设电线、电缆、水管、暖气和燃气管线等必须利用相邻土地、建筑物的，该土地、建筑物的权利人应当提供必要的便利。"

第89条规定："建造建筑物，不得违反国家有关工程建设标准，妨碍相邻建筑物的通风、采光和日照。"

第90条规定："不动产权利人不得违反国家规定弃置固体废物，排放大气污染物、水污染物、噪声、光、电磁波辐射等有害物质。"

第91条规定："不动产权利人挖掘土地、建造建筑物、铺设管线以及安装设备等，不得危及相邻不动产的安全。"

第92条规定："不动产权利人因用水、排水、通行、铺设管线等利用相邻不动产的，应当尽量避免对相邻的不动产权利人造成损害；造成损害的，应当给予赔偿。"

由上看出，我国《物权法》对相邻关系的高度重视，警察在执法中必须熟知这些规定，吃透其中的精神实质、立法理念，才能在实践中切实保护好相邻关系各方的利益，处理好相邻各方的利益关系，构建和谐美满的相邻关系。

二、相邻关系的种类

具体说来，我国对相邻关系的规定大致包括以下几种：

1. 相邻防险、防污关系

《民通意见》第97条规定："相邻一方因施工临时占用他方使

用的土地，占用的一方如未按照双方约定的范围、用途和期限使用的，应当责令其及时清理现场，排除妨碍，恢复原状，赔偿损失。”

2. 相邻用水、流水、排水关系

根据《民通意见》第98条、第99条、第102条以及《物权法》第86条的规定，一方擅自堵截或者独占自然流水，影响他方正常生产、生活的，他方有权请求排除妨碍；造成他方损失的，应负赔偿责任。相邻一方必须使用另一方的土地排水的，应当予以准许；但应在必要限度内使用并采取适当的保护措施排水，如仍造成损失的，由受益人合理补偿。相邻一方可以采取其他合理的措施排水而未采取，向他方土地排水毁损或者可能毁损他方财产，他方要求致害人停止侵害、消除危险、恢复原状、赔偿损失的，应当予以支持。处理相邻房屋滴水纠纷时，对有过错的一方造成他方损害的，应当责令其排除妨碍、赔偿损失。

排水关系可以分为自然排水关系和人工排水关系。自然水一般是指泉水、雨水、雨雪等。施以人工的流水则为人工流水，如排放蓄水工程中的水及工业废水等。一般说来，水流是向下的，因此，低地的所有人应负容忍的义务，学说上称为“承受义务”。但是，此承受义务只是一个不作为的义务，当水流下时，如果水流堵塞则低地所有人没有疏通的义务，因此，低地所有人有承受义务却没有疏通义务。此时，高低所有人或使用人有以自己的费用而为必要的疏通工事的权利，这就是高地所有人或使用人的疏通权。疏通费用有习惯的，依照习惯。自然排水中，低地所有人有承受的义务，在人工排水中低地所有人则无此项义务。对于人工流水，一般说来，土地所有人或利用人在进行人工排水时，无使用邻地的权利。土地所有人或利用人也不得设置屋檐或其他工作物，使自己不动产上的雨水直接注入邻近的他人的不动产上。

3. 相邻使用、通行关系

根据《民通意见》第100条和第101条以及《物权法》第87

条和第 88 条的规定，一方必须在相邻一方使用的土地上通行的，应当予以准许；因此造成损失的，应当给予适当补偿。对于一方所有的或者使用的建筑物范围内历史形成的必经通道，所有权人或者使用权人不得堵塞。因堵塞影响他人生产、生活的，他人要求排除妨碍或者恢复原状的，应当予以支持。但有条件另开通道的，也可以另开通道。

相邻管线设置，是指土地所有人或使用人不通过他人土地，则不能安设电线、水管、煤气管、下水道、电缆等，或虽能安设但费用太大，则允许其通过他人土地之上下安设。安设人应选择对邻人损害最小的方法安设，并应支付补偿金。

4. 相邻通风采光关系

为了保证城市的居民足够地通风、采光，相邻各方在建筑时，要保证一定的距离，以免影响他人的通风、采光。《物权法》第 89 条便是这方面的规定。

5. 其他相邻关系

根据《民通意见》第 103 条的规定，相邻一方在自己使用的土地上挖水沟、水池、地窖等或者种植的竹木根枝伸延，危及另一方建筑物的安全和正常使用的，应当分情况，责令其消除危险，恢复原状，赔偿损失。

有关越界建筑问题，值得我们研究，尤其警察执法可能会遇到很多这方面的案例。那么何为越界建筑？在我国，土地公有，公民，法人和其他组织对土地仅依法享有国有土地使用权、农村土地使用权、农村土地承包经营权、开荒造林权、宅基地使用权等用益物权。当事人依法取得上述权利，并且经过相应主管部门的批准，有权于该土地上建筑房屋的，都可以成为我们讨论的有权建筑人。逾越疆界，是指有权建筑人在有权建筑的土地上建筑房屋超越了疆界。如果当事人对土地根本就没有建筑权，那么就谈不上越界建筑的问题，属于全部侵占他人土地建筑房屋。那么，越界多少为越界建筑，这需要在实践中确定一个规则，最好在法律中明确规定一定的幅度，由法官自由裁量。但是，这些幅度又是可以列举出的，避免法官的自由裁量权过大。

一方越界建筑，另一方可以请求排除，越界建筑给对方造成损害的，受害方可以请求赔偿损害。但是，邻地所有人或使用人知悉受损害后，在相当时间内应当提出异议，否则不但不可以请求除去或变更建筑物，而且还要负担容忍邻人使用其土地的义务。也就是说，邻地权人对逾界建筑未有合法异议，则无权请求移去或变更建筑物。邻地权人不得请求移去或变更逾界建筑物，这主要以牺牲较小利益保护较大利益的缘故。也可以说，依据法律规定，以建筑物既成事实为基础，承认逾界建筑人土地权利的扩张和邻地权人土地权利的限制。这是法律为保护社会财富不得已而承认的一种既成事实。这样的越界建筑的效力具有十分重要的意义。但是，越界建筑的效力仅产生既成的建筑，如果逾界建筑终结后又行重建，不应当给予支持。即便因意外事故使建筑物损毁也不得重建（但可以进行损坏不大的修复），除非逾界建筑人已经购买了逾界土地的建筑权利。这仍然是考虑逾界建筑制度设定的目的就是保护既成的事实，牺牲较小利益保护较大利益。土地权利和建筑物转让，不影响该制度之效力，继受人应当随逾界土地权利之扩张和邻地土地权利之限制。

有关竹木根枝越界问题也值得我们探讨，警察执法时也很可能遇到相邻各方因为竹木根枝越界而发生纠纷，如何处理，需要警察深入学习相关知识。

许多国家的民法一般都规定，相邻一方栽培竹木，应与地界保持一定的距离，以免根枝越界。如果根枝越界，邻人可以请求越界方剪裁，栽培者应当及时剪裁，逾期不剪除的，邻人有权自行剪除，而且可以截取越界之根枝。

果实越界，如何处理？早在罗马法时就认为，果实自落于邻地者，3 日内所有人得自由拾取，3 日之后则归邻地所有人所有。《德国民法典》第 911 条规定，从树木或灌木自落于邻地的果实，视为此土地的果实。邻地用于公共使用的，不适用此种规定。我国台湾地区“民法”第 798 条规定，果实自落于邻地的，应视为属于邻地，但如果邻地为公用者，不在此限。《法国民法典》第 673 条第 1 项规定，逾越邻地自落之果实，归邻地所有人所有。《瑞士民法典》的规定与《德国民法典》有所不同。《瑞士民法典》第 687 条第 2 项规定，土地所有人平常有容忍邻人树枝之侵害的情形的，对于自落的果实享有取得权。

对比以上可以看出，除了《瑞士民法典》规定“在土地所有人容忍邻人树枝侵害时，对自落的果实享有取得权”外，其他各国几乎都一致规定，果实自落于邻地的，归邻地所有人所有。

三、相邻权与地役权关系

相邻权与地役权两者的共同点是：都是以邻人的不动产供自己不动产便宜之用的权利，即都是为方便自己不动产的使用而利用邻人不动产的权利。

相邻权与地役权的区别为：

第一，相邻权是法律直接规定的，而地役权是约定的。

第二，相邻权关系包括相邻土地关系和相邻建筑物关系，而地役权只包括土地相邻关系。

第三，相邻权是法定权利，是法律对相邻关系进行的最低限度调节的结果，而地役权作为当事人双方超越相邻权限度而约定的权利，其对土地所有权的限制与扩展程度较大。

第四，相邻权的行使只要不给对方造成损失，一般是无偿的，而地役权的取得是有偿的，当然也可以无偿。

由以上所述我们不难看出，相邻权与地役权是不同的，两者存在一定的界限，我国《民法通则》只规定了相邻权，而没有规定地役权，但是，在刚刚颁布的《物权法》中却对地役权作了明确的规定，具有重要的意义，可以妥善处理相邻关系所不能处理的问题。因为相邻权是法律规定的最低限度，超过这一限度，就需要当事人双方通过协议的形式进行约定使用对方的不动产，可以约定有偿提供使用，这样，在不同程度上分别使利用者的利用目的得到满足，因此，我国《物权法》明确规定地役权，将相邻关系与地役权并行加以规定，确实具有很重要的意义。

四、警察执法与相邻关系

警察执法要注重相邻关系的保护，在司法实践中，可能会因为相邻关系引发住户之间的纠纷，无论纠纷发展到什么程度，警察都离不开对相邻关系的民法规定的了解和掌握，正确划分民事案件与刑事案件的区别。例如，双方因为土地相邻或者房屋相邻而发生纠纷，争吵不止，相互谩骂，则尚未构成刑事犯罪，而此时如果警察接到举报来现场处理纠纷，在这种双方轻微的谩骂下，警察需要清楚的是双方的谩骂导致一方涉嫌侵犯另一方的民事权利即名誉权，仅仅涉及民事侵权，不涉及刑事案件。在此案中，如果双方打起来，而且一方伤势很重，则涉嫌公法的侵犯。警察必须学会划清公法侵权和私法侵权的界限，只有这样才能将纷繁复杂的各类案件理顺，才能将混杂在一起的刑事、行政、民事案件理清，合法界定哪些属于民事侵权行为、哪些属于刑事侵权行为、哪些属于行政侵权行为。如果仅仅是民事侵权行为，则警察要告知双方到法院通过民事诉讼解决，这时需要警察向当事人双方讲清楚案件的性质和当事人的解决途径，无论如何，警察不该介入民事纠纷的解决。但是，警察必须向当事人讲清楚不干预民事案件的法律依据，否则百姓因为不懂法律可能会误认为警察行政不作为。由此看出，警察对民法相关知识的掌握非常重要，只有警察熟练掌握公法和私法的内容，才能公正娴熟地合法处理执法中遇到的一切案件。

第五节　警察侵犯相邻关系的案例及其分析

一、虚拟案例

（一）案情

马明、宋清，一对老年夫妻，某县人。他们与该乡的居民姚华为邻居，虽然两家一起居住多年，但却因宅基地纠纷打起了官司。某年5月，当时该宅基地纠纷已经被某市中级人民法院受理，且正在审理之中，尚未作出判决。但姚家此时却在两家有争议的地块上建起了房子，这让两位老人颇为生气。于是，马明、宋清夫妇在5月11日下午带领亲戚4人将姚家已经建了1米多高的墙推倒，没想到这一推惹出了麻烦。当天下午，某派出所民警来到他们家，在未出示任何证件、亦未问明事情经过的情况下将两名老人带回某派出所，并对二人作出了行政拘留15日、罚款1000元的行政处罚。

（二）分析

在本案中，两户相邻居民之间的宅基地纠纷很显然是一起关于土地使用权的民事纠纷，且某市中级人民法院对此纠纷正在审理之中，因此，某派出所的行为已经构成了对民事纠纷的不正当介入。民事纠纷属于平等民事主体之间对某一事项或标的分歧、争议，这就决定了在民事纠纷的解决过程中应充分贯彻民法的基本原则，即公平、平等、诚实信用及意思自治原则。对民事纠纷的解决一般有三种途径，即双方当事人自行协商解决，经双方协议提交仲裁机构通过仲裁解决，或者走司法程序通过法院判决、裁定解决。《治安管理处罚法》第9条规定："对于因民间纠纷引起的打架斗殴或者损毁他人财物等违反治安管理行为，情节较轻的，公安机关可以调解处理。经公安机关调解，当事人达成协议的，不予处罚。经调解未达成协议或者达成协议后不履行的，公安机关应当依照本法的规定对违反治安管理行为人给予处罚，并告知当事人可以就民事争议依法向人民法院提起民事诉讼。”可见，对于民事纠纷，公安机关只是起到调解的作用。在调解不成的情况下，公安机关只对自己职责范围内的违反治安管理的行为负责。如果当事人并没有违反治安管理处罚法，警察当然不能进行违反治安管理行为的处罚。

在本案中，姚家在双方有争议的土地上建房在先，根据相关法律规定，对于争议中的标的，当事人有保持现状的义务。所以，马明、宋清夫妇的行为从严格意义上说并没有构成对他人财物的损毁，不属于违反治安管理规定的行为。退一步说，就算马明夫妻二人的行为违反了治安管理的相关规定，那么某派出所也应该对该纠纷先行调解，在调解不成的情况下再对二者作出行政处罚。而本案中，夫妇双方并没有任何违反《治安管理处罚法》的行为，仅仅就是维护自己的财产不受他人的侵占，充其量也仅仅是合法的自卫，是对他人侵犯自己财产的行为的一种合法的自力救济，而且并没有任何侵犯他人财产和人身的行为。但在本案中，某派出所没有任何调解行为，直接对两位老人作出了行政处罚决定。

另外，还有一个客观情况不容忽视，那就是关于该宅基地的纠纷某市中级人民法院已经立案审理，某派出所更不应当对法院审理过程中的纠纷进行干涉，这样只会带来公权力介入的混乱，因为本案就是民事纠纷，双方已经通过民事诉讼程序由法院来处理，而且正在审理之中，警察为何超越自己权力介入不该介入的领域？此案件明显不属于警察公权力的范畴，完全是民事纠纷，笔者一直主张警察不该介入民事纠纷，遇到民事纠纷要告知双方去法院通过民事诉讼程序解决，这样做也同样符合《治安管理处罚法》的规定。

二、反思

综上可以看出，警察在遇到此种案件时，一定不要滥用公权力，不能认为警察权力没有边界，什么案件都可以处理。事实上，警察一定要学好民法，因为随着市场经济的发展，公民主体之间的纠纷往往是民事纠纷居多，警察不学民法就不能领会民法的精神，面对民事案件就会动用自己无比威力的公权力，结果必然伤害案件当事人一方的利益，导致侵权，要承担侵权责任。该案中公安机关的行为已经构成了对民事纠纷的非法介入，要引起公安部门的高度重视。

第六节　警察执法与善意取得、赃款赃物的追缴

善意取得制度为近代以来大陆法系与英美法系民法上一项非常重要的制度。善意取得是一种以牺牲财产所有权的静的安全为代价来保障财产交易的动的安全的制度。该制度设立的目的是保护交易市场的安全、便捷与迅速。接受物者没有必要花太多精力调查对方有无所有权，如果这样，则会影响交易的迅速性，从而影响市场发展。

准确把握善意取得制度，我们有必要先对占有制度进行了解。我国《物权法》对占有制度作了明确的规定，掌握占有的概念、种类、构成要件以及占有和持有的区别对于警察执法具有重要的意义。当警察遇到有关占有的案件时，要分析善意和恶意情形，有权和无权等各种情形。占有和持有的概念也是经常混淆的，因此，熟知相关的理论和我国物权法的相关规定，对警察公正执法正确处理占有的相关案例具有重要的意义。

一、占有的制度

（一）占有概念

在罗马法时代，就有占有制度，即把占有作为一种独立于所有权之外的一种独立的制度。因此，占有是罗马法一项重要的物权内容。古罗马的占有，是指人对物件有事实上的管领力、控制力、支

配力。不管物件的所有权人是谁，只要对物件加以事实上的控制，就是占有。但是，罗马法承认占有是一种事实，不是权利，同时对占有的合法性进行肯定，因此，罗马法在法律上赋予实际占有以各种保护。后来，欧洲大陆民法典以及日本民法典都沿用了占有制度。

罗马法上对占有（Possessio）规定为：占有是指人对物件有事实上的管领力、控制力、支配力。如前所述，在罗马法上，占有是一种事实，而不是一种权利，基于占有的事实，可以推定占有的所有权人。这种制度不在于保护权利人，而在于保护社会的和平与秩序。

占有是对物的占领、控制。对物的管领或者控制需要人的身体与物发生一种实实在在的接触以及占有的意思表示。也就是说，占有的成立需要有占有的事实状态以及占有的主观意思。依据这种占有的客观与主观的结合，占有可以是本权的占有，也可以是无本权的占有；可以是自主占有，也可以是他主占有；可以是直接占有，也可以是间接占有。尽管占有的形式是多种多样的，但我们仍可以在所有的占有中寻找出适用一切占有的条件，即一切占有至少应当符合以下条件：占有的主观条件和占有的客观条件，但是长期以来学界却普遍存在要么主观条件，要么客观条件的观点，即认为占有的成立或者是单纯的主观条件，或者是单纯的客观条件，却不把占有的条件认为是主观和客观两者结合，缺一不可（尽管主观说认为占有的成立要件是主观和客观的结合，既包括体素又包括心素，但是这种主观说的称呼不准确，因此我们仍认为主观说的观点也并不十分完美）。这是长期以来许多学者承认的观点。事实上，这种将主观和客观看做是不可调和的对立的观点是不可取的，因为就占有而言，它的成立，既要主观上有占有的意思，同时客观上还必须形成了占有的事实。

我国《物权法》对占有作了规定，第241条规定：“基于合同关系等产生的占有，有关不动产或者动产的使用、收益、违约责任等，按照合同约定；合同没有约定或者约定不明确的，依照有关法律规定。”第 242 条规定：“占有人因使用占有的不动产或者动产，致使该不动产或者动产受到损害的，恶意占有人应当承担赔偿责任。”第 243 条规定：“不动产或者动产被占有人占有的，权利人可以请求返还原物及其孳息，但应当支付善意占有人因维护该不动产或者动产支出的必要费用。”第 244 条规定：“占有的不动产或者动产毁损、灭失，该不动产或者动产的权利人请求赔偿的，占有人应当将因毁损、灭失取得的保险金、赔偿金或者补偿金等返还给权利人；权利人的损害未得到足够弥补的，恶意占有人还应当赔偿损失。”第 245 条规定：“占有的不动产或者动产被侵占的，占有人有权请求返还原物；对妨害占有的行为，占有人有权请求排除妨害或者消除危险；因侵占或者妨害造成损害的，占有人有权请求损害赔偿。占有人返还原物的请求权，自侵占发生之日起一年内未行使的，该请求权消灭。”

（二）占有的构成要件

占有的构成要件缺少不了主观要件和客观要件。换句话说，占有都包括体素和心素两个要素，这说明占有的成立要件至少包括主观要件和客观要件。那种只承认一个要件（或者只承认主观要件，或者只承认客观要件）的片面说法是站不住脚的，理论上、立法上都难以行得通。美国学者 Tay 也认为，占有必须是有意识的、有意图的关系。是受自我意识和自我控制的，而无意识状态下的占有在法律上是没有意义的，很难获得保护。因此，我们可以断然肯定，占有的构成要件为主观和客观的统一，二者缺一不可。

（三）占有和持有

占有与持有不是一个概念，占有的成立至少需要主观要件和客观要件，而持有仅需要客观要件即可。在现实生活中不乏持有的例子。例如，某人去做客，将东西遗失在主人房间，但是主人对此毫无察觉，这就是持有，而不是占有。再如，无行为能力人对物的控制就是持有而不是占有，仅有客观的要件，没有主观的占有意思，所以不是占有而是持有。耶林（Thering 1818～1892 年），写了一本《意思在占有中的作用》，在书中他主张，除时效取得须有所有的意思外，占有以有持有的意思为已足，既不需要有所有的意思，也不需要有为自己占有的意思。因此他说，占有与持有在主观方面没有区别，都是只要有支配，控制物件的意思就够了。二者的区别是在客观方面，看这种占有是否有外部障碍，凡有外部障碍、使你不能占有的为持有（握有），没有外部障碍你占有的，握有也是占有。例如，有人到寺院里拿来一件神用物，由于它是不可有物，不论他是否有所有的意思，都不能叫占有，只能叫持有。再如，承租人对承租的房子，因有出租人（所有人）这个外部障碍，只是持有，而不是占有。根据这种理论，讼争物保管人、典质权人、容假占有人、承租权人对标的物当然是占有，当然受占有令状的保护。因为对这四种人的占有没有外部障碍。但是，对于借用人、承租人、受寄人、受雇人、代理人等管领他人财产者，罗马法上为什么不给予占有令状的保护呢，耶林解释说，这是因为借用人等并没有给他们以占有保护的必要，当时罗马是农业社会，当事人都住得很近，如果借用人等的权利受到妨碍，可随时求援于出借人等，请他们出面来主张就足以保护借用人等的权利和利益。况且不给借用人等以占有保护，正是为了保护出借人、出租人、寄托人，雇用人、被代理人的利益。[①] 而萨维尼指出，占有须有所有的意思，即占有人主观上是把物件当做自己所有的东西来管领的，如果不是以所有的意思而管领的，叫做持有（握有）。由此看出，不管学者对于持有和占有的认识如何，他们的一个共同之处就是将占有和持有区分，认为两者不是一个概念。

占有和持有是两个不同的概念。但是，是否我们一定要在《物权法》中对占有和持有分别加以规定呢？答案是否定的，我国《物权法》没有对持有概念加以规定，笔者赞同这种做法，尽管占

---

① 龙斯荣．罗马法要论．吉林：吉林大学出版社，1991. 177.

有和持有概念不同，但是我们没有必要在《物权法》中对持有作出明确的规定。一些国家规定了持有，并且允许持有人可行使占有保护请求权。例如，《意大利民法典》第 1168 条规定，被以暴力或者秘密的方式侵夺占有的人，可以自权利被侵夺之日起一年内，向侵夺者提出归还占有的请求。此外，持有人也可以提起上述诉讼，因提供服务或者因友情而持有物的情况除外。事实上，在民法中将占有和持有严格区分，分别加以规定的做法不可取，因为持有具有临时性、可转化性，如前面所说的遗失物，当主人毫无察觉时，涉及不到遗失物的归属处置问题，而一旦主人发觉之后，持有就会向占有转化或者向其他的制度转化。再如，无行为能力人对物的控制，这种持有的时间会很短，因为这种持有会转化为其他的制度所能解决的方式代替，如由他的代理人代理等。因此，如果将占有和持有严格区分，分别加以规定，实际操作上很难，带来了不必要的麻烦，同时，占有制度、代理制度、保管制度等都可以解决持有的问题，因此，还是在民法典中不对持有加以规定为好。也就是说，没有必要使简单的问题复杂化，如果一个问题能用很简单的方法就顺利合理地解决，我们何必又另寻麻烦。

（四）占有的具体类别

对占有依据不同的标准可以进行不同的分类。

1. 有权占有与无权占有

以占有是否依据本权而发生进行的分类。有权占有也叫做适法占有、正权原占有。正当的权利来源的依据叫做权原。正权原是法律行为适法的依据。也就是说，依据应当占有的权利而实行的占有。有权占有是基于法律行为或法律规定的合法原因，如买卖、赠与、设质等取得的占有；非依合法原因而取得的占有为无权占有（非法占有、无权原占有），如盗窃者、拾得者的占有。区分有权占有和无权占有的意义，主要在于对二者给予不同程度的法律保护。一般而言，有权占有不仅受占有制度保护，还受物权、债权等制度保护，而无权占有仅作为一种事实状态受占有制度的适当保护，无权占有人在本权人请求返还原物时，原则上负有返还义务。因此，进行这两种分类具有十分重要的意义。两种不同的占有给予保护的程度不同。

2. 善意占有与恶意占有

这是依占有人的主观心理状态对无权占有的再分类。善意占有，是指无权占有人不知其无占有的权利而进行的占有；反之，占有人明知无权占有仍然进行的占有为恶意占有。通说认为，构成善意占有的“不知无占有的权利”，应解释为“强信为有占有的权利”，若对此抱有怀疑，应属恶意占有。区分善意占有和恶意占有的意义主要表现在：(1)即时取得（善意取得）须以善意占有为要件。(2）在对物的使用收益、占有人的责任、占有人的费用返还请求权等方面，善意占有与恶意占有存在区别。善意占有和恶意占有在处理上的效力不同。因此，对于善意占有和恶意占有的区分具有重要的实际意义。

3. 无过失占有与有过失占有

这是以占有人对其不知其无占有权利是否有过失为标准，对善意占有的再分类。无过失占有是占有人不知且不应当知道其无占有权利的占有。占有人应当知道无占有权但是因过失而不知的，就是有过失的占有。我国台湾地区“民法”第770条规定，无过失占有为依时效取得不动产所有权的要件。《日本民法典》第192条规定，和平而公然地开始占有动产者，如系善意且无过失时，可即时取得该动产的权利。

4. 公然占有与隐秘占有

公然占有也叫做公开占有，不是故意对利害关系人隐秘的占有。隐秘占有，是故意隐瞒不让他人知道的占有。

隐秘占有，是故意隐瞒不让他人知道的占有。

5. 和平占有与强暴占有

和平占有，是指依照和平方法取得的占有；强暴占有，是指以法律禁止的强暴手段取得的占有，如抢夺、窃取等手段的占有就是强暴占有。

6. 继续占有与不继续占有

这是以占有的时间有无间断为标准进行的分类。很显然，继续占有就是占有在时间上无间断的占有；而不继续占有就是指在时间上有间断的占有。

7. 无瑕疵占有与有瑕疵占有

此种分类标准以上述分类标准为依据，即将和平占有与强暴占有、公开占有与隐秘占有、善意占有与恶意占有、有过失占有与无过失占有等合并在一起进行考虑。凡善意、无过失、和平、公然、继续等占有为无瑕疵占有。凡恶意、有过失、强暴、隐秘、不继续等占有为有瑕疵占有。这种区分的意义在于，以此作为取得时效的条件，一般说来，取得时效的援用应当是无瑕疵的。这对于确认占有的效力也具有十分重要的意义。

8. 自主占有与他主占有

自主占有是占有人对属于自己的财产的占有。所有权人当然可以对自己的财产进行占有。但是，当其他人误信自己为财产所有人而占有所有权归属不明确的财产时，也视为自主占有。他主占有是对他人财产的占有。自主占有和他主占有的区分对于取得时效的构成要件很重要。一般说来，通过取得时效而取得的财产，需要以自主占有为条件，对于误以属于自己的物而进行的占有才可以构成自主占有，不具备自主占有的要件者，不能依据取得时效而取得财产所有权。

9. 直接占有与间接占有

直接占有就是对财产进行事实上的直接支配；间接占有就是占有人和财产的所有人之间有一定的法律关系从而对财产所有人的财产进行间接占有。

10. 自己占有与辅助占有

这是以占有人是否对标的物亲自进行占有为标准进行的分类。辅助占有是基于特定的法律关系，受他人的指示而对标的物进行的占有。在辅助占有中，辅助占有人因系受他人的指示而管领标的物，处于从属地位，并没有自己独立的目的和利益。所以，辅助占有虽事实上支配标的物，但社会观念上并不认为是独立的事实支配，辅助占有人并非占有人，而以指示之人为占有人。

11. 单独占有与共同占有

这是以占有的人数为标准而做的分类。单独占有，是指占有人为一人的占有；共同占有，是指占有人为二人以上的占有。共同占有又分为统一共同占有和重复共同占有。

12. 代理占有与自己占有

对自己的物的占有为自己占有；所持他人之物的占有，称为代理占有。

占有制度的设定的必要性在于保护和维持物的占有关系的现状，发挥物被占有时的价值，维护社会的和平与秩序。占有制度保护的正是这种现实的占有关系，使得被占有的物发挥了应当发挥的作用，由此看出，占有保护的是现存的事实，而不是权利。尊重社会现状、禁止任意的扰乱物的占有秩序，正是靠占有制度发挥作用的。依据这种制度，占有一旦存在，就受到法律的保护，任何人不得以私力破坏物的被占有的现状，除非法律的规定。因此，单靠所有权制度无法全部解决占有的现状问题，设定占有制度就将占有的现状予以了充分的保护，维护了社会的安全，保护了近似于物所处的静的状态，使之不至于再改变占有，维护物的安宁和利用，从而维持了占有的现状。发挥物的作用的同时，也保护了社会的稳定，避免了他人抢夺等妨害占有的情况发生。

二、善意取得的构成要件

我国《物权法》对善意取得作了如下规定：

第 106 条规定："无处分权人将不动产或者动产转让给受让人的，所有权人有权追回；除法律另有规定外，符合下列情形的，受让人取得该不动产或者动产的所有权：（一）受让人受让该不动产或者动产时是善意的；（二）以合理的价格转让；（三）转让的不动产或者动产依照法律规定应当登记的已经登记，不需要登记的已经交付给受让人。受让人依照前款规定取得不动产或者动产的所有权的，原所有权人有权向无处分权人请求赔偿损失。当事人善意取得其他物权的，参照前两款规定。”

第107条规定：“所有权人或者其他权利人有权追回遗失物。该遗失物通过转让被他人占有的，权利人有权向无处分权人请求损害赔偿，或者自知道或者应当知道受让人之日起二年内向受让人请求返还原物，但受让人通过拍卖或者向具有经营资格的经营者购得该遗失物的，权利人请求返还原物时应当支付受让人所付的费用。权利人向受让人支付所付费用后，有权向无处分权人追偿。”

第108条规定：“善意受让人取得动产后，该动产上的原有权利消灭，但善意受让人在受让时知道或者应当知道该权利的除外。”

以上条文是有关善意取得的《物权法》的规定，由此我们看出，《物权法》有了明确的善意取得的规定，而且规定不动产也适用善意取得制度，具有重要的现实意义。

要了解善意取得的构成要件，我们有必要首先了解善意取得的立法发展过程，我国善意取得的立法发展过程如下：

1. 依《民通意见》第89条的规定：“共同共有人对共有财产享有共同的权利，承担共同的义务。在共同共有关系存续期间，部分共有人擅自处分共有财产的，一般认定无效。但第三人善意、有偿取得该项财产的，应当维护第三人的合法权益……”在司法审判实践中，该条所言的“应当维护第三人的合法权益”主要是指第三人可以基于善意取得制度取得财产的所有权。由此看出，司法解释中也是对善意取得制度持肯定态度的。

2.《民法通则》第79条规定，所有人不明的埋藏物、隐藏物、遗失物、漂流物和失散的饲养动物，应归国家所有或者归还失主，不适用善意取得制度，即赃物、遗失物不适用善意取得制度。

3. 我国《物权法》对善意取得作了如下的规定，第106条规定："无处分权人将不动产或者动产转让给受让人的，所有权人有权追回；除法律另有规定外，符合下列情形的，受让人取得该不动产或者动产的所有权：（一）受让人受让该不动产或者动产时是善意的；（二）以合理的价格转让；（三）转让的不动产或者动产依照法律规定应当登记的已经登记，不需要登记的已经交付给受让人。受让人依照前款规定取得不动产或者动产的所有权的，原所有权人有权向无处分权人请求赔偿损失。当事人善意取得其他物权的，参照前两款规定。"

综上所述，我们看出，截至刚刚颁布不久的《物权法》，我国法律对善意取得制度已经作出了明确具体的规定，使得相关案件的处理有了明确的法律依据。

我们可以从以下几个方面的条件展开来理解善意取得制度的构成要件：

1. 受让人经过交易从转让人那里取得财产

善意取得制度的一个非常重要的前提条件就是受让人与买受人之间存在交易行为。我国学者也认同善意取得制度的交易行为为其存在的一个条件。既然善意取得制度的一个适用条件是交易行为的存在，那么什么是交易呢？现实生活中的交易表现非常复杂，种类繁多，既包括各个国家和地区的民事立法上明文规定的各种分合同中存在的交易类型（如我国《合同法》中有关合同类型的分则的规定，就是明文规定的有名的合同对应的交易类型），也包括除此之外的各种无名合同对应的交易类型。那么，是否所有这些交易都可以发生善意取得问题？答案当然是否定的。

根据《物权法》规定，动产所有权移转或动产其他权利设定的交易中以及不动产的交易中，都有可能发生善意取得问题。主要包括买卖、互易、赠与、出资、特定物的遗赠、清偿债务的给付行为、作为消费借贷合同的成立要件的金钱物品的接受以及其他以动产和不动产物权的转移或设定为目的的交易行为，这些交易行为的一个共同特点就是都具有交换的特征。因此，对于盗窃、抢夺、贪污、挪用公款、继承、抢劫等行为中都不可能适用善意取得制度。

善意取得有三方当事人，即原所有权人，让与人和受让人，我们也可以称为第一人、第二人和第三人。而善意取得的交易行为主要指第二人和第三人之间的交易行为。如果让与人与受让人之间从事的买卖等行为是无效或可撤销的民事行为，则不能产生善意取得效果。例如，无权让与人欺诈损害受让人国家的利益，行为是无效的，第三人国家不能依照善意取得制度取得所有权。在这种情况下，按照无效或者可撤销的规定处理，双方或一方返还财产，恢复财产关系的原状。以上只是探讨第二人和第三人之间的交易行为不能属于无效或可撤销的情形，如果属于无效或可撤销的情形，则产生无效或可撤销的后果，不发生善意取得。但是，如果原所有人与让与人之间的法律关系属于无效情形，也就是第一人和第二人之间的关系属于无效或可撤销情形，并不影响第三人对其受让财产的善意取得。例如，原所有权人欺诈卖给国有企业产品，国企没有所有权，但是却转让给第三人，第三人善意有偿则可以取得所有权，发生善意取得问题。

在适用善意取得制度的交易行为中，交易行为中是否需要为有偿行为？即转让人与受让人之间的交易行为是否须有偿？应当有偿。

2. 受让人受让的标的物为动产或不动产

法律禁止或限制流通的物，如爆炸物、枪支弹药、麻醉品、毒品不适用善意取得，国家专有的财产也不适用善意取得制度。另外，法律禁止或限制流转的国有财产，也不适用善意取得。过去一直以来，我国的司法实践只承认动产的善意取得，也就是受让人取得的标的物只能为动产，即善意取得制度的适用以受让人受让动产为限。我国《合同法》第 368 条所规定的保管凭证、第 385 条所规定的仓单、第 319 条所规定的可转让多式联运单据以及提单等所表彰的动产，也适用动产善意取得制度。到了《物权法》，规定不动产也可以适用善意取得制度。

各国在对善意取得制度的适用进行一般规定的同时，也对善意取得制度的例外进行了规定，即在一般性地规定善意取得制度的适用的同时，也对哪些情况下不适用善意取得制度作了规定。笔者认为，由于我国目前正处于社会经济的发展时期，一般说来，采取较为宽泛的限制为好。因此，以《瑞士民法典》的规定为参考，将例外规定的适用范围限于一切占有脱离物，包括赃物、遗失物以及其他非基于所有权人意志丧失占有的物。这样规定更符合我国的国情。这里的赃物应当包括由走私、盗窃、抢夺等方式取得的物。

既然一些情况下法律规定不适用善意取得制度，那么，对于不适用善意取得制度的财产，原权利人就享有回复请求权。可以行使回复请求权的原权利人，既包括原所有权人，也包括基于他物权或债权占有财产的人。原权利人应向财产的现实占有人，即动产或不动产的善意受让人请求回复财产。该回复财产的请求权，各国都规定了一定的期限。

3. 处分人须为无处分权人

处分人为无处分权人，是善意取得制度适用的前提条件之一。无权处分，如处分人仅是财产的承租人、借用人、受寄人等。另外，处分人本有处分权，但之后因各种原因丧失了处分权。例如，处分人基于法律行为取得了财产的所有权，但在其将该财产处分之后，发现取得所有权的法律行为被撤销了，由于法律行为自始不发生效力，这就使得处分人自始成为无处分权人。

我国《民法通则》第25条规定，被撤销死亡宣告的人有权请求返还财产。依照继承法取得财产的公民或者组织，应当返还原物；原物不存在的，给予适当补偿。

我国《民通意见》第40条规定，被撤销死亡宣告的人请求返还财产，其原物已被第三人合法取得的，第三人可不予返还。但依继承法取得原物的公民或者组织，应当返还原物或者给予适当补偿。

4. 受让人（或取得人）为善意

受让人受让财产时必须是善意，才有善意取得制度的适用。善意是相对于恶意而言的，主要指不知情，也就是不知道也不应当知道让与人转让财产时没有处分该项财产的权限。对于作为善意取得制度适用条件之一的受让人的善意，各个国家和地区的立法都没有明文规定，但具体认定标准不一。

第三人的善意如何判断，一般是根据交易场所、交易价格、出让人有明显的可疑情况的；出让人能够提供但拒绝提供无权出让人情况的。

5. 非法转让人的占有须是基于所有人的意思而为

第一种是原物非基于所有人的意思而丧失占有，如原物被盗窃，被丢失。

第二种是原物是基于所有人的意思而由他人占有，如甲把电视机存放在乙处。目前我国不承认第一种情况下的善意取得。因此，盗窃物、遗失物不适用善意取得。理由包括以下几点，根据《民法通则》第79条的规定，拾得遗失物应当归还原主。《民法通则》第55条规定，民事法律行为必备要件之一是“不违反法律和社会公共利益”。我国《物权法》第109条规定：“拾得遗失物，应当返还权利人。拾得人应当及时通知权利人领取，或者送交公安等有关部门。”第110条规定：“有关部门收到遗失物，知道权利人的，应当及时通知其领取；不知道的，应当及时发布招领公告。”

三、善意取得的后果

善意取得产生如下的后果：

1. 善意第三人取得所有权

既然是善意取得制度，只要符合善意取得要件，则第三人因此取得财产的所有权。

2. 无处分权人将不当得利返还原所有权人

在保护善意第三人的同时，也保护原所有人的利益，由于让与人处分他人的财产是非法的，因此转让财产获得的非法所得，应作为不当得利返还原所有人。如果返还不当得利仍不足以补偿原所有人的损失，则原所有人可以基于侵权行为请求让与人赔偿损失弥补不足的部分。如果不法让与人以高于市场的价格让与财产，其超出的财产价值部分的所得，也应当返还给原所有人。《物权法》第106条规定："无处分权人将不动产或者动产转让给受让人的，所有权人有权追回；除法律另有规定外，符合下列情形的，受让人取得该不动产或者动产的所有权：（一）受让人受让该不动产或者动产时是善意的；（二）以合理的价格转让；（三）转让的不动产或者动产依照法律规定应当登记的已经登记，不需要登记的已经交付给受让人。受让人依照前款规定取得不动产或者动产的所有权的，原所有权人有权向无处分权人请求赔偿损失。当事人善意取得其他物权的，参照前两款规定。"《物权法》第108条规定："善意受让人取得动产后，该动产上的原有权利消灭，但善意受让人在受让时知道或者应当知道该权利的除外。"由此看出，我国《物权法》明文规定了原所有权人有权向无处分权人请求赔偿损失。

四、赃物是否适用善意取得

《物权法》第106条规定："无处分权人将不动产或者动产转让给受让人的，所有权人有权追回；除法律另有规定外，符合下列情形的，受让人取得该不动产或者动产的所有权：（一）受让人受让该不动产或者动产时是善意的；（二）以合理的价格转让；（三）转让的不动产或者动产依照法律规定应当登记的已经登记，不需要登记的已经交付给受让人。受让人依照前款规定取得不动产或者动产的所有权的，原所有权人有权向无处分权人请求赔偿损失。当事人善意取得其他物权的，参照前两款规定。"第107条规定："所有权人或者其他权利人有权追回遗失物。该遗失物通过转让被他人占有的，权利人有权向无处分权人请求损害赔偿，或者自知道或者应当知道受让人之日起二年内向受让人请求返还原物，但受让人通过拍卖或者向具有经营资格的经营者购得该遗失物的，权利人请求返还原物时应当支付受让人所付的费用。权利人向受让人支付所付费用后，有权向无处分权人追偿。”第108条规定：“善意受让人取得动产后，该动产上的原有权利消灭，但善意受让人在受让时知道或者应当知道该权利的除外。”

从以上《物权法》的规定可以看出，赃物不适用善意取得，这主要是根据遗失物的规定不适用善意取得而推断出来的。

事实上，《物权法》颁布之前，我国的司法实践也是不承认赃物的善意取得的：

1. 根据最高人民法院、最高人民检察院、公安部、财政部1965年12月1日〔65〕法研字第40号《关于没收和处理赃款赃物若干问题的暂行规定》第3条关于“检察院、公安机关依法移送人民法院判处案件的赃款赃物，应该随案移送，由人民法院在判决时一并作出决定”的规定，人民法院对需要追缴的赃款赃物，通过判决予以追缴符合法律规定的原则。赃款赃物的追缴并不限于犯罪分子本人，对犯罪分子转移、隐匿、抵债的，均应顺着赃款赃物的流向，一追到底，即使是享有债权的人善意取得的赃款，也应追缴。刑法并不要求善意取得赃款的债权人一定要参加刑事诉讼，不参加诉讼不影响判令其退出取得的赃款。

2. 依据1965年12月1日最高人民法院、最高人民检察院、公安部、财政部《关于没收和处理赃款赃物若干问题的暂行规定》第6条规定：“在办案中已经查明被犯罪分子卖掉的赃物，应当酌情追缴。对买主确实知道是赃物而购买的，应将赃物无偿追出予以没收或退还原主；对买主确实不知是赃物，而又找到了失主的，应该由罪犯按卖价将原物赎回，退还原主，或者按价赔偿损失；如果罪犯确实无力回赎或赔偿损失，可以根据买主与失主双方的具体情况进行调解，妥善处理。”

3. 我国1992年8月26日最高人民法院针对诈骗后抵债的赃款认为应当进行追缴，从对新疆维吾尔自治区高级人民法院《关于对诈骗后抵债的赃款能否判决追缴的请示》作出的答复中可以看出赃物不适用善意取得。最高人民法院研究室指出："经研究，我们认为，犯罪分子以诈骗手段，非法骗取的赃款，即使用以抵债归还了债权人的，也应依法予以追缴。追缴赃款赃物的方式法律规定有多种，判决追缴只是其中一种。"也就是说，1992 年 8 月最高人民法院研究室《关于对诈骗后抵债的赃物能否判决追缴问题的电话答复》规定，赃款赃物的追缴并不限于犯罪分子本人，对犯罪分子转移、隐匿、抵债的，均应顺着赃款赃物的流向一追到底，即使享有债权的人善意取得的赃款，也应追缴。

4. 1996 年 12 月 16 日，最高人民法院颁布的《关于审理诈骗案件具体应用法律的若干问题的解释》第 11 条规定："行为人将诈骗财物已用于归还个人欠款、货款或者其他经济活动的，如果对方明知是诈骗财物而收取，属恶意取得，应当一律予以追缴；如确属善意取得，则不再追缴。"

5. 最高人民法院、最高人民检察院、公安部、国家工商行政管理局《关于依法查处盗窃、抢劫机动车案件的规定》第 12 条规定："对明知是赃车而购买的，应将车辆无偿追缴；对违反国家规定购买车辆，经查证是赃车的，公安机关可以根据《刑事诉讼法》第一百一十条和第一百一十四条规定进行追缴和扣押。对不明知是赃车而购买的，结案后予以退还买主。"

6. 最高人民法院《关于在审理经济纠纷案件中涉及经济犯罪嫌疑若干问题的规定》第 7 条规定："单位直接负责的主管人员和其他直接责任人员，将单位进行走私或其他犯罪活动所得财物以签订经济合同的方法予以销售，买主明知或者应当知道的，如因此造成经济损失，其损失由买方自负。但是，如果买方不知该经济合同的标的物是犯罪行为所得财物而购买的，卖方对买方所造成的经济损失应当承担民事责任。"

7. 我国 1997 年 1 月 9 日公安部颁布的《关于办理利用经济合同诈骗案件有关问题的通知》公通字〔1997〕6 号规定："行为人

将诈骗财物已用于归还债务、货款或者其他经济活动的，如果对方明知是诈骗财物而收取，属恶意取得，应当一律予以追缴；如确属善意取得，则不再追缴。被害人因此遭受损失的，可依法提起附带民事诉讼解决。”

从以上规定我们可以得出结论，司法实践中是不承认赃物的善意取得的。从《物权法》的规定可以看出，遗失物不适用善意取得。虽然我国《物权法》对盗窃物是否适用善意取得没有明确规定，但参照遗失物的规定，赃物也不应当适用善意取得。因为遗失物尚不适用善意取得，盗窃物则更不能适用善意取得了。

也可以说，我国《物权法》是排除赃物的善意取得的，笔者完全赞同此观点。虽然《物权法》没有明确规定赃物的善意取得，但我们可以从《物权法》遗失物的相关规定以及善意取得的相关司法实践的一些规定得出赃物不适用善意取得的结论。通过以上《物权法》的规定以及司法实践，我们可以看出，赃物排除了善意取得的适用具有重要的意义。

如果所有人因为被盗、遗失等原因丧失对财产的占有以后，几经转手，所有人有权要求最后占有人返还。如果最后占有人是善意的，所有人取回该物时，应补偿占有人的损失。

五、公安执法与善意取得、赃物追缴

通过以上论述我们就能清楚掌握善意取得的基本理论，了解物权法对善意取得的相关规定。事实上，警察执法在善意取得制度中遇到的问题很多。这就要求公安民警必须掌握民法中的物权法对善意取得的规定，深刻了解善意取得的实质内容，才能在实践中准确适用善意取得制度。在公安部门，很多民警不知道什么是善意取得，不知道善意取得制度的意义以及赃物不适用善意取得的理由。

了解赃物为何不适用善意取得制度对于警察赃物的追缴具有重大意义。善意取得对保护交易安全，维护第三人的权利具有重要的意义。但是，如果不将赃物排除在善意取得之外，则很多犯罪分子

所得赃物会马上转手，善意第三人如果取得赃物所有权，不利于赃物的追缴，也不利于犯罪分子犯罪证据的搜集，因此，赃物不适用善意取得制度。从《物权法》第 107 条可以看出，遗失物不适用善意取得，赃物也不适用善意取得。

现实中大量赃物的追缴都需要由公安部门来完成，公安部门要熟知以上所有列举的我国相关赃物追缴规定的精神，才能在实践中完成赃物的追缴，才能加大对犯罪分子的打击力度。

实践中，也存在公安部门面对大量的追缴赃物，却找不到原所有权人，或者根本没有人去找原所有权人，于是有一些民警便将这些赃物据为己有，或者将这些赃物卖掉换钱自己花，甚至有一些公安部门将赃物统一出卖后为本单位搞福利，总之，赃物的管理存在很多混乱问题。

事实上，按照我国法律规定赃物应当返还原所有权人，比照遗失物的物权法律规定，在赃物的处理上首先要公告或者依照犯罪分子提供的犯罪作案的住所情况，由公安部门完成对赃物的原所有人的返还。这项工作并不难，因为从犯罪分子手中追来的赃物或者从第三人手中追来的赃物，公安部门完全可以循着线索一步一步追向最先的犯罪分子作案偷窃的场所和住户，这样很容易找到原所有权人。就算无法找到原所有权人，公安部门也一定要进行招领公告，公告期不少于 6 个月，经过一定时间的公告期后，原所有权人没有来认领的可以收归国有。但是，目前的状况是，公安部门对追缴来的赃物没有一个统一的处理部门，因此，民警随意处置赃物甚至据为己有的情形就会发生。

面对目前公安部门赃物的管理上的混乱，笔者认为：

首先，公安部门从上到下要切实领会善意取得的精神实质，组织公安部门的民警深入学习民法有关善意取得相关制度的规定，深入学习以上的相关部门对赃物的不适用善意取得的规定，吃透法律规定和法律理念，熟练掌握相关赃物不适用善意取得的规定和理论。

其次，各地公安部门要清楚追缴来的赃物应当返还原所有权人。因此，笔者建议各地公安部门成立专门的赃物管理处，对任何执法民警追缴来的赃物进行返还原所有权人、无法返还的收归国有、对于收归国有的部分依照法律规定拍卖、拍卖所得收归国有的相关的流程工作。也就是说，各地公安部门切实将收缴来的赃物依照法律规定处理，或者返还原所有权人，或者收归国有，已经收归国有的，要经过合法的程序实现价值的转换（而不能在公安内部拍卖）。把转换的价值合法收归国库。目前，公安部门对这一块的管理并没有重视，以致使赃物的管理出现很大的缺失和混乱，严重侵害了原所有权人的合法权益，明明可以找到原所有权人去返还赃物，但因为管理上的混乱，致使原所有权人的财产利益受到损害。因此，公安部门要充分依法行使职权，确保原所有权人的合法权利，必须将追缴来的赃物依照法律规定的程序合法处理，结束长期以来的赃物管理以及处理的混乱局面，切实保护好原所有权人的合法的财产所有权。

第九章　警察执法与债权

债是当事人按照合同约定或者依照法律规定在当事人之间产生的权利义务关系，享有权利的一方是债权人，负有义务的一方是债务人。债权属于财产权范畴，但是债权和财产所有权不同。债反映动态财产关系，所有权反映静态财产关系，所有权是债权的前提和基础。

第一节　债的相关理论

债权和物权都属于财产权，都具备财产权的属性，但是债权具有不同于物权的特征。

一、债权的特征

债权的特征主要体现在以下几个方面：

1. 主体方面

债权的主体包括债务人和债权人，而所有权的主体包括所有权人和世界上的任何人。债权属于相对权，所有权属于绝对权。债权的权利主体是特定的，义务主体也是特定的。所有权的权利主体是特定的，义务主体是不特定的任何人，一个人享有所有权，则世界上任何人都负有不得侵犯的义务。

2. 内容方面

债权的内容包括债权和债务，债权人债权的实现需要借助债务人的协助，否则债权人的债权很难实现，而所有权人对自己所有权的实现不需要借助他人协助，世界上的所有人的义务是不侵犯他的所有权，所以这是债权和所有权的一个重要区别。

3. 客体

债的客体可以是物、行为（侵权行为之债）、智力成果。所有权的客体只能是物。

4. 发生根据方面

债权可以由合法行为产生，也可以由不法行为产生。所有权只能由法律规定依据合法行为产生。大致说来，债的发生可以根据合同产生，也可以根据行政行为产生，还可以基于不当得利和无因管理以及侵权行为等而产生。债的发生根据可以包括合同、行政命令、侵权行为、不当得利和无因管理。其中合同包括买卖合同、供电水气合同、赠与合同、借款合同、租赁合同、融资租赁合同、承揽合同、建设工程合同、运输合同、技术合同、保管合同、仓储合同、委托合同、行纪合同、居间合同等。

5. 保护方面

债权受到侵害可以请求财产损失、实际履行、支付违约金。例如，违反合同，可以提起上述请求权。所有权受到侵害，可以请求停止侵害、排除妨碍、返还财产、恢复原状。

债的履行的原则包括实际履行、正确履行、协作履行等。

二、代位权

《合同法》第73条规定："因债务人怠于行使其到期债权，对债权人造成损害的，债权人可以向人民法院请求以自己的名义代位行使债务人的债权，但该债权专属于债务人自身的除外。代位权的行使范围以债权人的债权为限。债权人行使代位权的必要费用，由债务人承担"。《合同法司法解释》第13条规定："合同法第七十三条规定的'债务人怠于行使其到期债权，对债权人造成损害的'，是指债务人不履行其对债权人的到期债务，又不以诉讼方式或者仲裁方式向其债务人主张其享有的具有金钱给付内容的到期债权，致使债权人的到期债权未能实现。次债务人（即债务人的债务人）不认为债务人有怠于行使其到期债权情况的，应当承担举证责任。”

债权人代位权的特点：

1. 法定性

债权人基于对债务人享有的债权而对债务人的主张权利，是法律直接规定的权利，不论当事人是否有约定。

2. 不是代理权

代位权不是代理权的关键在于债权人以自己的名义，为了自己的利益，不是为债务人的利益，即出发点不是为了债务人的利益。属于请求权，是为了保全债权而代债务人行使权利。

3. 请求权

代位权是原本债务人应行使的权利。

4. 只能通过向法院起诉

代位权的行使只能通过诉讼，不能向次债务人直接行使。

5. 以自己的名义

代位权的行使是以自己的名义行使的。

代位权成立的条件：

1. 债权人对债务人的债权合法

2. 债务人怠于行使其到期债权，对债权人造成损害

《合同法司法解释》第13条规定：“合同法第七十三条规定的‘债务人怠于行使其到期债权，对债权人造成损害的’是指债务人不履行其对债权人的到期债务，又不以诉讼方式或者仲裁方式向其债务人主张其享有的具有金钱给付内容的到期债权，致使债权人的到期债权未能实现。次债务人（即债务人的债务人）不认为债务人有怠于行使其到期债权情况的，应当承担举证责任。”

3. 债务人的债权已到期

债权人的代位权的行使是否需要债权人和债务人之间的债务到

期以及债务人和第三人的债务到期？也就是是否需要两个债权债务均已经到期？答案是：不需要。要求两个债权债务都到期不合理。例如，债务人对第三人的债权已经到期，甚至时效已经过了，而债务人对债权人的债务没有到期，那么债权人是否可以申请代位权？答案是：不能，笔者认为，只能要求债务人对第三人的债务到期，并不需要要求债务人对债权人的债务到期，这样要合理一些。可能债权人通过诉讼行使代位权请求来的债权还没有到债务人需要偿还债权人的期限，那请求来的财产作何处理？法律没有细文规定，笔者认为，提前请求来的债权要么提存，要么直接提前清偿债权人。

4. 债务人的债权不是专属于债务人自身的债权

哪些是专属于债务人自身的债权？《合同法司法解释》第 12 条规定："合同法第七十三条第一款的规定专属于债务人自身的债权，是指基于扶养关系、抚养关系、赡养关系、继承关系产生的给付请求权和劳动报酬、退休金、养老金、抚恤金、安置费、人寿保险、人身伤害赔偿请求权等权利。"

《合同法司法解释》第 17 条规定："在代位诉讼中，债权人请求人民法院对次债务人的财产采取保全措施的，应当提供相应的财产担保。"

什么叫财产保全？债务人对债权人的债务没到期，而债务人对第三人的债权已过时效，如何避免这种情况的发生？两个债权债务关系的期限也许相差很远，代位权的行使只以债务人对第三人的债权到期为条件，并不需要债务人对债权人的债务期届满，这时，由于债务人对债权人的债务期限没有到，可以采取保全措施和先予执行，或者提存，或者提前清偿债权人。

《合同法司法解释》规定，代位诉讼中，债权人向次债务人提起的代位诉讼经人民法院审理后认定代位权成立的，由次债务人向债权人履行清偿义务，债权人与债务人、债务人与次债务人之间相应的债权债务关系即予消灭。债权人可以直接受领次债务人的清偿，这一规定突破了传统民法的理论框架，有利于简化诉讼程序，节约诉讼成本，最大限度发挥代位权制度的意义。

《合同法司法解释》第19条规定："在代位诉讼中，债权人胜诉的，诉讼费由次债务人负担，从实现的债权中优先支付"。这条解释的立法理由在于：代位权行使应当而且只能通过诉讼的方式实现，因为债务人在诉讼中不是被告，被告是次债务人，债务人只能作为诉讼中的第三人，所以由债务人承担费用并不合理。但这一解释与《合同法》的规定不符，所以，将诉讼费从实现的债权中优先支付是必要的，但最终还是由债务人承担。代位权行使的原因是债务人怠于行使其到期债权，次债务人不能向债务人清偿以及债务人不能向债权人清偿，主要过错在于债务人而不是次债务人，因此，最终由债务人而不是次债务人承担较为合理。

三、撤销权

撤销权，是指债权人对于债务人所为的危害债权的行为，可请求法院予以撤销的权利。

撤销权的构成要件包括：

1. 债务人须于债权成立后实施
2. 债务人的行为有害债权
3. 债务人的行为需为使其财产减少的财产行为

《合同法》第74条第1款规定："因债务人放弃其到期债权或者无偿转让财产，对债权人造成损害的，债权人可以请求人民法院撤销债务人的行为。债务人以明显不合理的低价转让财产，对债权人造成损害的，并且受让人知道该情形的，债权人也可以请求人民法院撤销债务人的行为。"

《合同法司法解释》第25条规定："两个或者两个以上债权人以同一债务人为被告，就同一标的提起撤销权诉讼，人民法院可以合并审理。"

撤销权行使的效力：

1. 对债务人

债务人的行为自始无效。

2. 对受益人

已经受领的财产要返还，不能返还的折价返还利益，受益人已经支付对价的，向债务人主张返还不当得利。

3. 对债权人

债权人可请求受益人返还给债务人，也可请求返还给自己，但效力归全体债权人。依据《合同法》规定撤销权人行使撤销权所支付的律师代理费、差旅费等必要费用，由债务人负担，第三人有过错的，应当适当分担。

第二节 警察执法与不当得利

公安部门执法也经常遇到不当得利情形。例如，有些警察对群众的罚款不给收据和发票，而且也出现过警察乱收费的情形，这些案件说明，警察执法中可能使自己获得利益，而且这种获利并没有法律依据，属于不当得利。警察只有学好民法中的不当得利制度，才能在执法中不侵犯他人的财产权利。

一、不当得利的概念、要件

没有合法根据使得一方取得利益，而使他方受到损失，获得利益和受到损失之间有因果关系，因此，一方获得的利益叫不当得利。

法律规定不当得利的目的在于制裁受益人的不当得利行为，从而纠正受益人不当得利这一不正常、不合理的现象。

不当得利的构成要件：

1. 一方获得利益

获利就是在自己过去财产总额的基础上有所增加，既包括积极的增加也包括消极的增加。积极的增加就是财产范围扩大。例如，甲鱼池的鱼跑入乙的鱼池中、送错货物均为积极的增加。消极的增加是指当事人的财产本应减少却因一定事实而没有减少。包括本应支出费用而没有支出，应当增加而没有增加，应当减少而没有减少。例如，不上缴税款，不付货物款等都属于消极的增加。

2. 他方受到损失

一方获得利益通常就是他方受到损失的结果，如领取别人的工资。

3. 获得利益和受到损失之间有因果关系

从《民法通则》第92条可以看出，只要他方的损失是由取得不当得利造成的，或者如果没有其不当利益的取得，他方就不会造成财产的损失，均应认为获得利益与受到损失之间有因果关系。

4. 没有合法根据

一方获得利益没有法律根据，也就是没有法律相关规定使得一方获得利益则该方就可能构成不当得利。取得利益时有合法根据，但其后该根据消失的，该利益的取得也为没有合法根据。一方依据合同取得对方财产，其取得利益是有合法根据的，但若该合同之后被确认为无效，取得财产的合法根据就不存在了，也构成不当得利。

以下情况不属于不当得利：

1. 履行道德上的义务而为的给付。

2. 清偿未到期债务。

3. 不法目的而为给付。

例如，因赌博而为对方付的财物或金钱、依法没收的财物。

4. 明知无给付义务而交付财产

这种情形构成民法上的赠与合同，属于合法的。

二、不当得利的类型

基于给付产生的不当得利包括：

1. 给付目的自始不存在

例如，甲误认为与乙之间有买卖合同而将货物交付给乙，属于交错货物。

2. 给付目的未到达

债权人以受偿为目的将债务清偿的收据交付给债务人，而后债务人并没有清偿债务。

3. 给付的目的嗣后不存在

当事人一方为担保合同的履行而向对方给付定金，但是之后该合同被确认为无效。例如，一方欺诈国家机关卖给该国家机关电脑，国家机关交了定金，后来发现这属于无效合同，定金应当返还。

基于给付以外的事实发生的不当得利：

1. 基于受益人自己的行为而发生的不当得利

例如，无权处分他人之物的民事主体，将他人之物卖给第三方，第三方是善意的可以基于善意取得制度取得该物，而无权处分者获得不当得利应当返还给原物主。如果卖给第三方，第三方是恶意的、有偿的，则第三人不取得所有权，无权处分者也无权取得价金，价金应当返还给第三方，第三方将买得的财物返还给原物主。

2. 基于受损人的行为而发生的不当得利

误将他人的牲畜作为自己的牲畜而加以喂养，误将他人的事务当做自己事务加以管理，因此，受益人取得不当得利，受损人可以向因该行为而受益的人请求返还不当得利。

3. 基于自然事件而发生的不当得利

例如，自然成熟的果子落到邻居家的院子里，邻居家因此获得利益。

4. 基于法律规定而发生的不当得利

添附行为，主要指附和、混合、加工。

三、不当得利的效力

受益人应返还不当得利，受益人死亡，继承人负有返还的义务，因为取得利益没有合法根据，所以财产不能发生继承，必须由继承人返还受损人。

1. 受益人为善意时的利益返还。

受益人取得利益为善意，即不知道自己取得的利益无合法的根据。

第一，受益人取得利益为善意，即不知道自己取得利益无合法的根据，如果受损人受到的损失大于受益人取得的利益，受益人返还的利益则仅仅以现存的利益为限。现存利益指受益人受到返还请求时享有的利益，而不以原物的固有形态为限，原物的形态虽改变，但是其价值存在或者可以代偿的，也是现存利益。

第二，受益人取得利益为善意，即不知道自己取得利益无合法的根据，受损人受到的损失小于受益人获得的利益的，受益人返还的利益范围以受损人受到的损失为准。

《民通意见》第 131 条规定："返还的不当利益，应当包括原物和原物所生的孳息。利用不当得利所取得的其他利益，扣除劳务管理费用后，应当予以收缴。"

2. 受益人为恶意时的利益应当全部返还给受损失的一方。

3. 受益人受益时为善意，而其后为恶意的利益，应当自其知道取得利益无合法根据开始时，将利益全部返还给受损失方。

四、警察执法与不当得利

现实中，警察执法侵犯公民财产的情形很多，涉及不当得利的案件并不少见。崔敏教授在谈到保证金制度时，认为"保证金制度在执行中容易走样，办案机关收取的保证金，绝大部分没有返还，成为警察创收的'黑洞'"。因此，笔者认为，本应退还的保证金不予退还，就是对公民财产权的侵犯，办案机关不予退还保证金，构成民法上的不当得利，受害者完全可以基于民法上的不当得利制度请求办案机关予以退还保证金。另外，在一些对群众的罚款中，有些民警任意开价，尤其是一些地方县级公安部门执法并不规范，不按照规定罚款，往往收取高于法律规定的罚款，罚了不该罚的款，而且罚款完并不给当事人开收据和发票，这部分钱如果流到公安部门或者流到办案警察的手里，则公安部门或者办案警察构成不当得利，负有返还不该收的罚款给当事人的义务。因此，警察执法切实要切实保护好公民的财产，要依照法律规定来执行公务，遇有财产绝不可以侵吞、侵占，不可据为己有，否则至少从民法角度已经构成不当得利。因此，警察必须学习民法有关不当得利的相关制度的规定和理论，为自己公正执法创造良好的民法素养条件。

第三节 警察执法构成不当得利的案件及其分析

一、虚拟案例

（一）案情

李华，某粮食局议价公司职员。某年，公司根据相关规划给公司职员安排收购任务。而李华则根据公司的安排进行小麦收购工作。在进行小麦收购的过程中，其同乡王利木、张伟伟找到李华，希望通过委托的方式三个人合作进行小麦收购。于是，三人经过协商达成一致，王利木、张伟伟直接进行小麦收购，定价、质量均由二人自由把握，收购的小麦交给李华时按照规定根据质量好坏评估作价并支付价款。但在合作的过程中，双方就小麦的质量价格发生争议，甚至出现了收购交易无法达成的状况。双方的分歧日益增大，最终导致公安机关的介入。次年 1 月，某省某县公安局以涉嫌经济诈骗罪对李华进行刑事拘留。在李华的家人向某县公安局交了 18000 元现金后，在某县看守所待了 4 天的李华才被释放。此后，李华多次向某县公安机关要求退款，均未果。

（二）分析

在该案中，要想对某县公安局的行政行为进行分析，首先要弄清李华与其同乡王利木、张伟伟之间的法律关系，只有把该关系厘清了才能对公安机关的行为进行定性分析。

首先，可以看到，李华是某市一家粮食议价公司的职员。他进行小麦收购只是为了完成公司安排的任务，本无进行诈骗的故意。

其次，王利木、张伟伟与李华进行合作时双方已经达成口头协议，在出现严重分歧之前，双方都没有违反协议的意图。因此，李华与王利木、张伟伟之间属于平等主体间的经济纠纷，李华的行为不构成经济诈骗。因此，某县公安局的行为就没有法律依据，已经构成了对李华的侵权行为：

一是某县公安机关接受了李华家人的18000元现金，将其释放后拒绝返还，该行为已经构成了不当得利。不当得利，是指没有法律上的根据而获得利益并使他人的利益受到损害的行为。通过上文分析可知，李华的行为根本不构成经济诈骗，那么对其处罚就没有依据，即缺乏法律基础。公安机关没有理由取得该现金，应当及时返还。因此，其拒绝返还并积极占有该现金的行为构成不当得利。

二是某县公安局把李华羁押于看守所内的行为侵犯了李华的人身自由。既然经济诈骗不成立，那么李华的行为就没有违反强制性法律，就不该受到公安机关的拘留。因此，在本案中，某县公安局的行为构成了对李华人身自由的侵犯。

三是某县公安局不当介入公民的经济纠纷。平等主体间的民事纠纷应由双方协商解决或依法按照司法程序进行解决。公安机关对民事纠纷的介入已经超出了其职权范围，属于滥用权力。

二、反思

由此看出，公安部门的民警决不能无端涉入民事纠纷，必须学好民法，分清刑事和民事案件的界限，理清楚哪些案件属于自己该管的，哪些案件不属于自己该管的，尤其罚了不该罚的款，或者收了不该收的款之后，一定要返还当事人，否则构成不当得利。

第四节　警察执法与无因管理

在当今法治社会，个人的事务理应由个人管理，或者授权他人管理，任何人无权干涉，如果加以干涉，就是违法。然而，在社会共同生活中，一个人的事务有时又往往需要他人管理。为他人的利益主动地管理他人的事务，是一种良好的社会公德，不仅可使被管理人的利益免受损失，而且也能维护社会良好秩序，培养助人为乐的良好风尚。法律正是基于这个原因，设立了无因管理制度，确认无因管理行为为合法行为，一方面，管理人对管理事务支出了必要费用，被管理人要给予补偿；另一方面，既然管理人主动愿意管理他人事务，法律就要求管理人管理他人事务要像管理自己事务那样认真，因此规定管理人负有按受益人利益进行管理的义务。所以，无因管理制度的设定从法律上鼓励人们互相关心、团结互助、助人为乐，弘扬了中华民族的传统社会美德，具有重要的意义。

无因管理与警察执法有密切的关系，因此，警察只有学好民法中有关无因管理的理论，才能做到公正执法。

一、无因管理的概念

无因管理，是指没有法定或约定的义务，为避免他人利益受损失，自愿管理他人事务或者为他人提供服务的行为。

无因管理属于单方实施的事实行为，所以不同于代理。如果某一行为构成代理则不构成无因管理。无因管理也不以意思表示为要素，所以无因管理也不同于合同。无因管理和不当得利也不同，无因管理属于法律事实中的行为，而不当得利属于法律事实中的事件。无因管理排斥不当得利，两者相遇，首先要看是否是无因管理，如果是无因管理就不能同时是不当得利。

二、无因管理的构成要件

无因管理需要满足一定的条件：

1. 需无法定或约定的义务

构成无因管理需要无法定或约定的义务。例如，父母管理未成年子女，代管人代管失踪人的财产，消防队员抢救遭受火灾的他人财物，警察收留走失的儿童，都是行政法上直接规定的义务，因此，这些情况下的行为不构成无因管理行为，双方约定一方为另一方管理事务也不属于无因管理。

无因管理应当由如下几个要素构成：（1）具有危险性。危险性是指他人的财产或生命健康受到威胁或处于危险状态。（2）具有紧迫性。所谓紧迫性就是指被管理人的事务具有现实危险性，如果不及时采取“管理”措施，就会使他人的财产毁灭或减损，或者他人的生命健康受到损害。（3）无法获得本人的授权。情况紧迫，来不及与他人取得联系，或根本无法与他人取得联系，则无法获得本人的授权。当然，在能够与本人联系的情况下应当与本人联系，而且需要在本人授权的范围内进行管理，不得未经授权擅自管理。经过他人授权而管理事务属于民法上的代理，同时，在管理开始的时候，除非管理人确实无法通知本人，否则，管理人要把管理事务的情况通知本人。（4）不属于本人已经明示或可推知其无须进行管理的事务。如果本人已经明确表示此事务不需要任何人的授权，或者根据社会常理可推知本人的事务无须他人进行管理，则不具有管理的合理原因。例如，甲外出打工，乙将甲的住房出租就属于可以推定甲不需要别人出租房屋，如果想出租，自己外出时就出租了，因此，乙出租甲的房屋的行为不构成无因管理。

2. 需为他人管理事务

将病人送至医院，属于无因管理的行为。例如，对他人财物保存、利用、改良、管领、处分等属于无因管理，为他人提供劳务帮助也是无因管理。

管理，就是处理事务的行为。而从无因管理的性质来理解，这里的管理，应当是指对他人的事务如同对待自己的事务一样管理。具体说，无因管理中的“管理”，应当具备如下要求：（1）在主观上，管理人必须是善意的并为他人利益进行管理。如果出于恶意或为自己的利益进行管理，则不仅不符合无因管理的要求，而且可能侵权，要承担侵权责任。（2）在客观上，管理人对他人的事务实施了善意的管理。管理人应当进行合理管理，不得故意损害他人利益。这就要求管理人在管理时，通常像管理自己的事务那样认真管理，无论管理的方式、管理的手段，还是管理的后果，管理人都要从本人的利益角度考虑，始终为本人的利益管理事务，才体现团结互助。（3）在结果上，应当是本人获得利益，管理人不应从中获得利益，管理人因管理事务所获得利益应当交付本人，管理人因管理他人事务而支出的费用，可以要求他人补偿。

下列情况不发生无因管理：

（1）违法或违背社会公德的行为。例如，为他人看管赃物。

（2）不足以发生民事法律后果的纯粹道义上、宗教上或其他一般的生活事务，如接待他人朋友不属于无因管理。

（3）单纯的不作为。

（4）法律规定须本人实施或经本人授权的行为也不产生无因管理行为，如放弃继承权。

3. 需有为他人谋利益的意思

无因管理排斥恶意的情形，在主观上应当有为他人谋利益的意思表示。例如，两个人有积怨，于是借着无因管理制度去管理仇人的事务，结果越管越糟糕，这种情况不能适用无因管理，属于严重的侵权。

因此，无因管理要看主观动机，这就把无因管理和侵权行为区别开来。

但我们并不要求无因管理人要有明确的谋利益的意思表示，只要管理人客观上避免了他人利益损失或为他人带来利益，就属于无因管理。例如，给交电话费等就符合无因管理的要件。但是，如果主观上既有为自己的动机也有为他人的动机，也不影响无因管理的成立。例如，为避免邻居的房屋倒塌而修缮。如果管理人纯粹为自己的利益，即使本人从中也受益也不能成立无因管理。但承租人要求出租人修缮房屋，而出租人不修，这时承租人修缮了是否可以基于无因管理要求出租人承担责任，这种情况可以成立无因管理吗？这种情况可以根据租赁合同的规定解决。《合同法》第 221 条规定："承租人在租赁物需要维修时可以要求出租人在合理期限内维修。出租人未履行维修义务的，承租人可以自行维修，维修费用由出租人负担。因维修租赁物影响承租人使用的，应当相应减少租金或者延长租期。"这种情况可否构成无因管理？笔者认为，不可以构成无因管理。无因管理必须体现无因，即没有法律规定或约定。而此情况属于有法律规定的情形，属于有因管理，不属于无因管理。

三、无因管理与侵权的界限

无因管理，可分为适法的无因管理及不适法的无因管理。适法的无因管理，要求管理人尽心管理事务，不违反本人明示或可推得知的意思，像管理自己事务那样认真管理他人事务。不适法的无因管理，是指管理事务不利于本人，明显违反本人明示或可推得知意思去管理，而且管理中不认真履行管理职责，给被管理人造成严重损失。

可见，管理行为是否得当，是区分适法管理与侵权的标准。对他人的事务进行管理，应当有急迫性，属于为他人利益的管理，不管理就可能给被管理人造成严重后果和损失，这种情况属于适法的无因管理。如果没有迫切需要，而且管理事务给被管理人造成严重后果和损失，当然属于侵权。因此，管理行为是否得当，具有重要的意义。违反管理注意义务，会造成侵权。

1. 没有合理管理原因，属于不该管而管，管了不该管的事务，当然属于侵权。应当停止侵权管理，造成损失的应当赔偿损失。例如，将他人年租金10余万的停产企业，以年租金2万元出租他人，就属于管了不该管的事务。无因管理是指无法律上的根据，而为他人利益管理他人事务。我国《民法通则》第93条关于无因管理的规定是："没有法定的或者约定的义务，为避免他人利益受损失进行管理或者服务的，有权要求受益人偿付由此而支付的必要费用。"

2. 管理人在管理事务时，如果没有违反本人的管理要求和一般的社会常识，只是在具体的管理方法、管理措施方面有些不妥，结果给本人造成了损失，如果管理人有故意或重大过失的，应负赔偿责任；如果管理人为一般过错，则应当免除或减轻管理人的责任。

3. 管理人在管理事务时，如果违反本人的管理要求或社会常识，使管理结果不利于本人，管理人如果有过错，则应负损害责任。

4. 管理人的行为如果有故意或过失侵害他人权利的情形，也就是说管理人故意或重大过失侵犯他人权利，自然要承担损害赔偿责任。

但是无论如何，笔者认为，在无因管理中，对侵权的要求不能太高，只要构成无因管理即使存在一般过失，只要不是故意或者重大过失，就不存在无因管理中的侵权。所以，侵权在无因管理中的要求很低，不能太严，否则谁也不敢管理了。无因管理即使存在一般过失，造成本人利益受到损害的客观后果，只要主观上没有重大过失或故意侵害财产的意图，就不应当认定侵权。因此，就本人的损害无因管理人不承担财产损害赔偿责任，这和单纯的侵害财产的损害赔偿不同，在无因管理中对侵权的要求一定要宽松一些，这样才能鼓励大家从事团结互助的活动，弘扬助人为乐的传统美德，使得道德的规则受到法律规范的调整和保护，从而加大对无因管理人的保护力度。

四、无因管理的效力

管理人的义务包括：

1. 适当管理的义务

管理人管理事务时不违反本人的意思，以有利于本人的方法的管理为适当管理。适当管理如同管自己的事务一样管理他人事务。如果尽到像管理自己事务一样的注意义务，则虽然管理不适当也不承担责任。未尽到像管理自己事务一样的注意义务，有过错的应承担责任。把途中遇见的生病的人送去医院治疗，路上遇自杀者予以抢救送医院，虽然管理人的管理与本人的意思相反，但与其根本利益一致，与社会大众保护生命的法律理念一致，这时管理人的管理应当是适当管理。

2. 通知义务

管理人要将管理事务及时通知本人，以听候本人的指示，也为将来向被管理人请求偿还必要的支出费用作铺垫。当然这种通知要以能够通知和有必要通知为限。如果本人已知，则没必要通知。通知后只要停止管理就会使本人不利，而若继续管理又可避免本人利益受损，则管理人就应继续管理，否则可以听从本人的处理。

3. 报告与结算义务

管理人要将在管理中支出的费用向被管理人报告，所有有关的花费要和被管理人进行结算，最终把这些结算报告交给被管理人。

本人的义务：

1. 偿还必要费用

《民法通则》第93条规定“……有权要求受益人偿付由此而支付的必要费用。”

《民通意见》第132条规定，必要费用包括在管理或服务活动中直接支出的费用，以及在该活动中受到的实际损失。

管理人所直接支出的费用，可以要求被管理人偿还。只有为管理所必要的支出，管理人才有权要求偿还。是否必要，应当依照当时的情况而定，即使以后看起来是不必要的，但当时必要，则应认定为必要。如果依照当时为不必要，但后来是必要的，则也不应认定为必要。

2. 补偿损失

实际损失并不一定全由受益人承担，管理人有过错也要承担。补偿损失以实际损失为准，但管理人对损失有过错的也要承担责任；受益人有过错的，受益人也要承担责任。如果管理人对损失的发生没有过错，被管理人也没有过错，而管理中造成的损失又大于本人因管理所受的利益，则依据民法的公平原则，可以由双方共同分担责任。

3. 清偿必要债务

如果管理人在管理事务中欠下债务，前提是适法的无因管理，由于被管理人受有利益，则管理人可以请求被管理人偿还债务。

五、警察执法与无因管理

公安民警首先要具备无因管理的知识，因为公安执法中会经常遇到无因管理的案例，而且公安部门的公安执法本身有时也与无因管理界限难分，因此，公安部门的民警要有扎实的无因管理知识，才能自如应对执法工作。

例如，甲在河边散步，不慎落入水中，警察乙发现后，马上跳入水中将其救起并送到医院抢救，医院称必须先付费才抢救，乙遂向医院交了3000元的押金，因医院抢救及时，甲顺利脱险，数天后，乙要求甲向其返还3000元，甲称警察负有见义勇为的义务，无权要求返还3000元的费用。如果警察遇到这样的案例该作何处理？

本案中警察有无义务将甲送进医院？当然有义务，因为警察的职责就是全心全意为人民服务，保护公民的生命财产安全。显然，警察不能见死不救，而且要积极救助，送入医院是警察的义务。那么，送入医院后警察是否要垫付医药费？事实上，警察必须将落水者送入医院，这是警察的义务，如果警察不将甲送入医院则涉嫌行政不作为。但是垫付医药费却不是警察的义务，而警察给垫付医药费，构成无因管理，尽管警察负有维护治安的义务，但并没有代为支付医药费的义务，因此，代为支付医药费构成无因管理，甲应当支付警察为其垫付的药费。若甲不支付，警察乙可以提起民事诉讼。如果警察救了受伤者，自己却死了，警察的亲属可以要求精神损害赔偿。如果警察在救助的过程中，自己的手机坏了，被水淹了，或者自己受伤了，能否向受益人要求偿付医疗费、赔偿手机等？尽管警察是在执行职务过程中，但是因为救人警察自己受损失也有权要求对方即受益者返还自己的损失，当然如果警察自己有过错自己也要承担责任。《民法通则》第 109 条规定："因防止、制止国家的、集体的财产或者他人的财产、人身遭受侵害而使自己受到损害的，由侵害人承担赔偿责任，受益人也可以给予适当的补偿。"这里警察的行为是否属于无因管理？不是。救人是警察的义务，是警察应当履行的职责，不符合无因管理中的没有法定义务的条件，但是垫付医药费则属于无因管理，可以要求对方偿还垫付的医药费。如果在救助过程中警察自己受到伤害和损失，可以基于公平原则，适用《民法通则》第 109 条规定要求受益人给予适当补偿。

如果警察在抓小偷的过程中，自己受伤或者死了，警察有无权利要求小偷承担民事责任？没有。因为《民法通则》第 109 条的规定是在制止他人人身、财产遭受侵害而使自己受损害的，而此案件警察是在抓小偷时受伤的，确实属于纯粹的执行职务，没有民法成分在内，与前面的警察送病人去医院并且垫付医药费的案例有区别。因此，在警察抓小偷过程中没有涉及民法问题，是纯粹的行政执法，无权向对方要求赔偿自己在执行职务中造成的损失。又如，警察在抓小偷的过程中来了一头发疯的牛，有紧急避险的行为，必须跑到别人地里，这时警察因跑到别人地里而将庄稼踩死很多，则可以由引起险情发生的发疯的牛的主人承担。

由此看出，警察执行公务有时很难和民法的无因管理相区分，两者相混合很难界定，这就要求警察要学好无因管理的相关规定和理论，因为这些理论和法律规定的掌握直接影响警察执行职务中的决定。例如，上述案例中警察决定送病人去医院，警察决定垫付医药费，这两个决定有赖于警察对无因管理和公安执法的相关知识的理解和掌握，直接影响到警察的执法水平和素质。因此，警察不学无因管理知识同样不能胜任警察的工作，不熟知相关民法理论和规定的警察的执法是有缺失的，是残缺的执法，是不彻底的执法，是不完全的执法，甚至导致违法执法。不懂民法的执法是残缺的执法，这种执法不可能得到人们的赞同。又如，警察正在执行公务时，突然驶来一辆车，因受惊躲闪，警察把附近摆地摊的所有瓷瓶撞坏，价值 2 万元，这 2 万元谁赔偿？如果警察不知民法中的紧急避险知识，同样对此案件不知如何赔偿，事实上，民法上因紧急避险而受到的损失应由引起险情的一方承担损害赔偿责任。由此看出，无因管理、警察执法、紧急避险都可能掺杂在一个案件中，警察只有分清这里的公法、私法的调整对象，才能准确适用法律，才能公正执法。

第五节　警察执法与合同法

公安民警执法要熟知民法关于合同制度的相关规定，才能在执法时，不侵犯公民的财产权，才能在执法中不以公权力强行介入公民的民事合同中。民法的最高精神是法律规定范围内的意思自治，因此，如果警察以公权力强行介入私权利，必将破坏民法的精髓，也必将损害警察的形象，违背民法的精神，影响警察的依法公正执法。

一、合同概念

《合同法》第2条第1款规定："本法所称合同是平等主体的自然人、法人、其他组织之间设立、变更、终止民事权利义务关系的协议。"合同也叫契约。

合同法规定的合同属于债权合同还是包括其他种类的合同？合同法起草过程中，曾经产生两种观点：

第一种观点认为，合同法规定的合同应当仅仅是债权债务关系合同，也就是合同仅发生债权债务关系，不发生其他民事关系，因此这种观点将合同仅限于债权合同，不包括物权合同等。

第二种观点认为，合同尽管是产生债的原因，合同关系也是债的一种形式，但合同不仅产生、变更、终止债权债务关系，而且产生、变更、终止物权关系、共同关系等非债权债务关系，如合伙合同、联营合同不是纯粹的债权债务合同。当事人订立这些合同的目的不在于发生债权债务关系，而在于确定共同投资、共同经营或共同分配盈余等方面的关系。另外，在人格权方面也存在合同关系，如名称权转让合同、肖像权部分转让合同，通过转让合同使得受让人获得全部或部分的人格权的权能，这些都不是债权债务关系，属于人格权能的转让合同关系。因此，合同关系不仅体现为债权债务关系，而且体现为物权关系和人格权关系。随着市场经济的发展，许多新的合同会应运而生，如果将合同仅限于债权合同，必将限制和制约市场经济的发展。因此，该观点认为，我国合同法规定的合同适用于平等主体之间订立的各种合同关系，而不仅仅是债权合同。《合同法》的定义采取了第2种定义方法。

因此，合同法上的合同是民事合同，不仅是债权合同。应当清楚的是，尽管合同法具有自身的独立体系，但它仍然属于民法的债权内容，民法通则关于债权的规定仍然可以适用于各种合同关系。婚姻、收养、监护等有关身份关系的协议，适用其他法律的规定。

二、合同的特征

合同的特征包括以下几个方面：

1. 合同是民事法律行为

合同是合法的民事法律行为。合同是平等主体的自然人、法人、其他组织之间设立、变更、终止民事权利义务关系的协议，是当事人意思表示一致的结果，因此，合同是一种民事法律行为，而不是事实行为。事实行为不以意思表示为要件并不能产生当事人预期的法律效果，如侵权行为、拾得遗失物等行为便是事实行为。

合同是合法行为，因此，就违法行为达成意思表示会导致合同无效，即使当事人做出了违法的意思表示，即使达成协议，也不产生合同的效力。无效、可撤销的民事行为等理论在合同中是适用的，合同属于其中的合法的民事行为中的一种，合同要比民事行为的外延小一些。

2. 合同是双方的民事法律行为

单方民事行为就是只需经过一方的意思表示不需要对方同意就能发生一定效力的行为。例如，拾得遗失物是单方的民事行为，一经拾得，就有效，不需要对方同意，而且不能撤回。又如抛弃，一经做出抛弃，不需要任何对方的同意，就可以发生效力，产生标的物的灭失的后果，则先占者取得该标的物的所有权，先占者不需要和抛弃者达成协议就可发生效力后果。遗嘱、遗赠也是单方的法律行为，无须对方意思表示一致。遗嘱是否发生遗嘱继承，还取决于遗嘱继承人是否接受继承，但这并不影响单方民事行为的属性。受遗赠人是否接受遗赠也并不影响遗嘱的成立和生效，因此，遗嘱、遗赠都是单方的民事行为。捐赠中有明确的赠与人和受赠人的可归类于普通赠与合同，而捐赠又包括受赠人不明确而无法归类于赠与合同的捐赠。

合同是双方的民事行为，需要双方达成一致的协议，合同才可能发生效力，也才可能称其为双方行为。例如，合同法中规定的赠与合同就是双方的民事行为。

3. 合同以设立、变更、终止民事权利和义务关系为目的宗旨

合同的目的在于设立民事权利义务关系，如当事人双方签订合同；合同的目的还在于变更民事权利义务关系，如双方变更合同的条款从而达成一致；合同的目的还在于终止民事权利义务关系，如双方达成一致协议可以终止合同。因此，无论如何，合同都是双方有目的民事行为。

合同的种类主要包括：

1. 要式合同和不要式合同

要式合同就是合同要符合一定的法律规定的形式，如房屋买卖合同，法律规定必须采用书面行形式，而口头的房屋买卖合同则无效。不要式合同就是合同并不需要具备一定的形式，口头形式也发生效力，如去商店买东西大部分都是口头合同。

2. 诺成合同和实践合同

诺成合同指达成协议即成立并生效的合同，诺即成。实践合同除了达成协议外还必须移交标的物才能成立并生效，实践合同如保管合同需要将标的物交给保管人才发生效力；定金合同需要交付定金才发生定金的效力；借用合同必须将标的物交付对方才发生借用合同的效力；质押合同成立了不一定要生效，必须移转质押物才能发生效力；等等。

在这里成立和生效不能混为一谈，诺成合同达成协议即成立并生效，实践合同除了达成协议还必须移交标的物才能成立并生效。一个行为的成立只需要当事人、标的、意思表示即可，而成立并不一定生效，如无民事行为能力人签订的合同是无效行为。如实践合同，合同行为已经成立只是没有生效，因为实践合同必须有法律特别规定，由此看出实践合同的特殊性。

赠与合同是诺成合同还是实践合同，长期以来一直争论不休，笔者认为赠与合同为诺成合同，也就是说只要双方意思表示达成一致，合同就能成立并且生效。

3. 双务合同和单务合同

双务合同就是需要双方履行义务的合同，如买卖、互易、租赁合同都属于双务合同。单务合同就是只需要一方履行义务的合同，如借用合同属于单务合同。

其他的分类还有有偿合同与无偿合同、主合同与从合同、有名合同与无名合同、为订约人自己利益订立的合同和为第三人利益订立的合同、标准合同和非标准合同、附合合同与非附合合同、预约合同和本合同。

合同法外的典型合同，如质押合同、抵押合同、保证合同。无名合同，如旅游合同、旅店住宿合同都可适用合同法，只不过担保法对质押合同、抵押合同、保证合同已经作了规定而已。将来出现新的无名合同，或者身边发生的合同，只要是民事合同就可以运用合同法总论和类推适用合同法规定的有名合同处理。

三、要约与要约邀请

合同订立一般都需要经过要约和承诺的程序。在要约中，我们必须将要约和要约邀请区别开来。

（一）要约与要约邀请的概念

我国《合同法》第14条规定，要约是希望和他人订立合同的意思表示。也就是说，经受要约人承诺，要约人即受到该意思表示的约束。

要约的构成要件通常包括以下几个方面：

1. 要约的意思表示以订立合同为目的

一方发出要约给对方是希望和对方订立合同，如果没有订立合同的意愿，则发要约失去意义。

2. 发出要约方是特定的具有订约能力的主体

由于发出要约需要对方承诺，而合同的订立本身需要双方都具有完全民事行为能力。但是，限制民事行为能力人可以进行与其年龄、智力相适应的活动。因此，要约方必须具有相应的民事行为能力。

3. 要约必须向要约人希望与其缔结合同的受要约人发出

要约要给其希望订立合同的对方发出，而且对方一般也是特定的，如果对方是不特定的多数人，则不能构成要约而是要约邀请。

4 要约的内容要具体确定

要约的内容必须具有足以使合同成立的主要条款，主要包括标的、数量、价格三个条款。而且要约不能含糊，要对标的、数量、价款具体确定，如果不是具体确定，带有商量的性质，则是要约邀请。

要约邀请，也叫做要约引诱。我国《合同法》第 15 条规定，希望他人向自己发出要约的意思表示为要约邀请。要约邀请不是意思表示，而是事实行为，属于订约的准备阶段。发出要约邀请以后，邀请人撤回邀请，只要没有给善意相对人造成信赖利益的损失，邀请人就不承担法律责任。要约邀请的目的在于希望对方向自己发出要约，所以要约邀请在于引诱对方向自己发出要约，如果自己对对方的要约予以承诺，则成立合同。因此，此合同的订立经过了自己向对方发出要约邀请、对方向自己发出要约、自己承诺的过程。在这个过程中，要约邀请属于订立合同的准备阶段。

现实中有时很难将要约和要约邀请区分开来，区分要约邀请和要约具有重要的意义。如果是要约，则对方的意思表示就是承诺，合同成立了双方就要严格遵守合同，否则就是违约。而如果是要约邀请，对方的意思表示仅仅是向发出要约邀请的一方发出了要约，合同没有成立，因此，不存在违约责任问题，所以区分要约邀请和要约具有很重要的意义，涉及是否承担违约责任问题。

（二）要约与要约邀请的区别

现实中很难区分要约和要约邀请，我们可以从以下几个方面去考虑：

1. 根据法律规定区分

例如，《合同法》第 15 条规定，寄送的价目表、拍卖公告、招标公告、招股说明书、商业广告等为要约邀请。据此，我们可以推断，只要含有以上意思表示的就是要约邀请，否则可能就是要约。但是，《合同法》第 15 条规定，商业广告的内容符合要约规定的，视为要约。例如，“我出版社有 × × 主编的《民法学》，2009 年版，每本 50 元，先来先买，欲购从速”为要约邀请。“我出版社有 × × 主编的《民法学》，2009 年版，每本 50 元，保证有货供应”则为要约。另外，如果在发出的广告中，声称“我店店庆，部分商品 8 折优惠，如有异议，以店内的展出的展品为准，最终的解释权属于本店”则是要约邀请。

也就是说，意思表示的发出者向特定人发出的就是要约，向不特定的多数人发出就是要约邀请。但是，有些情况下向不特定的多数人发出的也可以称为要约，如悬赏广告就是要约，一些部门包括公安部门悬赏广告发出之后，不按照约定付款，属于违约。

2. 根据当事人的意愿来区分

根据当事人的意思判断。如果当事人表达出的意思表示表明当事人不愿意接受要约的拘束，则当事人表达的意思表示就是要约邀请。例如，“我商店有一批货物，提议出售给进城打工的贫困家庭，但任何人不得就提议进行承诺。”此意思表示中已经明确不是要约，而是要约邀请。又如，“样品”为要约邀请，旨在希望对方发出要约订购几份样品，因此属于要约邀请。而“正在出售”且标明价格，则是要约。

3. 根据订约提议的内容是否包含了合同的主要条款来确定

例如，“我有一辆旧奥迪车，以低价处理，愿买者速与我联系。”此意思表示中没有包含主要的价款、数量等，因此属于要约邀请。又如，甲向乙发传真：“我有一辆捷达车，卖价 5 万元，你是否愿意买?”此意思表示中含有标的、价款、数量，因此属于要约。再如，“我有一辆奥迪车，卖价 5 万元以下，有意者速与我联系。”从这一意思表示中我们看出，意思表示的发出者希望对方向自己方发出要约，因此，本意思表示属于要约邀请。再如，“我有一辆奥迪车，卖价 5 万元以下，欲买者需经我最后确认。”“我有一辆奥迪车，卖价 5 万元以下，但该声明不受要约的拘束。”从这些意思表示中我们不难看出意思表示的发出者已经明确自己发出的不是要约，而是要约邀请。

4. 根据交易习惯划分

商店所有正在出售的东西为要约。另外，出租车司机在马路边招揽顾客，是要约还是要约邀请，要依据当地城市对出租车运营的规定，如果规定出租车司机不得拒载，就是要约，如果规定允许出租车司机选择顾客，就是要约邀请。

（三）要约的效力

1. 要约开始生效的时间

到达受要约人时生效。何为到达？实际送到受要约人手中为到达，但送到受要约人能控制的地方，如信箱也为到达。数据电文，一般以进入服务器为到达。

2. 要约失效

要约也存在失效问题。拒绝要约的通知到达要约人；要约人依法撤销要约；承诺期限届满，受要约人未做出承诺；受要约人对要约的内容作出实质性变更等都属于要约失效问题。

3. 要约的撤回和撤销

要约撤回是在要约到达受要约人之前做的。我国《合同法》第 17 条规定：“要约可以撤回，撤回要约的通知应当在要约到达受要约人之前或者与要约同时到达受要约人。”这里的“同时”指“同日”。

要约的撤销是指要约到达受要约人并生效以后可以撤销的行为。撤销要约给受要约人造成损害的，要约人应当负赔偿责任。我国《合同法》第 18 条规定：“要约可以撤销。撤销要约的通知应当在受要约人发出承诺通知之前到达受要约人。”第 19 条规定，如果要约中规定了承诺的期限或以其他形式明示要约是不可撤销的，或者受要约人有理由信赖要约是不可撤销的，并且已经为履行合同作了准备工作，则不可撤销要约。

四、承诺

承诺是指对要约的完全答复。承诺必须由受要约人作出，承诺的内容必须与要约的内容完全一致，否则就是新的要约。承诺要在要约有效的时间内作出，否则承诺失效。

承诺在要约确定的期限内到达要约人。

承诺期限的起算点在合同法中有规定，我国《合同法》第24条规定："要约以信件或者电报作出的，承诺期限自信件载明的日期或者电报交发之日开始计算。信件未载明日期的，自投寄该信件的邮戳日期开始计算。要约以电话、传真等快速通讯方式作出的，承诺期限自要约到达受要约人时开始计算。"

由此看出，要约以信件方式作出的，承诺的期限应当以信件载明的日期开始计算；以电报方式作出的，自电报交发之日开始计算；以电话、传真等快速通信方式作出的，到达受要约人时开始计算。

承诺可以撤回。我国《合同法》第27条规定："承诺可以撤回。撤回承诺的通知应当在承诺通知到达要约人之前或者与承诺通知同时到达要约人。"

五、格式条款与霸王条款

合同的主要条款一般包括合同当事人的姓名、名称、标的、质量、数额、价款酬金、履行的期限、地点、方式、违约责任、争议解决等一系列条款。一般说来，签订合同都要涉及这些条款。但是，有些条款却是一方事先制订好的，无法与对方协商的条款，这些条款我们叫做格式条款，在格式条款中有明显损害另一方利益的条款叫做霸王条款。

格式条款是一方为了重复使用而预先拟定，并在订立合同时不与对方协商的条款。例如，车船票、飞机票、电报稿、保险单、价目标、使用须知、通知、说明等都不允许对方更改，对方只有接受或者不接受的权利，因此，这些不可协商更改的条款都属于格式条款。格式条款不同于示范合同，如房屋的买卖、租赁、建筑等合同属于示范合同，是可以协商修改的。

我国《合同法》第 39 条规定，合同条款一定要提请对方注意，也就是提供格式条款的一方必须在承诺方承诺以前明确将其条款内容让承诺方知晓，如果呈示有困难，可以悬挂订约所在地的清晰之处，否则该条款对承诺方没有约束力。格式条款的无效仅仅是该条款无效，不涉及其他合同条款，其他合同条款继续有效。具有无效民事行为的情形的，该格式条款无效。免责条款中免除造成对方人身伤害的责任，或免除因故意或重大过失造成对方财产损失的责任，该格式条款也无效。例如，“本公司售出的设备给消费者造成损失的，只赔偿设备，不承担人身损害的赔偿责任”。则该条款无效。

由此看出，格式条款和合同自由原则相反，因此，法律一定要规范格式条款，使其健康发展。格式条款往往是一些大的垄断行业，如电信、交通、运输、航空、邮电等行业反复使用的，不需要与对方协商，适用于全社会的一切群体的固定条款，在经济上有助于降低交易谈判成本，因为反复使用则无须反复谈判，这必然节省了重复谈判的成本。但是，这些条款也不能损害消费者利益，它应当和正常签订的合同条款一样，不得违反合同法的规定，合同法规范格式条款，就是避免格式条款成为霸王条款，如果合同法不加以规范，由于格式条款一方的经济强势，事先制订好的条款极可能成为霸王条款。

格式条款是一方为了反复使用而预先制订的条款。一方面，格式条款是在订约以前就已经预先制订出来，而不是在双方当事人反复协商的基础上制订出来的，因此，格式条款是订立合同时不能与对方协商的定型化的条款。格式条款的制定对制定的一方来说是自由的，而对相对人来说则是不自由的。这就形成了格式条款的弊端，因此，有必要对格式条款在法律上进行规制。

我国《合同法》第39条规定，采用格式条款订立合同的，提供格式条款的一方应当遵循公平原则确定当事人之间的权利和义务，并采取合理的方式提请对方注意免除或者限制其责任的条款，按照对方的要求，对该条款予以说明。第40条规定，格式条款具有本法第52条和第53条规定情形的，或者提供格式条款一方免除其责任、加重对方责任、排除对方主要权利的，该条款无效。

需要注意的是，对于一些企业以通知、说明、须知、公告、告示等方式提出的文件，并不一定都是格式条款。衡量这些文件是否能够成为格式条款要看这些条款能否订入合同，如果根本不能成为合同条款，也就不能成为格式条款。

中消协公布"2004年度十大不平等格式条款"：

1. 开发商已预先在本应由双方决定的空栏内打上"×"，不准消费者选择。

2. 商品房《认购书》规定，甲（经营者）、乙（消费者）双方洽谈不成或乙方要求解除合同，由甲方将已收取的预定金退还给乙方，并按预定金的100%收取手续费。

3. 物业管理规定，物业公司将物业管理费、水电费捆绑收取，对拒绝缴纳物业管理费的住户，物业有权停水、停电。

4. 电信卡过期余额视为"自动放弃"。

5. 车险条款规定，保险车辆发生保险责任范围内的损失应当由第三方负责赔偿的，被保险人应当向第三方索赔，如果第三方不予赔付，被保险人应提起诉讼或仲裁。

6. 车险条款规定，经保险人同意的，由被保险人支付第三者的抢救费、施救费、仲裁及诉讼费、律师费赔偿的总数在保险单载明的责任限额以外另行计算，最高不超过责任限额的30%。

7. 有线电视《用户须知》规定，用户必须按规定自觉向本台缴纳收视维护费，不得拖欠或拒付。1~3月份为年度收费时间，逾期3个月不交费者，切除信号，需重新使用者，必须另行申报，缴纳开通手续费50元。

8. 宣传海报，本店（商场）对促销活动内容拥有最终解释权。

9. 消费场所告示，物品损坏高价甚至天价赔偿。

10. 摄影中心取件包装袋上声明，如遇意外事故损坏或遗失胶卷，只赔同类、同量胶卷，不负责其他损失。

“2005年度十大不平等格式条款”评选结果于3月15日揭晓。其具体内容如下：

1. 商场规定，买一赠一，赠品、奖品不予“三包”；打折商品概不退换。

分析：无论奖品还是赠品都应符合商品质量法的规定。商场单方面免除自己作为出卖人应当承担的产品质量担保责任，是对消费者合法权益的侵害，违反合同法对格式条款的相关规定。

2. 家电“三包”服务规定，消费者在办理家用电器退、换货时，商品包装必须完好，附件必须齐全，否则不予“三包”。

分析：很多厂家将包装完好作为退货的理由，事实上产品质量法规定，只要产品本身存在质量问题就允许退货，因此，商家要求消费者在办理家用电器退、换货时，商品包装必须完好，附件必须齐全，否则不予“三包”。严重侵犯了消费者的合法权益。

3. 商场儿童乐园规定，儿童在此游玩，发生事故本商场概不负责。

分析：商场既然设有游乐场，就负有保障游乐设施的安全义务，商场不仅要写清游乐设施的注意事项，操作方法，而且还要承担因此游乐设施的不合格和隐患所带来人身的伤害责任。

4. 超市存包须知，寄物柜是服务性质，超市不负保管及赔偿责任。

分析：商家“不负保管及赔偿责任”需要同时具备两个条件，一是“保管是无偿的”；二是“保管人证明自己没有重大过失”。虽然超市设置寄物柜提供免费存包服务，但事实上，免费存包会吸引广大消费者前来购物，商场得到了增加顾客的潜在利益，因此，商场提供的其实是有偿服务，超市应该承担因保管不善而造成的消费者利益损害的赔偿责任。

5. 种子包装标签，从购种之日起15天内请试芽，若出芽率不够，可携带包装袋及所购种子的收据到购种处协调解决，过期视为合格产品，不承担任何经济损失。

分析：目前，我们找不到规定农民在购买种子后15天内必须履行发芽试验的义务的法律、法规。种子是否有质量问题，不是农民所能鉴别的，农民不具备资质和资格条件，应当由法定的检测机构进行检验，因此，以上免除自己质量担保责任和损害赔偿责任的条款无效。

6. 银行公告，用户必须统一办理银行卡，不允许用现金缴费，不办卡者不予代收水电费。

分析：消费者到银行缴纳水电费，完全可以自主选择交款方式，任何部门无权干涉。这一格式条款明显侵犯了《消费者权益保护法》赋予消费者的自主选择权和公平交易权。

7. 商品房买卖合同，该商品房所在楼宇的屋面使用权不属于买受人，外墙面使用权不属于买受人，买卖双方同意屋顶和外墙面广告权属于出卖方。

分析：既然业主依法取得房屋的所有权，则房屋的屋面、屋顶依法归业主个人所有，整个楼的外墙也属于消费者全体所有，开发商用来作广告，不仅应当争取全体业主的同意，而且还要将获得的利益付给业主。

8. 物业停车收费规定，车辆丢失、损坏概不负责。

分析：物业公司获得业主交纳的停车费用，则负有看管所停车辆不丢失的责任，业主与物业公司之间形成了保管服务合同关系，在保管期间，因保管人保管不善造成保管物毁损、灭失的，自然应由保管人承担责任。

9. 照相馆声明，如遇意外损坏或遗失，只赔偿同类、同量胶卷，不负担其他责任。

分析：照片属于具有特定意义的纪念物品，我国最高人民法院的司法解释明文规定，特定意义的纪念物品毁损、灭失，对方可以承担责任包括精神损害赔偿责任。由此看出，此条款严重违反国家的法律法规的规定。

10. 美容服务协议，因已投保，如需索赔须向保险公司要求赔偿。

分析：目前，美容毁容案件不断上升。消费者到美容院接受美容服务，有权要求美容院提供符合保障人身安全的服务，不能损害消费者的面部等身体健康权，美容院如果因为疏忽，造成消费者身体健康受到伤害，如造成毁容、疤痕等严重伤害，美容院要承担侵权赔偿责任。

六、警察执法要遵守合同法

警察执法必须学好以上所列举的合同法的相关规定，只有学好以上的相关理论和规定，警察才能充分理解合同的意思自治原则，才能在现实中遇到民事合同案例少插入，向百姓说清楚民事合同案例可以由当事人向法院起诉寻求民事救济，民事案件不告不理。另外，在合同领域，警察也会遇到有关要约和要约邀请的区别问题。公安部门常常发出悬赏广告，但一旦有人中了广告，公安部门却不按照悬赏的内容兑现。事实上，悬赏广告如前所述，虽然属于广告，但是已经具有了要约的成分，因此，悬赏广告属于要约。例如，甲省公安局发出公告，谁破案，悬赏 500 万元，结果乙省的某一公安局破案，甲省公安局只兑现给 5000 元，乙公安局能否起诉甲省公安局，要求按约偿付 500 万元？

这种案例在公安部门经常发生，悬赏的案例很多，这实际上是一个民法问题，可以运用以上讲的合同知识解决。笔者认为，乙公安局可以请求甲省公安局支付 500 万元。这是悬赏广告，尽管乙公安局负有破案的义务，这是他的职责，但是法律并没有禁止另一方在自愿的情况下意思自治地赠与负有义务的一方金钱等，当负有义务的一方完成义务时，对方要兑现发出的要约。甲省公安局以要约的形式发布广告，谁破案谁受赏，完全符合民法倡导的意思自治，并且不违反民法以及目前法律的强制性的规定。目前并没有法律禁止某人拾到遗失物失主不能给奖励，法律也没有禁止负有法律义务的人履行义务后另一方不能给奖赏等，只要双方意思自治，在不违背法律禁止性规定的情况下，允许双方可以通过意思自治签订合同。经过要约和承诺后，一旦合法的合同订立了，双方都要受到约束，一方通过悬赏的方式，任何一方完成他要约的内容，发出悬赏方都有义务按照要约的内容承担责任，否则即构成违约。一旦要约和承诺达成，双方签订了合同，签订好的合同是不能任意改变的，甲省公安局缘何由承诺的500 万元降到5000 元，完全没有法律依据。要约人发出要约要意识到这个要约是要受到约束的，一旦有人承诺，他就要承担要约中所言的责任。乙公安局虽然负有法定的抓捕和破案的义务，但是承担法定义务并不意味着在对方自愿情况下给予奖赏的接受的权利的被剥夺，完全有权利接受对方的奖赏，两者并不矛盾。

因此，警察要努力学好合同法的知识，做到行政执法时遇到合同问题迎刃而解，而不因对民法合同知识的无知导致对案件处理的违法。

第六节　警察执法介入民事合同纠纷案及其分析

一、虚拟案例

（一）案情

某年7 月，某市有27 名经验丰富的公安机关、派出所领导被聘任为8 家省级医院和18 家市级医院及某省血栓病中西医结合医疗中心的安保工作副院长，聘请警察的目的是由这些警察指导医院开展相关治安防范工作。当地公安及医疗卫生部门宣称，这一举措将有效增加就诊患者和医疗工作人员的安全感，有效制止、及时清除医闹现象的发生。对于这一新政，支持者和怀疑者均不少。

（二）分析

医闹问题一直是医疗行业的老大难问题，公安工作中，医疗纠纷处理不利，往往会有极端的患者采取过激手段造成国家医院的财产损失，其他公民生命健康和财产受损。但这是不是能成为人民警察去做“副院长”的理由呢？笔者认为，这是一个很荒唐的决定，其根源还是没有深刻理解民法的理论。

随着我国经济的高速发展，人民物质生活水平的提高，民事、商事纠纷日益增多。医院和患者之间的矛盾，本身是一对平等主体之间的矛盾，应当遵循民法和其他有关法律的规定，本着自愿、平等、公平、诚实信用的原则来处理。在这一矛盾中，医院作为一个单位机构较之于患者个体，已经占有了信息上、公共资源上的一些优势，警察若在发生争议矛盾中进行调解，理应运用民法的法律法规，本着自愿、平等、公平、诚实信用的原则进行调解，除真有闹事出格的“医闹”们触犯了《治安管理处罚法》、《刑法》等公法外，公共权力本不应该介入其中。现在警察却要先入为主的介入这一民事领域，充当给一方撑腰的“副院长”，势必会影响到民事法律关系主体双方的意识自治、造成双方平等主体间的不平衡、破坏公平的易患关系，违反了诸多民法最基本的原则。本来不应该有警察等公权力介入的私法领域，却强加进来了这个强势的“副院长”，对根本上解决社会矛盾，维护人民宪法上、民法上的个项权利造成了重大的隐患，实属不应该。

笔者还想特别强调的是，作为公立医院聘请警察做副院长，既造成了社会公共资源的偏向浪费，影响了国家和社会的公共利益，也违反了诚实信用的基本原则，退一万步讲，即使公立医院聘用警察副院长合法，试想，公立医院的市场主体地位与私立医院是平等的，那么公立医院有警察副院长、私立的也应该有。除此之外，商场、饭店、学校、银行、邮局，等等，也会有矛盾纠纷的出现，那么是不是每个地方都应该有一个“副院长”呢？所以，学好民法的规定，领会民法的精神，提高民法的素养，对警察的执法工作非常重要，特别是在执法工作中贯彻好民法的这些基本原则，树立权利本位的思想，在该出现的领域，如极端“医闹”违法犯罪时警察做到不“失位”，同样重要的是在平时正常的市场经济活动中，如正常的医患纠纷做到警察不“越位”。

二、虚拟案例

（一）案情

某年 6 月 20 日，某县菜农张伟拉着 135 千克的新鲜四季豆，无照驾驶摩托车准备去市场卖，经过某乡镇时被某派出所民警拦截查获。因为无证驾驶，张伟被处以拘留 3 日。拘留要执行，但张伟的 135 千克四季豆如何处理却让人很犯难。征得张伟同意后，民警当天把这 135 千克四季豆拉到县城北门外蔬菜市场，由民警帮忙叫卖、售完。第二天，民警把卖菜所得的 324 元全部交给正在拘留所接受处罚的张伟。

（二）分析

本案的处理在一定范围内会获得群众的好评，人性化执法固然很好，这样的处理，这样的人民警察也让我们体会到了“严格执法、热情服务”以及“全心全意为人民服务”的宗旨。然而，笔者认为，这样的做法也有很多不妥之处。

首先，警察作为国家权力机关，是一种社会的公共资源，为社会所共有，在这个案例中为了受处罚的菜农卖菜，于个人、于个案似乎都有良好的效果，但却难以回避一个事实——社会资源在浪费，相比代人卖菜，或许做好禁止违章的宣传工作、对违法行为严格查处能达到更好的社会效果。其次，商品经济要求自由的市场、平等的竞争，要彻彻底底贯彻民法有关自愿、平等、公平、诚实信用的原则。警察去菜市场卖菜，很难让人不去怀疑公共的权力没有参与其中，尤其是在当下的乡镇农村，警察具有很高的“权威”性，警察开着警车穿着警服在市场公开叫卖，一方面是打压了其他在市场上卖菜的菜农的平等地位，无法保障公平的竞争环境；另一方面是对其他参与者的误导，认为警察卖菜有国家的强制力、公信力参与其中，这也影响到了正常的市场秩序。还有市场有其必要的税收及卫生管理等费用，警察的参与让人很容易联想到是否占了这方面的“优惠”。最后，警察的人性化执法本身没有错误，出发点是正确的，但因为民法方面知识的欠缺，这个卖菜的决定却存在着很多不合理的地方。试想，如果多人违章或菜量较大，警察都去卖菜了，如何能保障警力这一社会公共资源的有效配置，如果警察参与其中成为一种常态市场的正常秩序如何维持？民法上平等、公平、诚实信用原则如何贯彻？更不用说如果可以代人卖菜，那么自己是不是也可以卖自己的菜？市场上是不是会多出公安机关这样一个主体？显然影响将非常恶劣。所以，市场经济条件下，更要求警察有较高的民法修养，明白自身职能和定位，做到该到位的时候到位，严格查处违法犯罪行为，不该涉足的领域绝不能牵扯，如卖菜等行为是市场主体平等交易的商业行为，公安机关作为国家机关绝不应该扰乱这一正常的市场秩序。市场经济条件下，我们的警察队伍应当大力加强民法基本理论的学习。

警察执法必读法律法规

中华人民共和国民法通则（节录）

（1986年4月12日第六届全国人民代表大会第四次会议通过　1986年4月12日中华人民共和国主席令第37号公布　自1987年1月1日起施行）

目　录

第一章　基本原则

第一条　为了保障公民、法人的合法的民事权益，正确调整民事关系，适应社会主义现代化建设事业发展的需要，根据宪法和我国实际情况，总结民事活动的实践经验，制定本法。

第二条　中华人民共和国民法调整平等主体的公民之间、法人之间、公民和法人之间的财产关系和人身关系。

第三条　当事人在民事活动中的地位平等。

第四条　民事活动应当遵循自愿、公平、等价有偿、诚实信用的原则。

第五条　公民、法人的合法的民事权益受法律保护，任何组织和个人不得侵犯。

第六条　民事活动必须遵守法律，法律没有规定的，应当遵守国家政策。

第七条　民事活动应当尊重社会公德，不得损害社会公共利益，破坏国家经济计划，扰乱社会经济秩序。

第八条　在中华人民共和国领域内的民事活动，适用中华人民共和国法律，法律另有规定的除外。

本法关于公民的规定，适用于在中华人民共和国领域内的外国人、无国籍人，法律另有规定的除外。

第五章　民事权利

第一节　财产所有权和与财产所有权有关的财产权

第七十一条　财产所有权是指所有人依法对自己的财产享有占有、使用、收益和处分的权利。

第七十二条　财产所有权的取得，不得违反法律规定。

按照合同或者其他合法方式取得财产的，财产所有权从财产交付时起转移，法律另有规定或者当事人另有约定的除外。

第七十三条　国家财产属于全民所有。

国家财产神圣不可侵犯，禁止任何组织或者个人侵占、哄抢、私分、截留、破坏。

第七十四条　劳动群众集体组织的财产属于劳动群众集体所有，包括：

（一）法律规定为集体所有的土地和森林、山岭、草原、荒地、滩涂等；

（二）集体经济组织的财产；

（三）集体所有的建筑物、水库、农田水利设施和教育、科学、文化、卫生、体育等设施；

（四）集体所有的其他财产。

集体所有的土地依照法律属于村农民集体所有，由村农业生产合作社等农业集体经济组织或者村民委员会经营、管理。已经属于乡（镇）农民集体经济组织所有的，可以属于乡（镇）农民集体所有。

集体所有的财产受法律保护，禁止任何组织或者个人侵占、哄抢、私分、破坏或者非法查封、扣押、冻结、没收。

第七十五条　公民的个人财产，包括公民的合法收入、房屋、储蓄、生活用品、文物、图书资料、林木、牲畜和法律允许公民所有的生产资料以及其他合法财产。

公民的合法财产受法律保护，禁止任何组织或者个人侵占、哄抢、破坏或者非法查封、扣押、冻结、没收。

第七十六条　公民依法享有财产继承权。

第七十七条　社会团体包括宗教团体的合法财产受法律保护。

第七十八条　财产可以由两个以上的公民、法人共有。

共有分为按份共有和共同共有。按份共有人按照各自的份额，对共有财产分享权利，分担义务。共同共有人对共有财产享有权利，承担义务。

按份共有财产的每个共有人有权要求将自己的份额分出或者转让。但在出售时，其他共有人在同等条件下，有优先购买的权利。

第七十九条　所有人不明的埋藏物、隐藏物，归国家所有。接收单位应当对上缴的单位或者个人，给予表扬或者物质奖励。

拾得遗失物、漂流物或者失散的饲养动物，应当归还失主，因此而支出的费用由失主偿还。

第八十条　国家所有的土地，可以依法由全民所有制单位使用，也可以依法确定由集体所有制单位使用，国家保护它的使用、收益的权利；使用单位有管理、保护、合理利用的义务。

公民、集体依法对集体所有的或者国家所有由集体使用的土地的承包经营权，受法律保护。承包双方的权利和义务，依照法律由承包合同规定。

土地不得买卖、出租、抵押或者以其他形式非法转让。

第八十一条　国家所有的森林、山岭、草原、荒地、滩涂、水面等自然资源，可以依法由全民所有制单位使用，也可以依法确定由集体所有制单位使用，国家保护它的使用、收益的权利；使用单位有管理、保护、合理利用的义务。

国家所有的矿藏，可以依法由全民所有制单位和集体所有制单位开采，也可以依法由公民采挖。国家保护合法的采矿权。

公民、集体依法对集体所有的或者国家所有由集体使用的森林、山岭、草原、荒地、滩涂、水面的承包经营权，受法律保护。承包双方的权利和义务，依照法律由承包合同规定。

国家所有的矿藏、水流，国家所有的和法律规定属于集体所有的林地、山岭、草原、荒地、滩涂不得买卖、出租、抵押或者以其他形式非法转让。

第八十二条　全民所有制企业对国家授予它经营管理的财产依法享有经营权，受法律保护。

第八十三条　不动产的相邻各方，应当按照有利生产、方便生活、团结互助、公平合理的精神，正确处理截水、排水、通行、通风、采光等方面的相邻关系。给相邻方造成妨碍或者损失的，应当停止侵害，排除妨碍，赔偿损失。

第二节　债　　权

第八十四条　债是按照合同的约定或者依照法律的规定，在当事人之间产生的特定的权利和义务关系，享有权利的人是债权人，负有义务的人是债务人。

债权人有权要求债务人按照合同的约定或者依照法律的规定履行义务。

第八十五条　合同是当事人之间设立、变更、终止民事关系的协议。依法成立的合同，受法律保护。

第八十六条　债权人为二人以上的，按照确定的份额分享权利。债务人为二人以上的，按照确定的份额分担义务。

第八十七条　债权人或者债务人一方人数为二人以上的，依照法律的规定或者当事人的约定，享有连带权利的每个债权人，都有权要求债务人履行义务；负有连带义务的每个债务人，都负有清偿全部债务的义务，履行了义务的人，有权要求其他负有连带义务的人偿付他应当承担的份额。

第八十八条　合同的当事人应当按照合同的约定，全部履行自己的义务。

合同中有关质量、期限、地点或者价款约定不明确，按照合同有关条款内容不能确定，当事人又不能通过协商达成协议的，适用下列规定：

（一）质量要求不明确的，按照国家质量标准履行，没有国家质量标准的，按照通常标准履行。

（二）履行期限不明确的，债务人可以随时向债权人履行义务，债权人也可以随时要求债务人履行义务，但应当给对方必要的准备时间。

（三）履行地点不明确，给付货币的，在接受给付一方的所在地履行，其他标的在履行义务一方的所在地履行。

（四）价款约定不明确的，按照国家规定的价格履行；没有国家规定价格的，参照市场价格或者同类物品的价格或者同类劳务的报酬标准履行。

合同对专利申请权没有约定的，完成发明创造的当事人享有申请权。

合同对科技成果的使用权没有约定的，当事人都有使用的权利。

第八十九条　依照法律的规定或者按照当事人的约定，可以采用下列方式担保债务的履行：

（一）保证人向债权人保证债务人履行债务，债务人不履行债务的，按照约定由保证人履行或者承担连带责任；保证人履行债务后，有权向债务人追偿。

（二）债务人或者第三人可以提供一定的财产作为抵押物。债务人不履行债务的，债权人有权依照法律的规定以抵押物折价或者以变卖抵押物的价款优先得到偿还。

（三）当事人一方在法律规定的范围内可以向对方给付定金。

债务人履行债务后，定金应当抵作价款或者收回。给付定金的一方不履行债务的，无权要求返还定金；接受定金的一方不履行债务的，应当双倍返还定金。

（四）按照合同约定一方占有对方的财产，对方不按照合同给付应付款项超过约定期限的，占有人有权留置该财产，依照法律的规定以留置财产折价或者以变卖该财产的价款优先得到偿还。

第九十条　合法的借贷关系受法律保护。

第九十一条　合同一方将合同的权利、义务全部或者部分转让给第三人的，应当取得合同另一方的同意，并不得牟利。依照法律规定应当由国家批准的合同，需经原批准机关批准。但是，法律另有规定或者原合同另有约定的除外。

第九十二条　没有合法根据，取得不当利益，造成他人损失的，应当将取得的不当利益返还受损失的人。

第九十三条　没有法定的或者约定的义务，为避免他人利益受损失进行管理或者服务的，有权要求受益人偿付由此而支付的必要费用。

第三节　知识产权

第九十四条　公民、法人享有著作权（版权），依法有署名、发表、出版、获得报酬等权利。

第九十五条　公民、法人依法取得的专利权受法律保护。

第九十六条　法人、个体工商户、个人合伙依法取得的商标专用权受法律保护。

第九十七条　公民对自己的发现享有发现权。发现人有权申请领取发现证书、奖金或者其他奖励。

公民对自己的发明或者其他科技成果，有权申请领取荣誉证书、奖金或者其他奖励。

第四节 人身权

第九十八条　公民享有生命健康权。

第九十九条　公民享有姓名权，有权决定、使用和依照规定改变自己的姓名，禁止他人干涉、盗用、假冒。

法人、个体工商户、个人合伙享有名称权。企业法人、个体工商户、个人合伙有权使用、依法转让自己的名称。

第一百条　公民享有肖像权，未经本人同意，不得以营利为目的使用公民的肖像。

第一百零一条　公民、法人享有名誉权，公民的人格尊严受法律保护，禁止用侮辱、诽谤等方式损害公民、法人的名誉。

第一百零二条　公民、法人享有荣誉权，禁止非法剥夺公民、法人的荣誉称号。

第一百零三条　公民享有婚姻自主权，禁止买卖、包办婚姻和其他干涉婚姻自由的行为。

第一百零四条　婚姻、家庭、老人、母亲和儿童受法律保护。残疾人的合法权益受法律保护。

第一百零五条　妇女享有同男子平等的民事权利。

第六章　民事责任

第一节　一般规定

第一百零六条　公民、法人违反合同或者不履行其他义务的，应当承担民事责任。

公民、法人由于过错侵害国家的、集体的财产，侵害他人财产、人身的，应当承担民事责任。

没有过错，但法律规定应当承担民事责任的，应当承担民事责任。

第一百零七条　因不可抗力不能履行合同或者造成他人损害

的，不承担民事责任，法律另有规定的除外。

第一百零八条　债务应当清偿。暂时无力偿还的，经债权人同意或者人民法院裁决，可以由债务人分期偿还。有能力偿还拒不偿还的，由人民法院判决强制偿还。

第一百零九条　因防止、制止国家的、集体的财产或者他人的财产、人身遭受侵害而使自己受到损害的，由侵害人承担赔偿责任，受益人也可以给予适当的补偿。

第一百一十条　对承担民事责任的公民、法人需要追究行政责任的，应当追究行政责任；构成犯罪的，对公民、法人的法定代表人应当依法追究刑事责任。

第二节　违反合同的民事责任

第一百一十一条　当事人一方不履行合同义务或者履行合同义务不符合约定条件的，另一方有权要求履行或者采取补救措施，并有权要求赔偿损失。

第一百一十二条　当事人一方违反合同的赔偿责任，应当相当于另一方因此所受到的损失。

当事人可以在合同中约定，一方违反合同时，向另一方支付一定数额的违约金；也可以在合同中约定对于违反合同而产生的损失赔偿额的计算方法。

第一百一十三条　当事人双方都违反合同的，应当分别承担各自应负的民事责任。

第一百一十四条　当事人一方因另一方违反合同受到损失的，应当及时采取措施防止损失的扩大；没有及时采取措施致使损失扩大的，无权就扩大的损失要求赔偿。

第一百一十五条　合同的变更或者解除，不影响当事人要求赔偿损失的权利。

第一百一十六条　当事人一方由于上级机关的原因，不能履行合同义务的，应当按照合同约定向另一方赔偿损失或者采取其他补救措施，再由上级机关对它因此受到的损失负责处理。

第三节　侵权的民事责任

第一百一十七条　侵占国家的、集体的财产或者他人财产的，应当返还财产，不能返还财产的，应当折价赔偿。

损坏国家的、集体的财产或者他人财产的，应当恢复原状或者折价赔偿。

受害人因此遭受其他重大损失的，侵害人并应当赔偿损失。

第一百一十八条　公民、法人的著作权（版权）、专利权、商标专用权、发现权、发明权和其他科技成果权受到剽窃、篡改、假冒等侵害的，有权要求停止侵害，消除影响，赔偿损失。

第一百一十九条　侵害公民身体造成伤害的，应当赔偿医疗费、因误工减少的收入、残废者生活补助费等费用；造成死亡的，并应当支付丧葬费、死者生前扶养的人必要的生活费等费用。

第一百二十条　公民的姓名权、肖像权、名誉权、荣誉权受到侵害的，有权要求停止侵害，恢复名誉，消除影响，赔礼道歉，并可以要求赔偿损失。

法人的名称权、名誉权、荣誉权受到侵害的，适用前款规定。

第一百二十一条　国家机关或者国家机关工作人员在执行职务中，侵犯公民、法人的合法权益造成损害的，应当承担民事责任。

第一百二十二条　因产品质量不合格造成他人财产、人身损害的，产品制造者、销售者应当依法承担民事责任。运输者、仓储者对此负有责任的，产品制造者、销售者有权要求赔偿损失。

第一百二十三条　从事高空、高压、易燃、易爆、剧毒、放射性、高速运输工具等对周围环境有高度危险的作业造成他人损害的，应当承担民事责任；如果能够证明损害是由受害人故意造成的，不承担民事责任。

第一百二十四条　违反国家保护环境防止污染的规定，污染环境造成他人损害的，应当依法承担民事责任。

第一百二十五条　在公共场所、道旁或者通道上挖坑、修缮安装地下设施等，没有设置明显标志和采取安全措施造成他人损害的，施工人应当承担民事责任。

第一百二十六条　建筑物或者其他设施以及建筑物上的搁置物、悬挂物发生倒塌、脱落、坠落造成他人损害的，它的所有人或者管理人应当承担民事责任，但能够证明自己没有过错的除外。

第一百二十七条　饲养的动物造成他人损害的，动物饲养人或者管理人应当承担民事责任；由于受害人的过错造成损害的，动物饲养人或者管理人不承担民事责任；由于第三人的过错造成损害的，第三人应当承担民事责任。

第一百二十八条　因正当防卫造成损害的，不承担民事责任。正当防卫超过必要的限度，造成不应有的损害的，应当承担适当的民事责任。

第一百二十九条　因紧急避险造成损害的，由引起险情发生的人承担民事责任。如果危险是由自然原因引起的，紧急避险人不承担民事责任或者承担适当的民事责任。因紧急避险采取措施不当或者超过必要的限度，造成不应有的损害的，紧急避险人应当承担适当的民事责任。

第一百三十条　二人以上共同侵权造成他人损害的，应当承担连带责任。

第一百三十一条　受害人对于损害的发生也有过错的，可以减轻侵害人的民事责任。

第一百三十二条　当事人对造成损害都没有过错的，可以根据实际情况，由当事人分担民事责任。

第一百三十三条　无民事行为能力人、限制民事行为能力人造成他人损害的，由监护人承担民事责任。监护人尽了监护责任的，可以适当减轻他的民事责任。

有财产的无民事行为能力人、限制民事行为能力人造成他人损害的，从本人财产中支付赔偿费用。不足部分，由监护人适当赔偿，但单位担任监护人的除外。

第四节　承担民事责任的方式

第一百三十四条　承担民事责任的方式主要有：

（一）停止侵害；

（二）排除妨碍；

（三）消除危险；

（四）返还财产；

（五）恢复原状；

（六）修理、重作、更换；

（七）赔偿损失；

（八）支付违约金；

（九）消除影响、恢复名誉；

（十）赔礼道歉。

以上承担民事责任的方式，可以单独适用，也可以合并适用。

人民法院审理民事案件，除适用上述规定外，还可以予以训诫、责令具结悔过、收缴进行非法活动的财物和非法所得，并可以依照法律规定处以罚款、拘留。

第七章　诉讼时效

第一百三十五条　向人民法院请求保护民事权利的诉讼时效期间为二年，法律另有规定的除外。

第一百三十六条　下列的诉讼时效期间为一年：

（一）身体受到伤害要求赔偿的；

（二）出售质量不合格的商品未声明的；

（三）延付或者拒付租金的；

（四）寄存财物被丢失或者损毁的。

第一百三十七条　诉讼时效期间从知道或者应当知道权利被侵

害时起计算。但是，从权利被侵害之日起超过二十年的，人民法院不予保护。有特殊情况的，人民法院可以延长诉讼时效期间。

第一百三十八条　超过诉讼时效期间，当事人自愿履行的，不受诉讼时效限制。

第一百三十九条　在诉讼时效期间的最后六个月内，因不可抗力或者其他障碍不能行使请求权的，诉讼时效中止。从中止时效的原因消除之日起，诉讼时效期间继续计算。

第一百四十条　诉讼时效因提起诉讼、当事人一方提出要求或者同意履行义务而中断。从中断时起，诉讼时效期间重新计算。

第一百四十一条　法律对诉讼时效另有规定的，依照法律规定。

第一百五十六条　本法自 1987 年 1 月 1 日起施行。

中华人民共和国物权法（节录）

（《中华人民共和国物权法》已由中华人民共和国第十届全国人民代表大会第五次会议于2007年3月16日通过，现予公布，自2007年10月1日起施行。中华人民共和国主席　胡锦涛　2007年3月16日）

目　录

第一编　总　　则

第一章　基本原则

第一条　为了维护国家基本经济制度，维护社会主义市场经济秩序，明确物的归属，发挥物的效用，保护权利人的物权，根据宪法，制定本法。

第二条　因物的归属和利用而产生的民事关系，适用本法。

本法所称物，包括不动产和动产。法律规定权利作为物权客体的，依照其规定。

本法所称物权，是指权利人依法对特定的物享有直接支配和排他的权利，包括所有权、用益物权和担保物权。

第三条　国家在社会主义初级阶段，坚持公有制为主体、多种所有制经济共同发展的基本经济制度。

国家巩固和发展公有制经济，鼓励、支持和引导非公有制经济的发展。

国家实行社会主义市场经济，保障一切市场主体的平等法律地位和发展权利。

第四条　国家、集体、私人的物权和其他权利人的物权受法律保护，任何单位和个人不得侵犯。

第五条　物权的种类和内容，由法律规定。

第六条　不动产物权的设立、变更、转让和消灭，应当依照法律规定登记。动产物权的设立和转让，应当依照法律规定交付。

第七条　物权的取得和行使，应当遵守法律，尊重社会公德，不得损害公共利益和他人合法权益。

第八条　其他相关法律对物权另有特别规定的，依照其规定。

第二章　物权的设立、变更、转让和消灭

第一节　不动产登记

第九条　不动产物权的设立、变更、转让和消灭，经依法登记，发生效力；未经登记，不发生效力，但法律另有规定的除外。

依法属于国家所有的自然资源，所有权可以不登记。

第十条　不动产登记，由不动产所在地的登记机构办理。

国家对不动产实行统一登记制度。统一登记的范围、登记机构和登记办法，由法律、行政法规规定。

第十一条　当事人申请登记，应当根据不同登记事项提供权属证明和不动产界址、面积等必要材料。

第十二条　登记机构应当履行下列职责：

（一）查验申请人提供的权属证明和其他必要材料；

（二）就有关登记事项询问申请人；

（三）如实、及时登记有关事项；

（四）法律、行政法规规定的其他职责。

申请登记的不动产的有关情况需要进一步证明的，登记机构可以要求申请人补充材料，必要时可以实地查看。

第十三条　登记机构不得有下列行为：

（一）要求对不动产进行评估；

（二）以年检等名义进行重复登记；

（三）超出登记职责范围的其他行为。

第十四条　不动产物权的设立、变更、转让和消灭，依照法律规定应当登记的，自记载于不动产登记簿时发生效力。

第十五条　当事人之间订立有关设立、变更、转让和消灭不动产物权的合同，除法律另有规定或者合同另有约定外，自合同成立时生效；未办理物权登记的，不影响合同效力。

第十六条　不动产登记簿是物权归属和内容的根据。

不动产登记簿由登记机构管理。

第十七条　不动产权属证书是权利人享有该不动产物权的证明。不动产权属证书记载的事项，应当与不动产登记簿一致；记载不一致的，除有证据证明不动产登记簿确有错误外，以不动产登记簿为准。

第十八条　权利人、利害关系人可以申请查询、复制登记资料，登记机构应当提供。

第十九条　权利人、利害关系人认为不动产登记簿记载的事项错误的，可以申请更正登记。不动产登记簿记载的权利人书面同意更正或者有证据证明登记确有错误的，登记机构应当予以更正。

不动产登记簿记载的权利人不同意更正的，利害关系人可以申请异议登记。登记机构予以异议登记的，申请人在异议登记之日起十五日内不起诉，异议登记失效。异议登记不当，造成权利人损害的，权利人可以向申请人请求损害赔偿。

第二十条　当事人签订买卖房屋或者其他不动产物权的协议，为保障将来实现物权，按照约定可以向登记机构申请预告登记。预告登记后，未经预告登记的权利人同意，处分该不动产的，不发生物权效力。

预告登记后，债权消灭或者自能够进行不动产登记之日起三个月内未申请登记的，预告登记失效。

第二十一条　当事人提供虚假材料申请登记，给他人造成损害的，应当承担赔偿责任。

因登记错误，给他人造成损害的，登记机构应当承担赔偿责任。登记机构赔偿后，可以向造成登记错误的人追偿。

第二十二条　不动产登记费按件收取，不得按照不动产的面积、体积或者价款的比例收取。具体收费标准由国务院有关部门会同价格主管部门规定。

第二节　动产交付

第二十三条　动产物权的设立和转让，自交付时发生效力，但法律另有规定的除外。

第二十四条　船舶、航空器和机动车等物权的设立、变更、转让和消灭，未经登记，不得对抗善意第三人。

第二十五条　动产物权设立和转让前，权利人已经依法占有该动产的，物权自法律行为生效时发生效力。

第二十六条　动产物权设立和转让前，第三人依法占有该动产的，负有交付义务的人可以通过转让请求第三人返还原物的权利代替交付。

第二十七条　动产物权转让时，双方又约定由出让人继续占有该动产的，物权自该约定生效时发生效力。

第三节　其他规定

第二十八条　因人民法院、仲裁委员会的法律文书或者人民政府的征收决定等，导致物权设立、变更、转让或者消灭的，自法律文书或者人民政府的征收决定等生效时发生效力。

第二十九条　因继承或者受遗赠取得物权的，自继承或者受遗赠开始时发生效力。

第三十条　因合法建造、拆除房屋等事实行为设立或者消灭物权的，自事实行为成就时发生效力。

第三十一条　依照本法第二十八条至第三十条规定享有不动产物权的，处分该物权时，依照法律规定需要办理登记的，未经登记，不发生物权效力。

第三章　物权的保护

第三十二条　物权受到侵害的，权利人可以通过和解、调解、仲裁、诉讼等途径解决。

第三十三条　因物权的归属、内容发生争议的，利害关系人可以请求确认权利。

第三十四条　无权占有不动产或者动产的，权利人可以请求返还原物。

第三十五条　妨害物权或者可能妨害物权的，权利人可以请求排除妨害或者消除危险。

第三十六条　造成不动产或者动产毁损的，权利人可以请求修理、重作、更换或者恢复原状。

第三十七条　侵害物权，造成权利人损害的，权利人可以请求损害赔偿，也可以请求承担其他民事责任。

第三十八条　本章规定的物权保护方式，可以单独适用，也可以根据权利被侵害的情形合并适用。

侵害物权，除承担民事责任外，违反行政管理规定的，依法承担行政责任；构成犯罪的，依法追究刑事责任。

第二编　所有权

第四章　一般规定

第三十九条　所有权人对自己的不动产或者动产，依法享有占有、使用、收益和处分的权利。

第四十条　所有权人有权在自己的不动产或者动产上设立用益物权和担保物权。用益物权人、担保物权人行使权利，不得损害所有权人的权益。

第四十一条　法律规定专属于国家所有的不动产和动产，任何单位和个人不能取得所有权。

第四十二条　为了公共利益的需要，依照法律规定的权限和程序可以征收集体所有的土地和单位、个人的房屋及其他不动产。

征收集体所有的土地，应当依法足额支付土地补偿费、安置补助费、地上附着物和青苗的补偿费等费用，安排被征地农民的社会保障费用，保障被征地农民的生活，维护被征地农民的合法权益。

征收单位、个人的房屋及其他不动产，应当依法给予拆迁补偿，维护被征收人的合法权益；征收个人住宅的，还应当保障被征收人的居住条件。

任何单位和个人不得贪污、挪用、私分、截留、拖欠征收补偿费等费用。

第四十三条　国家对耕地实行特殊保护，严格限制农用地转为建设用地，控制建设用地总量。不得违反法律规定的权限和程序征收集体所有的土地。

第四十四条　因抢险、救灾等紧急需要，依照法律规定的权限和程序可以征用单位、个人的不动产或者动产。被征用的不动产或者动产使用后，应当返还被征用人。单位、个人的不动产或者动产被征用或者征用后毁损、灭失的，应当给予补偿。

第五章　国家所有权和集体所有权、私人所有权

第四十五条　法律规定属于国家所有的财产，属于国家所有即全民所有。

国有财产由国务院代表国家行使所有权；法律另有规定的，依照其规定。

第四十六条　矿藏、水流、海域属于国家所有。

第四十七条　城市的土地，属于国家所有。法律规定属于国家所有的农村和城市郊区的土地，属于国家所有。

第四十八条　森林、山岭、草原、荒地、滩涂等自然资源，属于国家所有，但法律规定属于集体所有的除外。

第四十九条　法律规定属于国家所有的野生动植物资源，属于国家所有。

第五十条　无线电频谱资源属于国家所有。

第五十一条　法律规定属于国家所有的文物，属于国家所有。

第五十二条　国防资产属于国家所有。

铁路、公路、电力设施、电信设施和油气管道等基础设施，依照法律规定为国家所有的，属于国家所有。

第五十三条　国家机关对其直接支配的不动产和动产，享有占有、使用以及依照法律和国务院的有关规定处分的权利。

第五十四条　国家举办的事业单位对其直接支配的不动产和动产，享有占有、使用以及依照法律和国务院的有关规定收益、处分的权利。

第五十五条　国家出资的企业，由国务院、地方人民政府依照法律、行政法规规定分别代表国家履行出资人职责，享有出资人权益。

第五十六条　国家所有的财产受法律保护，禁止任何单位和个人侵占、哄抢、私分、截留、破坏。

第五十七条　履行国有财产管理、监督职责的机构及其工作人员，应当依法加强对国有财产的管理、监督，促进国有财产保值增值，防止国有财产损失；滥用职权，玩忽职守，造成国有财产损失的，应当依法承担法律责任。

违反国有财产管理规定，在企业改制、合并分立、关联交易等过程中，低价转让、合谋私分、擅自担保或者以其他方式造成国有财产损失的，应当依法承担法律责任。

第五十八条　集体所有的不动产和动产包括：

（一）法律规定属于集体所有的土地和森林、山岭、草原、荒地、滩涂；

（二）集体所有的建筑物、生产设施、农田水利设施；

（三）集体所有的教育、科学、文化、卫生、体育等设施；

（四）集体所有的其他不动产和动产。

第五十九条　农民集体所有的不动产和动产，属于本集体成员集体所有。

下列事项应当依照法定程序经本集体成员决定：

（一）土地承包方案以及将土地发包给本集体以外的单位或者个人承包；

（二）个别土地承包经营权人之间承包地的调整；

（三）土地补偿费等费用的使用、分配办法；

（四）集体出资的企业的所有权变动等事项；

（五）法律规定的其他事项。

第六十条　对于集体所有的土地和森林、山岭、草原、荒地、滩涂等，依照下列规定行使所有权：

（一）属于村农民集体所有的，由村集体经济组织或者村民委员会代表集体行使所有权；

（二）分别属于村内两个以上农民集体所有的，由村内各该集体经济组织或者村民小组代表集体行使所有权；

（三）属于乡镇农民集体所有的，由乡镇集体经济组织代表集体行使所有权。

第六十一条　城镇集体所有的不动产和动产，依照法律、行政法规的规定由本集体享有占有、使用、收益和处分的权利。

第六十二条　集体经济组织或者村民委员会、村民小组应当依照法律、行政法规以及章程、村规民约向本集体成员公布集体财产的状况。

第六十三条　集体所有的财产受法律保护，禁止任何单位和个人侵占、哄抢、私分、破坏。

集体经济组织、村民委员会或者其负责人作出的决定侵害集体成员合法权益的，受侵害的集体成员可以请求人民法院予以撤销。

第六十四条　私人对其合法的收入、房屋、生活用品、生产工具、原材料等不动产和动产享有所有权。

第六十五条　私人合法的储蓄、投资及其收益受法律保护。

国家依照法律规定保护私人的继承权及其他合法权益。

第六十六条　私人的合法财产受法律保护，禁止任何单位和个人侵占、哄抢、破坏。

第六十七条　国家、集体和私人依法可以出资设立有限责任公司、股份有限公司或者其他企业。国家、集体和私人所有的不动产或者动产，投到企业的，由出资人按照约定或者出资比例享有资产收益、重大决策以及选择经营管理者等权利并履行义务。

第六十八条　企业法人对其不动产和动产依照法律、行政法规以及章程享有占有、使用、收益和处分的权利。

企业法人以外的法人，对其不动产和动产的权利，适用有关法律、行政法规以及章程的规定。

第六十九条　社会团体依法所有的不动产和动产，受法律保护。

第六章　业主的建筑物区分所有权

第七十条　业主对建筑物内的住宅、经营性用房等专有部分享有所有权，对专有部分以外的共有部分享有共有和共同管理的权利。

第七十一条　业主对其建筑物专有部分享有占有、使用、收益和处分的权利。业主行使权利不得危及建筑物的安全，不得损害其他业主的合法权益。

第七十二条　业主对建筑物专有部分以外的共有部分，享有权利，承担义务；不得以放弃权利不履行义务。

业主转让建筑物内的住宅、经营性用房，其对共有部分享有的共有和共同管理的权利一并转让。

第七十三条　建筑区划内的道路，属于业主共有，但属于城镇公共道路的除外。建筑区划内的绿地，属于业主共有，但属于城镇公共绿地或者明示属于个人的除外。建筑区划内的其他公共场所、公用设施和物业服务用房，属于业主共有。

第七十四条　建筑区划内，规划用于停放汽车的车位、车库应当首先满足业主的需要。

建筑区划内，规划用于停放汽车的车位、车库的归属，由当事人通过出售、附赠或者出租等方式约定。

占用业主共有的道路或者其他场地用于停放汽车的车位，属于业主共有。

第七十五条　业主可以设立业主大会，选举业主委员会。

地方人民政府有关部门应当对设立业主大会和选举业主委员会给予指导和协助。

第七十六条　下列事项由业主共同决定：

（一）制定和修改业主大会议事规则；

（二）制定和修改建筑物及其附属设施的管理规约；

（三）选举业主委员会或者更换业主委员会成员；

（四）选聘和解聘物业服务企业或者其他管理人；

（五）筹集和使用建筑物及其附属设施的维修资金；

（六）改建、重建建筑物及其附属设施；

（七）有关共有和共同管理权利的其他重大事项。

决定前款第五项和第六项规定的事项，应当经专有部分占建筑物总面积三分之二以上的业主且占总人数三分之二以上的业主同意。决定前款其他事项，应当经专有部分占建筑物总面积过半数的业主且占总人数过半数的业主同意。

第七十七条　业主不得违反法律、法规以及管理规约，将住宅改变为经营性用房。业主将住宅改变为经营性用房的，除遵守法律、法规以及管理规约外，应当经有利害关系的业主同意。

第七十八条　业主大会或者业主委员会的决定，对业主具有约束力。

业主大会或者业主委员会作出的决定侵害业主合法权益的，受侵害的业主可以请求人民法院予以撤销。

第七十九条　建筑物及其附属设施的维修资金，属于业主共有。经业主共同决定，可以用于电梯、水箱等共有部分的维修。维修资金的筹集、使用情况应当公布。

第八十条　建筑物及其附属设施的费用分摊、收益分配等事项，有约定的，按照约定；没有约定或者约定不明确的，按照业主专有部分占建筑物总面积的比例确定。

第八十一条　业主可以自行管理建筑物及其附属设施，也可以委托物业服务企业或者其他管理人管理。

对建设单位聘请的物业服务企业或者其他管理人，业主有权依法更换。

第八十二条　物业服务企业或者其他管理人根据业主的委托管理建筑区划内的建筑物及其附属设施，并接受业主的监督。

第八十三条　业主应当遵守法律、法规以及管理规约。

业主大会和业主委员会，对任意弃置垃圾、排放污染物或者噪声、违反规定饲养动物、违章搭建、侵占通道、拒付物业费等损害他人合法权益的行为，有权依照法律、法规以及管理规约，要求行为人停止侵害、消除危险、排除妨害、赔偿损失。业主对侵害自己合法权益的行为，可以依法向人民法院提起诉讼。

第七章　相邻关系

第八十四条　不动产的相邻权利人应当按照有利生产、方便生活、团结互助、公平合理的原则，正确处理相邻关系。

第八十五条　法律、法规对处理相邻关系有规定的，依照其规定；法律、法规没有规定的，可以按照当地习惯。

第八十六条　不动产权利人应当为相邻权利人用水、排水提供必要的便利。

对自然流水的利用，应当在不动产的相邻权利人之间合理分配。对自然流水的排放，应当尊重自然流向。

第八十七条　不动产权利人对相邻权利人因通行等必须利用其土地的，应当提供必要的便利。

第八十八条　不动产权利人因建造、修缮建筑物以及铺设电线、电缆、水管、暖气和燃气管线等必须利用相邻土地、建筑物的，该土地、建筑物的权利人应当提供必要的便利。

第八十九条　建造建筑物，不得违反国家有关工程建设标准，妨碍相邻建筑物的通风、采光和日照。

第九十条　不动产权利人不得违反国家规定弃置固体废物，排放大气污染物、水污染物、噪声、光、电磁波辐射等有害物质。

第九十一条　不动产权利人挖掘土地、建造建筑物、铺设管线以及安装设备等，不得危及相邻不动产的安全。

第九十二条　不动产权利人因用水、排水、通行、铺设管线等利用相邻不动产的，应当尽量避免对相邻的不动产权利人造成损害；造成损害的，应当给予赔偿。

第八章　共　有

第九十三条　不动产或者动产可以由两个以上单位、个人共有。共有包括按份共有和共同共有。

第九十四条　按份共有人对共有的不动产或者动产按照其份额享有所有权。

第九十五条　共同共有人对共有的不动产或者动产共同享有所有权。

第九十六条　共有人按照约定管理共有的不动产或者动产；没有约定或者约定不明确的，各共有人都有管理的权利和义务。

第九十七条　处分共有的不动产或者动产以及对共有的不动产或者动产作重大修缮的，应当经占份额三分之二以上的按份共有人或者全体共同共有人同意，但共有人之间另有约定的除外。

第九十八条　对共有物的管理费用以及其他负担，有约定的，按照约定；没有约定或者约定不明确的，按份共有人按照其份额负担，共同共有人共同负担。

第九十九条　共有人约定不得分割共有的不动产或者动产，以维持共有关系的，应当按照约定，但共有人有重大理由需要分割的，可以请求分割；没有约定或者约定不明确的，按份共有人可以随时请求分割，共同共有人在共有的基础丧失或者有重大理由需要分割时可以请求分割。因分割对其他共有人造成损害的，应当给予赔偿。

第一百条　共有人可以协商确定分割方式。达不成协议，共有的不动产或者动产可以分割并且不会因分割减损价值的，应当对实物予以分割；难以分割或者因分割会减损价值的，应当对折价或者拍卖、变卖取得的价款予以分割。

共有人分割所得的不动产或者动产有瑕疵的，其他共有人应当分担损失。

第一百零一条　按份共有人可以转让其享有的共有的不动产或者动产份额。其他共有人在同等条件下享有优先购买的权利。

第一百零二条　因共有的不动产或者动产产生的债权债务，在对外关系上，共有人享有连带债权、承担连带债务，但法律另有规定或者第三人知道共有人不具有连带债权债务关系的除外；在共有人内部关系上，除共有人另有约定外，按份共有人按照份额享有债权、承担债务，共同共有人共同享有债权、承担债务。偿还债务超过自己应当承担份额的按份共有人，有权向其他共有人追偿。

第一百零三条　共有人对共有的不动产或者动产没有约定为按份共有或者共同共有，或者约定不明确的，除共有人具有家庭关系等外，视为按份共有。

第一百零四条　按份共有人对共有的不动产或者动产享有的份额，没有约定或者约定不明确的，按照出资额确定；不能确定出资额的，视为等额享有。

第一百零五条　两个以上单位、个人共同享有用益物权、担保物权的，参照本章规定。

第九章　所有权取得的特别规定

第一百零六条　无处分权人将不动产或者动产转让给受让人的，所有权人有权追回；除法律另有规定外，符合下列情形的，受让人取得该不动产或者动产的所有权：

（一）受让人受让该不动产或者动产时是善意的；

（二）以合理的价格转让；

（三）转让的不动产或者动产依照法律规定应当登记的已经登记，不需要登记的已经交付给受让人。

受让人依照前款规定取得不动产或者动产的所有权的，原所有权人有权向无处分权人请求赔偿损失。

当事人善意取得其他物权的，参照前两款规定。

第一百零七条　所有权人或者其他权利人有权追回遗失物。该遗失物通过转让被他人占有的，权利人有权向无处分权人请求损害赔偿，或者自知道或者应当知道受让人之日起二年内向受让人请求返还原物，但受让人通过拍卖或者向具有经营资格的经营者购得该遗失物的，权利人请求返还原物时应当支付受让人所付的费用。权利人向受让人支付所付费用后，有权向无处分权人追偿。

第一百零八条　善意受让人取得动产后，该动产上的原有权利消灭，但善意受让人在受让时知道或者应当知道该权利的除外。

第一百零九条　拾得遗失物，应当返还权利人。拾得人应当及时通知权利人领取，或者送交公安等有关部门。

第一百一十条　有关部门收到遗失物，知道权利人的，应当及时通知其领取；不知道的，应当及时发布招领公告。

第一百一十一条　拾得人在遗失物送交有关部门前，有关部门在遗失物被领取前，应当妥善保管遗失物。因故意或者重大过失致使遗失物毁损、灭失的，应当承担民事责任。

第一百一十二条　权利人领取遗失物时，应当向拾得人或者有关部门支付保管遗失物等支出的必要费用。

权利人悬赏寻找遗失物的，领取遗失物时应当按照承诺履行义务。

拾得人侵占遗失物的，无权请求保管遗失物等支出的费用，也无权请求权利人按照承诺履行义务。

第一百一十三条　遗失物自发布招领公告之日起六个月内无人认领的，归国家所有。

第一百一十四条　拾得漂流物、发现埋藏物或者隐藏物的，参照拾得遗失物的有关规定。文物保护法等法律另有规定的，依照其规定。

第一百一十五条　主物转让的，从物随主物转让，但当事人另有约定的除外。

第一百一十六条　天然孳息，由所有权人取得；既有所有权人又有用益物权人的，由用益物权人取得。当事人另有约定的，按照约定。

法定孳息，当事人有约定的，按照约定取得；没有约定或者约定不明确的，按照交易习惯取得。

第五编　占　有

第十九章　占　有

第二百四十一条　基于合同关系等产生的占有，有关不动产或者动产的使用、收益、违约责任等，按照合同约定；合同没有约定或者约定不明确的，依照有关法律规定。

第二百四十二条　占有人因使用占有的不动产或者动产，致使该不动产或者动产受到损害的，恶意占有人应当承担赔偿责任。

第二百四十三条　不动产或者动产被占有人占有的，权利人可以请求返还原物及其孳息，但应当支付善意占有人因维护该不动产或者动产支出的必要费用。

第二百四十四条　占有的不动产或者动产毁损、灭失，该不动产或者动产的权利人请求赔偿的，占有人应当将因毁损、灭失取得的保险金、赔偿金或者补偿金等返还给权利人；权利人的损害未得到足够弥补的，恶意占有人还应当赔偿损失。

第二百四十五条　占有的不动产或者动产被侵占的，占有人有权请求返还原物；对妨害占有的行为，占有人有权请求排除妨害或者消除危险；因侵占或者妨害造成损害的，占有人有权请求损害赔偿。

占有人返还原物的请求权，自侵占发生之日起一年内未行使的，该请求权消灭。

附　　则

第二百四十六条　法律、行政法规对不动产统一登记的范围、登记机构和登记办法作出规定前，地方性法规可以依照本法有关规定作出规定。

第二百四十七条　本法自 2007 年 10 月 1 日起施行。

中华人民共和国侵权责任法（节录）

（《中华人民共和国侵权责任法》已由中华人民共和国第十一届全国人民代表大会常务委员会第十二次会议于2009年12月26日通过，现予公布，自2010年7月1日起施行。中华人民共和国主席　胡锦涛　2009年12月26日）

目　录

第一章　一般规定

第一条　为保护民事主体的合法权益，明确侵权责任，预防并制裁侵权行为，促进社会和谐稳定，制定本法。

第二条　侵害民事权益，应当依照本法承担侵权责任。

本法所称民事权益，包括生命权、健康权、姓名权、名誉权、荣誉权、肖像权、隐私权、婚姻自主权、监护权、所有权、用益物权、担保物权、著作权、专利权、商标专用权、发现权、股权、继承权等人身、财产权益。

第三条　被侵权人有权请求侵权人承担侵权责任。

第四条　侵权人因同一行为应当承担行政责任或者刑事责任的，不影响依法承担侵权责任。

因同一行为应当承担侵权责任和行政责任、刑事责任，侵权人的财产不足以支付的，先承担侵权责任。

第五条　其他法律对侵权责任另有特别规定的，依照其规定。

第二章　责任构成和责任方式

第六条　行为人因过错侵害他人民事权益，应当承担侵权责任。

根据法律规定推定行为人有过错，行为人不能证明自己没有过错的，应当承担侵权责任。

第七条　行为人损害他人民事权益，不论行为人有无过错，法律规定应当承担侵权责任的，依照其规定。

第八条　二人以上共同实施侵权行为，造成他人损害的，应当承担连带责任。

第九条　教唆、帮助他人实施侵权行为的，应当与行为人承担连带责任。

教唆、帮助无民事行为能力人、限制民事行为能力人实施侵权行为的，应当承担侵权责任；该无民事行为能力人、限制民事行为能力人的监护人未尽到监护责任的，应当承担相应的责任。

第十条　二人以上实施危及他人人身、财产安全的行为，其中一人或者数人的行为造成他人损害，能够确定具体侵权人的，由侵权人承担责任；不能确定具体侵权人的，行为人承担连带责任。

第十一条　二人以上分别实施侵权行为造成同一损害，每个人的侵权行为都足以造成全部损害的，行为人承担连带责任。

第十二条　二人以上分别实施侵权行为造成同一损害，能够确定责任大小的，各自承担相应的责任；难以确定责任大小的，平均承担赔偿责任。

第十三条　法律规定承担连带责任的，被侵权人有权请求部分或者全部连带责任人承担责任。

第十四条　连带责任人根据各自责任大小确定相应的赔偿数额；难以确定责任大小的，平均承担赔偿责任。

支付超出自己赔偿数额的连带责任人，有权向其他连带责任人追偿。

第十五条　承担侵权责任的方式主要有：

（一）停止侵害；

（二）排除妨碍；

（三）消除危险；

（四）返还财产；

（五）恢复原状；

（六）赔偿损失；

（七）赔礼道歉；

（八）消除影响、恢复名誉。

以上承担侵权责任的方式，可以单独适用，也可以合并适用。

第十六条　侵害他人造成人身损害的，应当赔偿医疗费、护理费、交通费等为治疗和康复支出的合理费用，以及因误工减少的收入。造成残疾的，还应当赔偿残疾生活辅助具费和残疾赔偿金。造成死亡的，还应当赔偿丧葬费和死亡赔偿金。

第十七条　因同一侵权行为造成多人死亡的，可以以相同数额确定死亡赔偿金。

第十八条　被侵权人死亡的，其近亲属有权请求侵权人承担侵权责任。被侵权人为单位，该单位分立、合并的，承继权利的单位有权请求侵权人承担侵权责任。

被侵权人死亡的，支付被侵权人医疗费、丧葬费等合理费用的人有权请求侵权人赔偿费用，但侵权人已支付该费用的除外。

第十九条　侵害他人财产的，财产损失按照损失发生时的市场价格或者其他方式计算。

第二十条　侵害他人人身权益造成财产损失的，按照被侵权人因此受到的损失赔偿；被侵权人的损失难以确定，侵权人因此获得利益的，按照其获得的利益赔偿；侵权人因此获得的利益难以确定，被侵权人和侵权人就赔偿数额协商不一致，向人民法院提起诉讼的，由人民法院根据实际情况确定赔偿数额。

第二十一条　侵权行为危及他人人身、财产安全的，被侵权人可以请求侵权人承担停止侵害、排除妨碍、消除危险等侵权责任。

第二十二条　侵害他人人身权益，造成他人严重精神损害的，被侵权人可以请求精神损害赔偿。

第二十三条　因防止、制止他人民事权益被侵害而使自己受到损害的，由侵权人承担责任。侵权人逃逸或者无力承担责任，被侵权人请求补偿的，受益人应当给予适当补偿。

第二十四条　受害人和行为人对损害的发生都没有过错的，可以根据实际情况，由双方分担损失。

第二十五条　损害发生后，当事人可以协商赔偿费用的支付方式。协商不一致的，赔偿费用应当一次性支付；一次性支付确有困难的，可以分期支付，但应当提供相应的担保。

第三章　不承担责任和减轻责任的情形

第二十六条　被侵权人对损害的发生也有过错的，可以减轻侵权人的责任。

第二十七条　损害是因受害人故意造成的，行为人不承担责任。

第二十八条　损害是因第三人造成的，第三人应当承担侵权责任。

第二十九条　因不可抗力造成他人损害的，不承担责任。法律另有规定的，依照其规定。

第三十条　因正当防卫造成损害的，不承担责任。正当防卫超过必要的限度，造成不应有的损害的，正当防卫人应当承担适当的责任。

第三十一条　因紧急避险造成损害的，由引起险情发生的人承担责任。如果危险是由自然原因引起的，紧急避险人不承担责任或者给予适当补偿。紧急避险采取措施不当或者超过必要的限度，造成不应有的损害的，紧急避险人应当承担适当的责任。

第四章　关于责任主体的特殊规定

第三十二条　无民事行为能力人、限制民事行为能力人造成他人损害的，由监护人承担侵权责任。监护人尽到监护责任的，可以减轻其侵权责任。

有财产的无民事行为能力人、限制民事行为能力人造成他人损害的，从本人财产中支付赔偿费用。不足部分，由监护人赔偿。

第三十三条　完全民事行为能力人对自己的行为暂时没有意识或者失去控制造成他人损害有过错的，应当承担侵权责任；没有过错的，根据行为人的经济状况对受害人适当补偿。

完全民事行为能力人因醉酒、滥用麻醉药品或者精神药品对自己的行为暂时没有意识或者失去控制造成他人损害的，应当承担侵权责任。

第三十四条　用人单位的工作人员因执行工作任务造成他人损

害的，由用人单位承担侵权责任。

劳务派遣期间，被派遣的工作人员因执行工作任务造成他人损害的，由接受劳务派遣的用工单位承担侵权责任；劳务派遣单位有过错的，承担相应的补充责任。

第三十五条　个人之间形成劳务关系，提供劳务一方因劳务造成他人损害的，由接受劳务一方承担侵权责任。提供劳务一方因劳务自己受到损害的，根据双方各自的过错承担相应的责任。

第三十六条　网络用户、网络服务提供者利用网络侵害他人民事权益的，应当承担侵权责任。

网络用户利用网络服务实施侵权行为的，被侵权人有权通知网络服务提供者采取删除、屏蔽、断开链接等必要措施。网络服务提供者接到通知后未及时采取必要措施的，对损害的扩大部分与该网络用户承担连带责任。

网络服务提供者知道网络用户利用其网络服务侵害他人民事权益，未采取必要措施的，与该网络用户承担连带责任。

第三十七条　宾馆、商场、银行、车站、娱乐场所等公共场所的管理人或者群众性活动的组织者，未尽到安全保障义务，造成他人损害的，应当承担侵权责任。

因第三人的行为造成他人损害的，由第三人承担侵权责任；管理人或者组织者未尽到安全保障义务的，承担相应的补充责任。

第三十八条　无民事行为能力人在幼儿园、学校或者其他教育机构学习、生活期间受到人身损害的，幼儿园、学校或者其他教育机构应当承担责任，但能够证明尽到教育、管理职责的，不承担责任。

第三十九条　限制民事行为能力人在学校或者其他教育机构学习、生活期间受到人身损害，学校或者其他教育机构未尽到教育、管理职责的，应当承担责任。

第四十条　无民事行为能力人或者限制民事行为能力人在幼儿

园、学校或者其他教育机构学习、生活期间，受到幼儿园、学校或者其他教育机构以外的人员人身损害的，由侵权人承担侵权责任；幼儿园、学校或者其他教育机构未尽到管理职责的，承担相应的补充责任。

参考文献

1. 王利明:《民法》，中国人民大学出版社 2000 年版。

2. 沈宗灵:《法理学》，北京大学出版社 2000 年版。

3. 张文显:《法理学》，北京大学出版社 1999 年版。

4. 魏振瀛:《民法》，北京大学出版社 2000 年版。

5. 徐武生、靳宝兰:《民法学》，中国人民公安大学出版社 2005 年版。

6. 王利明:《物权法研究》，中国人民大学出版社 2002 年版。

7. 陈华彬:《物权法研究》，金桥文化出版（香港）有限公司 2001 年版。

8. 张俊浩主编:《民法学原理》，中国政法大学出版社 1991 年版。

9. 李双元、温世扬主编:《比较民法学》，武汉大学出版社 1998 年版。

10. 梁慧星主编:《中国物权法研究》，法律出版社 1998 年版。

11. 温世扬:《物权法要论》，武汉大学出版社 1997 年版。

12. 彭万林主编:《民法学》，中国政法大学出版社 1996 年版。

13. 林国民、赵贵龙、吴锦标编著:《外国民商法》，人民法院出版社 1996 年版。

14. 王克衷:《我国大陆与台湾财产权制度比较》，福建人民出版社 1991 年版。

15. 李湘如编著：《台湾物权法》，中国广播电视出版社 1993 年版。

16. 邓曾甲：《日本民法概论》，法律出版社 1995 年版。

17. 陈华彬：《现代建筑物区分所有权制度研究》，法律出版社 1995 年版。

18. 钱明星：《物权法原理》，北京大学出版社 1994 年版。

19. ［德］卡尔·拉伦茨：《德国民法通论》（上、下册），法律出版社 2003 年版。

20. 张俊浩主编：《民法学原理》，中国政法大学出版社 1997 年版。

21. ［德］迪特尔·梅迪库斯：《德国民法总论》，法律出版社 2000 年版。

22. 王泽鉴：《民法总则》，中国政法大学出版社 2001 年版。

23. 王泽鉴：《民法学说与判例研究》（1－8），中国政法大学出版社 1997 年版。

24. ［日］山本敬三：《民法讲义 1：总则》，解亘译，北京大学出版社 2004 年版。

25. 王泽鉴：《债法原理 1、3》，中国政法大学出版社 2001 年版。

26. 王泽鉴：《侵权行为法》，中国政法大学出版社 2001 年版。

27. 谢在全：《民法物权论》（上、下册），中国政法大学出版社 1999 年版。

28. 史尚宽：《物权法论》，中国政法大学出版社 2000 年版。

29. 王家福：《中国民法学·民法债权》，法律出版社 1991 年版。

30. 张广兴：《债法总论》法律出版社 1998 年版。

31. 王利民：《民法·侵权行为法》，中国人民大学出版社 1993 年版。

32. 张新宝：《中国侵权行为法》，中国社会科学出版社 1995

年版。

33. 张新宝:《名誉权的法律保护》，中国政法大学出版社1997年版。

34. 王利明:《人格权法新论》，吉林人民出版社1994年版。

35. 刘春茂:《中国民法学·财产继承》，中国人民公安大学出版社1990年版。

36. 史尚宽:《民法总论》，中国政法大学出版社2000年版。

37. 王泽鉴:《法律思维与民法实例》，中国政法大学出版社2001年版。

38. 余延满:《合同法原论》，武汉大学出版社1999年版。

39. 崔建远:《合同法》(修订版)，法律出版社1998年版。

40. 韩世远:《合同法总论》，法律出版社2004年版。

41. 史尚宽:《债法总论》，中国政法大学出版社2000年版。

42. 王利明、姚立新:《侵权行为法》，法律出版社1996年版。

43. 王利明:《物权法论》(增订版)，中国政法大学出版社2003年版。

44. 王轶:《物权变动论》，中国人民大学出版社2001年版。

45. 王利明:《民法总则研究》，中国人民大学出版社2003年版。

46. 董安生:《民事法行为》，中国人民大学出版社1994年版。

47. 江平主编:《法人制度论》，法律出版社1996年版。

48. 梁彗星:《民法总论》，法律出版社1996年版。

49. 龙卫球:《民法总论》(第2版)，中国法制出版社2002年版。

50. 胡长清:《中国民法总论》，中国政法大学出版社1997年版。

51. 黄立:《民法总则》，中国政法大学出版社2002年版。

52. 郑玉波:《民法总则》，中国政法大学出版社2003年版。

53. 梁彗星:《民法解释学》，中国政法大学出版社1995年版。

54. 黄茂荣:《法学方法与现代民法》，中国政法大学出版社 2001 年版。

55. 杨仁寿:《法学方法论》，中国政法大学出版社，1999 年版。

56. 王泽鉴:《法律思维与民法实例》，中国政法大学出版社 2001 年版。

57. 王利明:《民法疑难案例研究》，中国法制出版社 2002 年版。

58. 徐国栋:《民法基本原则解释》，中国政法大学出版社 2002 年版。

59. 王利明主编:《中国民法案例与学理研究》（四卷），法律出版社 2003 年版。

60. 姚立新:《人身权法论》（修订版），人民法院出版社 2002 年版。

61. 王利明主编: 《人格权与新闻侵权》，方正出版社 2002 年版。

62. 王利明、姚立新、姚辉: 《人格权法》，法律出版社 1997 年版。

63. 陈华彬:《物权法原理》，国家行政学院出版社 1998 年版。

64. 姚立新:《共有权研究》，高等教育出版社 2003 年版。

65. 高富平:《物权法原论》，中国法制出版社 2001 年版。

66. 曹士兵:《中国担保法诸问题的解决与展望》，中国法制出版社 2001 年版。

67. 程啸: 《中国抵押权制度的理论与实践》，法律出版社 2002 年版。

68. 王利明:《合同法研究》（第 1、2 卷），中国人民大学出版社 2003 年版。

69. 韩世远:《违约损害赔偿研究》，法律出版社 1999 年版。

70. 郭明瑞、房绍坤:《新合同法原理》，中国人民大学出版社2000年版。

71. 王利明:《违约责任轮》(修订版)，中国政法大学出版社2003年版。

72. 龙翼飞主编:《新编合同法》，中国人民大学出版社1999年版。

73. 姚立新:《侵权法论》，吉林人民出版社2001年版。

74. 姚立新:《简明类型侵权法讲座》，高等教育出版社2003年版。

75. 冯巴尔:《欧洲比较侵权行为法》，法律出版社2001年版。

76. 于敏:《日本侵权行为法》，法律出版社1998年版。

77. 徐爱国:《英美侵权行为法》，法律出版社1999年版。

78. [美] 沃森:《民法法系的演变及形成》，中国政法大学出版社1992年版。

79. 李开国:《民法总则研究》，法律法律出版社2003年版。

80. 周枏:《罗马法原论》，商务印书馆1994年版。

81. 王利明:《物权法研究》(上、下)(修订版)，中国人民大学出版社2007年版。

82. 尹田:《物权法理论评析与思考》，中国人民大学出版社2004年版。

83. 崔建远:《准物权研究》，法律出版社2003年版。

84. 孟勤国:《物权二元结构论》，人民法院出版社2002年版。

85. 陈华彬:《建筑物区分所有权制度研究》，法律出版社2007年版。

86. 田士永:《物权行为理论研究》，中国政法大学出版社2002年版。

87. 于海涌:《论不动产登记》，法律出版社2007年版。

88. 肖厚国:《物权变动研究》，法律出版社2002年版。

89. 陈本寒:《担保物权法比较研究》，武汉大学出版社科

2003 年版。

90. 王利明:《合同法研究》(第 1、2 卷),中国人民大学出版社 2003 年版。

91. 崔建远:《合同法总论》,中国人民大学出版社 2008 年版。

92. 韩世远:《合同法总论》,法律出版社 2004 年版。

93. 王利明:《违约责任论》(修订版),法律出版社 2003 年版。

94. [美] 罗伯特·A. 希:《合同法的丰富性:当代合同法理论的分析与批判》,北京大学出版社 2005 年版。

95. 王利明:《人格权法研究》,中国人民大学出版社 2005 年版。

96. 程合红:《商事人格权论》,中国人民大学出版社 2002 年版。

97. 王利明:《侵权行为法研究》,中国人民大学出版社 2004 年版。

98. 张民安:《过错侵权责任制度研究》,中国政法大学出版社 2002 年版。

99. 于敏:《日本侵权行为法》,法律出版社 2006 年版。

100. 胡雪梅:《英国侵权法》,中国政法大学出版社 2008 年版。

101. 王鹰编著:《人民警察与公民权利保护》,中国人民公安大学出版社 2003 年版。

102. 姚伟章主编:《公安执法中的公民权利保护》,中国人民公安大学出版社 2003 版。

103. 殷炳华:《“权力权利化”是公安民警刑讯逼供现象产生的直接原因》,载《北京人民警察学院学报》2003 年第 4 期。

104. 姚玉海:《试论警察权力与公民权利》,载《山西高等学校社会科学学报》2002 年第 11 期。

105. 陈丽丽:《警察公权力与公民私权利冲突的法理思考》,

载《天水行政学院学报》2006 年第 2 期。

106. 程婧：《人民警察执法视野中的公民权利及其保障途径分析》，载《公安教育》2005 年第 3 期。

107. 李梅：《试论民法在公安院校课程结构中的地位》，载《北京人民警察学院学报》2003 年第 4 期。

108. 张伟：《论善意取得的构成要件》，载《当代法学》，2002 年第 4 期。

109. 张鹏、曹诗权：《相邻关系的民法调整》，载《法学研究》，2000 年第 2 期。

110. 王洪亮：《不动产物权登记立法研究》，载《法律科学（西北政法学院学报）》2000 年第 2 期。

111. 吴丽辉：《保障公民权与规范警察权》，载《山西高等学校社会科学学报》2006 年第 12 期。

112. 梁丽娟：《从〈治安管理处罚法〉看警察权的扩与限》，载《河南公安高等专科学校学报》2006 年第 5 期。

113. 刘芳、黄永强：《处置群体性事件与公民权保护》，载《江西公安专科学校学报》2006 年第 4 期。

114. 魏健馨：《公民权探析》，载《天津政法管理干部学院学报》2005 年第 2 期。

115. 贾建平：《警察权与公民权博弈地位的差异》，载《河南公安高等专科学校学报》2006 年第 5 期。

116. 葛大勇、杨海燕：《警察权与公民权关系的法理学思考》，载《吉林公安高等专科学校学报》2006 年第 6 期。

117. 贾建平：《警察权与公民权关系的双重分析》，载《云南警官学院学报》2006 年第 1 期。

118. 殷浩：《论警察权的规制与公民权保护》，载《湖北教育学院学报》2006 年第 1 期。

119. 刘须群、周剑英：《论替察权力的制约与保障》，载《湖南公安高等专科学校学报》2005 年第 6 期。

120. 李杰、朱向东：《人权与公民权之异同》，载《行政与法》2005 年第 4 期。

121. 孙卫华：《依法行政视野下对警察权的检讨与重构》，载《河南公安高等专科学校学报》2005 年第 6 期。

122. 朱群芳、童旭：《平衡行政权力与公民权利的法治解析》，载《中共中央党校学报》2001 年第 2 期。

123. 韦光非：《以公民权利制约行政权》，载《行政与法》2004 年第 12 期。

124. 向党：《论创建人权型人民警察》，载《中国人民公安大学学报》2004 年第 4 期。

125. 郭玺：《警察权滥用的原因及其控制》，载《公安研究》2004 年第 11 期。

126. 杨玉海：《试论替察权力与公民权利》，载《山西高等学校社会科学学报》2002 年第 11 期。

127. 刘惊海：《公民权利与国家权力》，载《吉林大学学报》1990 年第 6 期。

128. 黄维维、范季海：《浅论公安执法监督工作中存在的问题和对策》，载《北京人民警察学院学报》2005 年第 3 期。

129. 文正邦：《有关权利问题的法哲学思考》，载《法理学论丛》，法律出版社 1999 年 6 月第一卷。

130. 陈卫东、徐美君：《联合国准则与警察保障人权》，载《山东公安专科学校学报》2002 年第 2 期。

131. 赵燕：《论警察的人权教育》，载《公安教育》2002 年第 11 期。

132. 刘海燕：《论警察执法监督机制的建立和完善》，载《甘肃行政学院学报》2003 年总第 66 期。

133. 肖华茵、毛细荣：《试论权力制约的理论及监督制约的基本方法》，载《求实》2005 年第 5 期。

134. 江宜怀：《和谐社会视野下的警察权》，载《政法学刊》

2006 年第 23 卷第 4 期。

135. 白春宁：《论警察权及其法律控制》，湘潭大学硕士学位论文数据库 2003 年。

136. 张亚娟：《关于权力的制约和监督研究》，中央党校博士学位论文 2005 年 5 月。